SAUgut!

Gerd Wolfgang Sievers

SAUgut!

Vom herzhaften Braten zum feinen Gaumenkitzel

Die 200 besten Rezepte

Fotografiert von
Kurt-Michael Westermann

pichler verlag

Der Autor bedankt sich bei folgenden Personen und Firmen für ihre wertvolle Mitarbeit:

KM Gerhard Windholz
Gasthaus zur alten Mauth
www.mauth-windholz.at

Martin Mehler
Gasthaus Mehler
www.gasthaus-mehler.at

Thomas Wohlfarter
Restaurant AMARANTIS
www.amarantis.at

Jürgen Kozlovsky
Gasthof „Oase am Teich"
www.fischertraum.at

und

Wiesbauer Gourmet

Inhaltsverzeichnis

Die Mengenangaben sind, sofern nicht anders angegeben, für 4 Personen berechnet.

Vorwort

Kaum ein zweites Lebensmittel ist so umstritten wie das Schwein. Für die einen ist es das „beste Fleisch der Welt", andere meinen, „es sei zu fett" (was übrigens falsch ist), und wieder andere essen es überhaupt nicht, sei es aus religiösen oder ethischen oder anderen Gründen. Ich persönlich liebe Schweinefleisch – vor allem den saftigen Schinken, diesen liebe ich bereits seit meiner Kindheit, was mir schon früh den Spitznamen „der Schinkenbrot" eingebracht hat. Schweinefleisch ist – und das ist eine unbestrittene Tatsache – ein überaus wertvolles und insbesondere für Kinder sehr gut verwertbares Lebensmittel, das allen Respekt verdient. Allerdings hängt es – wie bei ALLEN tierischen Lebensmitteln – von der Herkunft und der Aufzucht ab, ob sich die Zubereitung überhaupt lohnt.

Ich hatte das große Glück, einen Teil meiner Kindheit auf einem ursprünglich geführten Bauernhof im Odenwald verbringen zu dürfen, wo die Schweine wahre Glücksschweine waren und nicht nur die Essensabfälle aus der Küche, sondern auch hochwertigste natürliche Nahrungsmittel bekamen. Diese Tiere brauchten kein Kraftfutter, denn Eicheln, Mais, Körner, Fallobst, überhaupt alles, was auf der Wiese kreucht und fleucht, war ihr Fressen. Abseits des Unterstandes gab es eine riesige Deck- und Schlammgrube, in der sich die Schweinderln suhlen konnten, um sich von Parasiten zu befreien. Und wenn dann zwei- bis dreimal im Jahr geschlachtet wurde, so war das ein Fest für die gesamte Nachbarschaft. Es wurde gewurstet und eingekocht, Fleisch zerlegt, Schmalz ausgelassen und natürlich auch geschlemmt. Es gab Schlachtsuppe und frische Würste mit Bratkartoffeln, allerlei Innereiengerichte und als krönenden Abschluss einen mächtigen, im Holzofen gebraten Schweinsbraten. Es war für mich das Schlaraffenland auf Erden und den Geschmack dieser Tiere werde ich niemals vergessen – so etwas Wunderbares gibt es heute leider nur mehr selten.

Aber es gibt sie, Gott sei Dank, noch, die glücklichen Schweine. Die friedlichen Mangalitzaschweine im burgenländischen Seewinkel, die munteren Waldschweine in der Steiermark, die vitalen norddeutschen Bentheimer, die berühmten Schwäbisch-Hällischen Landschweine oder die agilen Iberischen Schweine sind dafür gute Beispiele. Sie alle zeichnen sich durch exzellenteste Fleischqualität aus, wenn sie artgerecht (da liegt der Hund begraben) aufgezogen und hochwertig gefüttert wurden. Solch ein Schweinefleisch macht nicht nur auf dem Teller Freude, sondern sorgt auch für das ganz typische *mouthfeeling* (was Kenner so lieben), erfreut den Gaumen mit einzigartigem Wohlgeschmack und sättigt nicht nur, sondern versorgt den Organismus mit lebenswichtigen Stoffen. Kurz: Hochwertiges Schweinefleisch ist eines der besten Lebensmittel, das man genießen kann!

Dieses Buch handelt nun vom Schwein in der Küche, was bedeutet, dass es hier vor allem um das frische Schweinefleisch geht und weniger um Wurstwaren (außer einigen selbst zubereiteten). Frisches Schweinefleisch ist jedoch gar nicht einmal in so vielen Ländern präsent, wie man denken könnte, denn z. B. für Franzosen, Spanier und Italiener ist das Schweinefleisch primär zum Verwursten da und daher weit weniger als Frischfleisch gebräuchlich denn beispielsweise in Dänemark (nirgendwo wird so viel Schweinefleisch gegessen wie dort), Deutschland, Österreich, Polen oder auch China. Die Franzosen nehmen, was das Frischfleisch betrifft, eine Sonderstellung ein, denn sie lassen das Schweinefleisch – ähnlich wie Rindfleisch – abhängen und reifen, um den Geschmack zu intensivieren; das Fleisch hängt dabei natürlich nicht so lange wie Rindfleisch, aber immerhin doch eine Weile (meist so zwischen 7 und 10 Tagen).

Das Schwein, besonders sein herzhafter Braten, ist somit eine Domäne von Mitteleuropa und von Teilen Osteuropas (Deutschland, Polen, Österreich, Bukowina etc.), somit wird es auch niemanden verwundern, dass die meisten Rezepte in diesem Buch aus diesen Regionen stammen. Natürlich wird die Sammlung von französischen Schmankerln angereichert und natürlich finden sich in diesem Buch auch zahlreiche Rezepte aus China, wo das Schweinefleisch bis heute (neben Huhn und Garnelen) zu den beliebtesten tierischen Nahrungsmitteln gehört. Ein

Blick in die Welt ist nie verkehrt, denn auch Länder, wo nur wenig Schwein gegessen wird, haben kreative Rezepte rund ums Schwein – vielleicht sind manche dieser Rezepte deshalb so interessant, weil das Schwein (z. B. auf Bali) fast ausschließlich zu Festivitäten gereicht und daher ganz besonders liebevoll zubereitet wird. Herzhafte Eintöpfe dürfen natürlich genauso wenig fehlen wie deftige Suppen, schmackhafte Ragouts und traditionelle Gaumenfreuden aus Omas Küche – all diese Rezepturen habe ich leicht modernisiert, aber ohne ihnen ihren charakteristischen Geschmack zu nehmen (eben nur, um sie den heutigen, etwas „leichteren" Essgewohnheiten anzupassen). Weil sich gut durchwachsenes Schweinefleisch besonders gut zum Grillen eignet, ist dem Thema „Barbecue und Grillen" ein eigenes Kapitel gewidmet. Zahlreiche Eigenkreationen und viele Rezepte von befreundeten Köchen (die sogar teilweise ihre eigenen Schweine züchten, um dem Gast bestmögliche Qualität anbieten zu können) komplettieren diese gleichermaßen rustikale wie edle Rezeptsammlung rund um eines der wertvollsten Lebensmittel: das Schwein.

Da ich bereits viele Kolumnen und Artikel zum Thema „Schwein, Schweinefleischqualitäten und Schinkenspezialitäten" verfasst habe, wurde ich des Öfteren gefragt, was denn eigentlich meine Lieblingsrezepte vom Schwein sind. Natürlich stehen da an erster Stelle mal die wunderbaren Schinken, wie Schwarzwälder Schinkenspeck, Westfälischer Schinken, Original Prager Schinken, Beinschinken (aber nur, wenn er direkt vom Knochen geschnitten wurde!), Gailtaler Schinken, Gurktaler Luftgeselchter oder auch San-Daniele-Schinken und Bellota – schließlich bin ich ja der „Schinkenbrot" (aber Schinken ist nicht das Thema des Buches). Bei warmen Speisen ist die Frage schneller beantwortet: natürlich der Schweinsbraten, bevorzugt vom Bauch (z. B. als Kümmelbraten) oder von der hinteren Stelze (mit viel Knoblauch gewürzt), weil die perfekt gegrillte Stelze besonders viel knusprig-krachende Schwarte aufweist! Und wenn es ein Spanferkel gibt, dann achte ich penibel darauf, in den Genuss von Ohren, Schnauze und Haxen zu kommen – denn die sind besonders aromatisch!

Geneigte Leser, bitte bedenken Sie beim nächsten Einkauf: Nur ein langsam gewachsenes, fein marmoriertes und von einer schönen Fettschicht umgebenes Schweinefleisch ist nach dem Braten auch der gewünschte Gaumenschmaus, der so richtig g'schmackig und saftig ist. Verfügt dieser Braten dann auch noch über eine perfekt zubereitete Kruste, dann darf man mit Fug und Recht von „saugut!" sprechen.

In diesem Sinne wünsche ich Ihnen nun viel Erfolg beim Nachkochen der Rezepte (ich habe übrigens bei der Rezeptauswahl darauf geachtet, dass die Rezepte allesamt gut „zu Hause" nachkochbar sind und nicht diverse Küchengeräte verlangen, die zwar fast alle Restaurants, aber nur die wenigsten Haushaltsküchen zur Verfügung haben) und viel Freude mit den herzhaft-edlen Rezepturen! Es kann dem Genussmenschen nämlich wirklich im wahrsten Sinne des Wortes „saugut" gehen, wenn das Essen so richtig gut schmeckt. Also, auf dass die Schwarte kracht und der Braten g'schmackig saftig ist: guten Appetit!

Ihr
Gerd Wolfgang Sievers

Glückliche Schweine & wichtige Rassen

Angler Sattelschwein: Diese Rasse wird seit 1920 im schleswig-holsteinischen Gebiet Angeln gezüchtet und ist wahrlich ein „bunter Hund", denn ihre Färbung kann sehr unterschiedlich ausfallen. Wie das Mangalitzaschwein kann man das Angler-Sattelschwein gut im Freien halten. Diese Schweine sind relativ fett, was sie zu hervorragenden Wurstschweinen macht – das sehr feste Fett ist extrem aromatisch und schmackhaft!

Berkshire: Eine der ältesten englischen Edelschweinerassen, welche die Weltkarriere des fettärmeren „Schweinefleischs" einleitete. Das Tier erlangt zudem rasch Schlachtreife, ist aber zu diesem Zeitpunkt zu klein für die Speckwarenerzeugung, weshalb es hauptsächlich für Schinkenprodukte und als Frischfleisch genutzt wird. Das Fleisch der Tiere ist hell, sehr mager und extrem zart. Es hat einen leicht süßlichen Geschmack, der vor allem in Amerika, Australien und Japan beliebt ist.

Buntes Bentheimer: Leider eine fast ausgestorbene alte norddeutsche Rasse, die aufgrund ihres hohen Fettanteils in den 60er-Jahren des vergangenen Jahrhunderts unmodern wurde. Mittlerweile kümmert sich „Slowfood" um das Schwein, das hervorragenden Schinken, Speck und Schweinebraten liefert.

Deutsche Landrasse: Warum diese großwüchsige Rasse auch „Deutsche Landrasse Universal" genannt wird, liegt auf der Hand, besser auf dem Teller, denn es ist das absolute Massenschwein, weil es sich so gut für die Massentierhaltung eignet (die wir Qualitätsliebhaber aber nicht wünschen). Die sehr stressanfälligen Tiere liefern zwar unser alltägliches Fleisch, sind aber verhältnismäßig mager und damit auch geschmacklich etwas charakterlos. Aber immerhin sind sie für viele Künstler das Idealbild eines Schweins, was man auf Wurstverpackungen bis hin zu Comics beobachten kann.

Cinta Senese: Das italienische Cinta-Senese-Schwein hat seine Ursprünge in der Antike und ist eine rustikale Schweinerasse, die typisch für die Toskana ist. Die Schweine leben ganzjährig unter freiem Himmel und ernähren

sich von dem, was der Wald hergibt: Pilze, Eicheln, Bucheckern, Beeren, Gräser, Kräuter und Wurzeln. Nur im Winter werden Mais und Getreide zugefüttert. Eine besondere Delikatesse ist der Schinken dieser Schweine, der unter Feinschmeckern den Ruf hat, besser als der aus San Daniele und Parma zu sein. Berühmt ist der Lardo (weißer Rückenspeck) aus diesem Schwein, das zu den begehrtesten Wurstschweinen der Welt gehört – als Frischfleisch hat es kaum Bedeutung.

Duroc: Eine aus den USA stammende Schweinerasse, die aber aufgrund ihres saftigen, leicht marmorierten und verhältnismäßig mageren Fleisches mittlerweile auch in vielen anderen Ländern eine große Rolle spielt. Die rotgefärbten Duroc-Schweine sind sehr sozial, robust, agil, gutmütig und sehr widerstandsfähig gegen Krankheiten, was Züchter besonders schätzen. Das zart marmorierte Fleisch wird von vielen Köchen geschätzt, weil der Anteil an intramuskulärem Fett für Zartheit sorgt und das Fleisch trotzdem nicht übermäßig fett ist. In Kärnten stellt man z. B. den „Original Gurktaler Luftgeselchten Speck" aus seinem Fleisch her – eine der feinsten Schinken- und Speckdelikatessen Österreichs.

Hampshire: Eine sehr aktive, umtriebige, neugierige und widerstandsfähige Rasse aus England und den USA mit festem, einfach zu verarbeitendem Fleisch, das aber geschmacklich nicht immer ausgeprägt ist und daher meist für (gut gewürzte) Hackfleisch- und Wurstwaren verwendet wird.

Iberisches Schwein: Als die antiken Römer nach Hispanien vordrangen, hatten die Einwohner dort bereits schwarzborstige und schwarzfüßige (daher auch der Name: *Pata negra*) Iberico-Schweine domestiziert. Bis heute leben die Tiere halbwild und frei auf großen Ländereien in Andalusien und der Extremadura und ernähren sich zunächst von Gerste, Mais und Weizen. Wenn im Oktober dann die Eicheln vom Baum fallen und damit die Mastform „Montanera" beginnen kann, stehen primär Gräser, wilde Kräuter und vor allem Eicheln auf dem Speiseplan. Die Schweine fressen zu dieser Zeit enorm viel, wachsen aber dennoch sehr langsam.
Das Iberico-Schwein ist fast schon eine Legende und zählt in Spanien bereits zu den Kulturgütern. Spanien hat zudem eine eigene Art, Schweine zu zerlegen, was für Teilstücke sorgt, die in Mitteleuropa eher unbekannt sind (dazu gehören beispielweise Presa und Secreto). Durch seine perfekte Marmorierung zählt das Iberico-Schwein zu den besten Schweinerassen der Welt und ist mit seinem feinnussigen Geschmack nicht nur als Schinken eine hochdekorierte Delikatesse.

Ländle-Alpschweine: Keine eigene Rasse, dafür besonders glückliche Schweine, die den gesamten Almsommer (70–100 Tage lang) auf den blühenden Almwiesen und saftigen Weiden der Vorarlberger Alpen (Alp=Alm) verbringen dürfen und zudem die leckere Molke der Käseherstellung als Futter bekommen. Ein seltenes und einzigartiges Qualitätsprodukt Österreichs.

Mangalitzaschweine: Das überaus gutmütige, ja fast stoische Mangalitzaschwein ist ein Relikt der k & k Monarchie und entstand aus einer Kreuzung zwischen den kroatischen Wollschweinen und den ungarischen Bakonyer-Schweinen. Das schwalbenbäuchige Mangalitzaschwein ist zudem eine der rein europäisch erhaltenen Schweinerassen; es wurde erstmals um 1850 in Österreich erwähnt. Im Burgenland wurden die Mangalitzaschweine bis in die 50er-Jahre des vergangenen Jahrhunderts in Weidewirtschaft gehalten; nach Jahren der Vergessenheit erlebt es dort heute eine wahre Renaissance (und damit ist das Burgenland zu Recht eine „Genussregion Österreichs", die übrigens von mir initiiert wurde). Durch ihre Wolle sind die Schweine gegen Kälte und Hitze geschützt und können so das ganze Jahr im Freien gehalten werden, allerdings wachsen sie verhältnismäßig langsam. Mangalitzaschweine haben ein dunkles, hocharomatisches Fleisch und liefern sehr viel Fett und Speck, was sie zu dem idealen „Wurstschwein" macht (eine kulinarische Weltsensation ist der Beinschinken vom Mangalitza). Ein im Ganzen gebratenes Mangalitza-Spanferkel ist eine seltene Köstlichkeit, und wer das Glück hat, einen echten Sautanz (siehe S. 109) vom Mangalitzaschwein erleben zu dürfen, der hat echt „Schwein gehabt"!

Pitrain-Schweine: Diese belgische Rasse wurde erst nach dem Zweiten Weltkrieg aus französischen (Bayeux-) Schweinen, englischen Berkshire-Schweinen, englischen Yorkshires und iberischen Rassen gezüchtet und ist somit echt europäisch. Es ist eine echte Fleischrasse, die mehr als 65 % Muskelanteil hat. Aus verantwortungsvollen Zuchtbetrieben stammt aber ein Pitrain-Schweinefleisch, das gut durchzogen ist, exzellent schmeckt und daher sogar in der Sternegastronomie gerne gesehen ist.

Porc noir de Bigorre: Das in Südfrankreich – vor allem in den Pyrenäen (Provinz „Bigorre") und im Baskenland – beheimatete schwarzfüßige Schwein wird noch heute so wie im Mittelalter gehalten: im Freien, in Wäldern und auf Lichtungen. Zum zugefütterten Getreide suchen sich die Schweine Eicheln, Kastanien und Oliven, was für ein wohlschmeckendes und unter Feinschmeckern sehr beliebtes Fleisch sorgt, das mit seinem nussigen und überaus eleganten Geschmack für ein Aromafest auf der Zunge sorgt. Das Fleisch ist gut marmoriert und somit ein exzellentes Grillfleisch.

Schwäbisch-Hällisches Landschwein: Diese typisch deutsche Rasse wurde erstmals am Ende des 18. Jahrhunderts in Schwäbisch-Hall (Baden-Württemberg) erwähnt und entstammt einer Kreuzung aus Wildschweinen mit einer asiatischen Schweinerasse. Auch diese wunderbare Rasse starb in den kulinarischen Wirren der unkontrollierten Massentierhaltung in den 1970er-Jahren fast aus. Heute haben sich die Bestände erholt und es gibt wieder rund 40.000 Tiere, die exzellenten Speck (nein: legendären Schinken und Speck!) sowie sensationelles Fleisch mit fast unübertrefflichem Safthaltevermögen liefern.

Sonnenschweine: Keine Rasse, sondern eine liebevolle Bezeichnung der glücklichen Schweine vom BIO-Sonnenhof-Labonca, die einer Kreuzung von Duroc und Schwäbisch-Hällischem Landschwein entsprungen sind und unter absolut artgerechten Bedingungen aufwachsen. Züchter Norbert Hackl begleitet die Tiere von Geburt an bis zur Schlachtreife und achtet penibel darauf, dass es seinen „Schweinderln" zu jeder Zeit so gut wie nur möglich geht. Das Ergebnis ist eine unglaubliche Fleischqualität, wie man sie nur mehr selten findet und die zudem ein Fleisch darstellt, das berechtigterweise als „Lebensmittel" bezeichnet werden darf.

Turopolje: Eine vom nördlichen Balkan (Kroatien/Slowenien) stammende Schweinerasse, die direkt vom Shiska-Schwein (einem als ausgestorben betrachteten Abkömmling des Wildschweines und als sogenanntes „Ur-Hausschwein" bekannt) abstammt und auch nur mehr in der Weststeiermark und Teilen Sloweniens zu finden ist. Die robusten Tiere leben gern im Freien und ertragen auch extreme Witterungen problemlos, allerdings wachsen sie wie Mangalitzaschweine sehr langsam und sind erst mit 1,5–2 Jahren ausgewachsen (werden aber bis 250 kg schwer). Das Turopoljeschwein zeichnet sich aber durch eine sensationelle Fleischqualität aus, die besonders für Speck-, Schinken- und Wurstwaren verwendet wird. Weil Turopoljeschweine (zumindest in Österreich) fast ausschließlich aus BIO-Betrieben stammen, kann der Konsument zudem sicher sein, ein hervorragendes Lebensmittel zu erhalten.

Wildschwein: Das europäische Wildschwein ist, rein biologisch gesehen, der Vorfahr aller heutigen Schweinerassen in Europa. Schon die Urmenschen jagten es und ernährten sich von ihm. Seit mehr als 10.000 Jahren wird es domestiziert und somit ist das Schwein eines der ältesten Haustiere des Menschen. Wildschweinfleisch enthält wenig Fett, ist aber wesentlich saftiger und zarter als anderes Wild. Zum Braten werden Keulen und Rücken verwendet, aus dem Rest kann man bestechende Pasteten, Ragouts und Wurstwaren (Wildschwein-Salami!) erzeugen – Wildschweinzunge und -leber gelten als Delikatessen.

Gedanken zur Fleischqualität

Lange Zeit war in vielen Regionen der sogenannte Sonntagsbraten obligat vom Schwein, während in anderen Gegenden das gekochte Geselchte, ein herzhafter *Pot au feu* oder auch gebackene Schweinsschnitzel als das Sonntagsessen schlechthin gefeiert wurden. Auf der anderen Seite waren Wurstwaren aller Art – in Deutschland zumeist Bratwürste (in der omnipräsenten Variante Currywurst) oder Rostbratwürste, in Österreich eher Käsekrainer und Würstel oder die sogenannte „Extrawurstsemmel" – geradezu prädestiniert dafür, als schnelle Kost auf der Straße zu dienen; das Schwein wurde mit der Zeit zum Allerweltessen und war plötzlich keine Delikatesse mehr. Dies führte zu den bekannten Folgen der Massentierhaltung.

Die Konsequenz war, dass der Geschmack großteils auf der Strecke blieb und das Schwein respektlos behandelt wurde. Es rächte sich damit, ein fades und nur nach wenig schmeckendes Fleisch zu liefern, das viele Gourmets nicht mehr erfreute, was schließlich dazu führte, dass es von den Speisekarten der Reichen und Schönen sowie aus deren gastronomischen Refugien verschwand. Das Schwein war zwar schon immer eher ein rustikales Nahrungsmittel gewesen, aber nun war es auf einmal selbst das kaum mehr. Zudem wurde das an manchen Schweinerassen reichlich vorhandene Fett geächtet, und was blieb, war ein hochgezüchtetes Magerfleisch ohne Charakter, das nicht einmal mehr schmackhafte Wurstwaren ergab. Das Ergebnis war schließlich, dass die heimischen Delikatessen wie Schwarzwälder Schinken, Beinschinken, Mettwurst & Co durch Prosciutto, Mortadella und Mailänder Salami verdrängt wurden, wobei diese Wurstwaren keineswegs immer von besserer Fleischqualität waren, aber schickere Namen trugen und zudem die Sehnsucht nach dem Süden befriedigen konnten.

Dann kam der Iberico-Schinken in Mode, der zweifelsohne zu den besten Schweinefleischprodukten der Welt gezählt werden darf. Und weil er sehr teuer war, interessierte sich auch die snobistische Welt für diesen Schinken. Man aß nicht mehr Schwarzwälder, Tiroler oder Gailtaler Schinken, sondern Jamón iberico und Bellota um fast 150,- Euro das Kilo. Irgendwann wurde dann zwangsläufig die Frage gestellt, warum diese Schinken so anders – und zum Teil auch wirklich besser – schmeckten. Das Ergebnis war dann eindeutig: Es waren die Aufzucht der Schweine und die herausragende Fleischqualität, was diese Schinken auszeichnete. Natürlich spielen auch Klima, Reifung, Lagerung und nicht zuletzt auch die Schweinerasse eine wichtige Rolle beim Geschmack dieser Schinken, aber – und das ist das Wesentliche an der Geschichte – nicht das Handwerk, denn erstens werden alle Rohschinken auf dieser Welt ähnlich (wenn nicht auf die gleiche Weise) hergestellt und zweitens ist das traditionelle Handwerk der Schinkenkunst in Deutschland, Österreich, Frankreich und Italien wesentlich subtiler, feiner und auch ausgefeilter als in vielen anderen Ländern. Das bedeutete also letztlich, dass auch bei uns solche Schinken grundsätzlich möglich wären, es fehlte (neben den klimatischen Bedingungen) eigentlich nur am geeigneten Fleisch, was ein (zum Teil doch recht radikales) Umdenken in Gang setzte, das vor allem von Traditionalisten und qualitätsbewussten Menschen gestützt und unterstützt wurde. Nicht nur kleine Landwirtschaften und BIO-Betriebe setzten mehr und mehr auf Qualität, nein, auch Großbetriebe fingen an umzudenken.

Eines der berühmtesten Beispiele hierfür sind die ökologisch geführten Herrmannsdorfer Landwerkstätten, die von Karl Ludwig Schweinsfurth gegründet worden sind. Karl Ludwig Schweinsfurth war in den 1970er- und 1980er-Jahren der Fleischindustrielle Europas schlechthin, denn seine ehemalige Firma HERTA war seinerzeit der größte fleischverarbeitende Betrieb Europas. Eines Tages verkaufte Karl Ludwig Schweinsfurth die Fleischindustrie an Nestle und gründete seinen Vorzeige-Biobetrieb mit den Worten: „Mir war schlagartig klar, dass Fleisch von derart gequälten Tieren keine lebensfördernde Nahrung für uns Menschen sein kann!" Heute sind die Herrmannsdorfer Landwerkstätten ein florierendes BIO-Unternehmen, das mit Fug und Recht als ein Pionierbetrieb bezeichnet werden darf und gleichzeitig beweist, dass auch größere Betriebe durchaus in der Lage sind, großartige Qualitäten zu erzeugen und die Tiere artgerecht zu halten – man muss das nur wollen.

Auch wenn diese Pionierarbeit noch lange nicht vollendet ist, gelangt immer mehr hochwertiges Schweinefleisch in den Handel, mit dem schönen Effekt, dass wir wieder erstklassiges Frischfleisch sowie feinste Schinken-, Speck- und Wurstwaren von ausgesprochen guter Qualität genießen können. Wir müssen dafür eben in Kauf nehmen, für die gute Qualität nicht nur einen wesentlich höheren Preis zu bezahlen (was die meisten Gourmets gerne tun), sondern diese auch seltener zu genießen, da manche Delikatessen weder flächendeckend noch das ganz Jahr über erhältlich sind. Dafür haben wir dann aber eine wirklich schmackhafte Qualität am Teller, die mit Fug und Recht „Lebensmittel" genannt werden darf. Hier ein paar Tipps dazu, wie man eine gute Fleischqualität erkennt und worauf man beim Fleischeinkauf achten sollte:

1. Aufzucht

Es ist nicht unbedingt immer so, dass BIO für eine bessere Fleischqualität sorgt, denn es gibt auch unter den BIO-Bauern sogenannte „schwarze Schafe", die ihre Tiere misshandeln oder nicht sorgfältig aufziehen. Andererseits gibt es mindestens ebenso viele Betriebe, die über kein BIO-Zertifikat verfügen und ihre Schweine dennoch sehr umsichtig und artgerecht aufziehen. Leider kann man als Verbraucher nur in den seltensten Fällen wirklich die Herkunft zurückverfolgen und muss daher seinem Fleischfachverkäufer vertrauen. Ich empfehle daher entweder – wenn möglich – direkt beim Bauern oder beim Fleischer des Vertrauens einzukaufen, um sicherzugehen, dass man eine gute Fleischqualität erhält.
Ein ganz wichtiger Parameter, der für eine perfekte Fleischqualität sorgt, ist neben der Aufzucht und der möglichst artgerechten Tierhaltung vor allem die Ernährung.

2. Alter

Die Beschaffenheit von Schweinefleisch ist selbstverständlich auch vom Alter des jeweiligen Tieres abhängig, man unterscheidet generell:

(SAUG-)FERKEL: junges Tier, das noch gesäugt wird, bis maximal 6–8 kg

SPANFERKEL: Tier, das im Alter von 3–6 Wochen geschlachtet wird (ca. 12–25 kg)

LÄUFER ODER ÜBERLÄUFER: nicht mehr saugendes Jungtier (25–50 kg)

JUNGSAU: weibliches Schwein nach dem Decken, vor dem ersten Wurf

MASTSCHWEIN: zur Schlachtung bestimmtes Schwein ab einem Alter von zehn Wochen

SAU: weibliches Tier, das schon Nachwuchs hatte

BORK ODER BARCH: männliches Tier, das im Alter von 3–4 Wochen kastriert wurde

EBER/HAUER/BÄR: männliches, nicht kastriertes Tier (meist zu Zuchtzwecken)

ALTSCHNEIDER: Wenn ein Eber geschlachtet werden soll, wird er mindestens 8 Wochen vor dem Schlachttermin kastriert, denn durch das Kastrieren verringert sich ein evt. auftretender unangenehmer Geruch.

3. Schlachtung

Die Art und Weise der Schlachtung ist ganz entscheidend für eine gute Fleischqualität und sollte daher möglichst stressfrei ablaufen. Bei Billigfleisch aus Massentierhaltung ist das – wie oben erwähnt – leider so gut wie nie der Fall. Kurze Transportwege sind da ein wichtiger Faktor und zudem ein Beitrag zum Klimaschutz.
Neben der eigentlichen Schlachtung ist natürlich auch die Hygiene in den jeweiligen Schlachtbetrieben ein Thema – hier sind wir vor allem in Österreich und Deutschland auf Grund der rigorosen Gesetze und Kontrollen aber bestens aufgehoben.

4. Qualität ist messbar

Die Fleischqualität wird weiter maßgeblich durch Fleisch-/Fettanteil (der aber rassebedingt variieren kann, was sogar erwünscht ist – siehe Punkt 5), Gewicht, Alter und in weiterer Folge von Kühlverlauf und Säuregrad beeinflusst – all diese Faktoren werden durch Kontrolleure geprüft.
Ein wesentlicher Parameter der Fleischqualität ist der pH-Wert, denn er gibt Auskunft über den Säuregrad des Fleisches und liegt bei Qualitätsfleisch in einem ganz bestimmten Bereich. Durch die Messung des pH-Wertes zu verschiedenen Zeitpunkten kann Fleisch mit Qualitätsfehlern aus dem Handel genommen werden. Dazu gehört beispielsweise das sogenannte PSE-Fleisch (*pale*=hell, *soft*=weich, *ex-sudative*=wässrig), das früher gerne auch salopp als „Schrumpfschnitzel" bezeichnet wurde – Fehler dieser Art sind entweder genetisch bedingt oder werden durch übermäßigen Stress (z. B. bei der Schlachtung) ausgelöst. Mit der Messung des pH-Wertes kann man auch sogenanntes DFD-Fleisch (*dark*=dunkel, *firm*=hart, *dry*=trocken) ausscheiden, das von Verbrauchern auch gerne umgangssprachlich als „Schuhsolenfleisch" bezeichnet wird.
Zur Qualität gehören auch das Einhalten einer lückenlosen Kühlkette und die einheitliche Lagertemperatur von plus 4 °C, die zu keinem Zeitpunkt überschritten werden sollte.

5. Rasse

Last but not least sollte man auch Grundkenntnisse über die Eigenschaften der verschiedenen Schweinerassen haben, denn mache Rassen sind hervorragend zum Wursten geeignet (weil sie z. B. recht fettreich sind), andere Fleischrassen wiederum sind als Frischfleisch wertvoller, weil sie weniger Fett, dafür mehr Fleischanteil liefern. Einen kleinen Überblick dazu finden Sie im Kapitel „Wichtige Schweinerassen".

6. Worauf man achten sollte

Gutes Schweinefleisch ist eigentlich recht leicht zu erkennen: Es fühlt sich fest an und ist – im wahrsten Sinne des Wortes – rosarot, ohne Anzeichen von überschüssiger Flüssigkeit. Zwischen Haut und Fleisch muss sich eine gute Schicht weißes Fett befinden, das dem Fleisch beim Braten Saftigkeit verleiht und zudem die Temperatur direkt an der Haut erhöht und dadurch (zusammen mit Hitze und Salz) für eine schöne goldbraune Kruste sorgt. Die Haut sollte sich weich anfühlen und nicht ledrig sein.

7. Welches Fleischteil ist das „beste"?

Die Franzosen sagen: „Alles ist gut vom Schwein", die Engländer haben die Redensart: „Man kann alles vom Schwein essen, bis auf sein Quieken!" Man muss also nur beachten, welches Fleischteil von welcher Rasse sich für die ausgewählte Zubereitung am besten eignet!

VORSPEISEN
IMBISSE
KLEINGERICHTE

Kesselfrischer Beinschinken

1 gepökelten und zart geräucherten Schinken
Senf
frisch gerissener Kren

Früher hatte fast jede Fleischerei einen frischen Beinschinken im Angebot, heute ist es eine Spezialität, die man nur noch selten sieht – außer in Triest, dort ist der Beinschinken (hier Prager Schinken genannt) omnipräsent.

☐ Einen gepökelten und zart geräucherten Schinken im Ganzen (mit Schwarte!) zuerst einen Tag wässern (damit er nicht zu salzig ist), danach bei nicht zu starker Hitze einige Stunden kochen; über Nacht auskühlen lassen und anschließend mit einem scharfen Messer in Scheiben schneiden.
☐ Mit Senf und frisch gerissenem Kren auftischen oder eine Semmel großzügig mit frisch aufgeschnittenem Beinschinken füllen.

Achtung: Die Fettschicht, welche das Fleisch umgibt, sorgt für Aroma und Geschmack und wird daher UNBEDINGT mitgegessen und nicht weggeschnitten!!!

Tipp: Besonders gut schmeckt ein echter Beinschinken vom Mangalitzaschwein, weil dieser über einen besonders ausgeprägten und saftigen Fettrand verfügt.

Thüringer Mett

60 % mageres, sehnenfreies Schweinefleisch
40 % Schweinebauch, ohne Knochen und Schwarte

Würze pro kg Fleisch:
20 g Salz
2 g Pfeffer aus der Mühle
1 g getrockneter Majoran
1–2 Zwiebeln

ACHTUNG: Nur mit absolut frischem Schweinefleisch zubereiten!

☐ Das Fleisch muss sehr gut gekühlt sein! Dann grob würfeln und durch den Fleischwolf (idealerweise nimmt man eine 10-mm-Scheibe) wolfen. Hackfleisch mit den Gewürzen vermengen und ggfs. für feines Mett nochmals wolfen (10-mm- oder 8-mm-Scheibe).
☐ Zwiebeln feinst hacken und unter das Mett mischen. Auf halbierten Brötchen anrichten und mit Zwiebelringen garnieren.

Varianten: Das oben angegebene Standardrezept kann nach persönlichem Geschmack vielfältig abgewandelt werden. Für eine bessere Haltbarkeit (1–2 Tage im Kühlschrank) kann man etwa zusätzlich 2 g Pökelsalz dazugeben. Oder – je nach Geschmack – das Mett mit Knoblauch, Muskatnuss, Kümmel (oder Kumin), Piment etc. würzen. Auch Kräuter wie Salbei oder Rosmarin können dazugegeben werden. Wer mag, mischt auch ein rohes Ei unter die Fleischmasse.

„Luccas-Augen" neu interpretiert

Für 2 Personen:

2 große Scheiben Toast oder Sandwichbrot
180–200 g frisches Schweinefilet (sauber pariert)
1 EL Forellen- oder Saiblingskaviar
1 kleiner Eidotter
1 Schalotte oder ½ Knoblauchzehe
2 EL Mayonnaise (vorzugsweise hausgemacht, siehe Anhang)
2 EL Crème fraîche oder Sauerrahm
Tabasco
Worcestersauce
1 EL Butter
Salz und weißer Pfeffer aus der Mühle

Zur Garnitur:

1 gehacktes rohes Ei
6 Flusskrebsschwänze
1 Tasse Gartenkresse
evt. Schnittlauchröllchen oder Kerbel

Das Rezept „Luccas Augen" wurde nach der berühmten Operndiva Pauline Lucca (1841–1908) benannt, welche vor allem in Wien, Berlin und New York große Erfolge feiern konnte. Neben ihrer Stimme war es vor allem der Glanz ihrer Augen, der die Menschen verzauberte – ein Strahlen, das auch Köche in den Bann zog. Und so kreierte das Küchenteam des berühmten Berliner Hotels Kempinski das nicht minder bekannte Gericht „Luccas Augen", eine feine Kreation aus Rinder-Tatar, Austern und Kaviar. Ich habe das Rezept zu einer rustikalen Variante mit Schweinefleisch umgebaut, die aber mindestens genauso gut mundet:

□ Mit einem großen Ausstecher aus den beiden Brotscheiben 2 runde Scheiben von etwa 12–15 cm Durchmesser (je nach Größe des Brotes) ausstechen. Butter in einer Pfanne aufschäumen, die Brotscheiben hineingeben und beidseitig knusprig-goldbraun braten; vom Herd nehmen und parat halten.
□ Das gut gekühlte Schweinefilet mit einem großen schweren Messer erst in sehr dünne Scheiben, dann in sehr schmale Streifen und schließlich in möglichst kleine Würfel hacken. In einer Schüssel mit Eidotter und feinst gehackter Schalotte (oder zerdrückter Knoblauchzehe) vermischen, danach das Tatar mit Salz und Pfeffer abschmecken.
□ Die Mayonnaise mit Crème fraîche oder Sauerrahm verrühren und die Sauce mit einigen Tropfen Tabasco, einem Spritzer Worcestersauce und evt. einer Prise Salz abschmecken (man kann auch noch etwas Dijon-Senf oder einen Spritzer Zitronensaft dazugeben).
□ Für die Garnitur das hartgekochte Ei schälen und sehr fein hacken; Flusskrebsschwänze klein würfeln.

Anrichten: Das Tatar gleichmäßig auf die beiden Brotscheiben verteilen und schön glattstreichen. Die beiden Scheiben nun jeweils mittig auf einen Teller setzen und das Tatar großzügig mit der Sauce bestreichen. Eine schöne Nocke Kaviar daraufsetzen und den Rand des Tatars mit Kresse dekorieren. Rund um die Brote das gehackte Ei streuen und auf dem Ei die Krebswürfel anrichten. Mit Schnittlauchröllchen vollenden und sofort servieren.

Carpaccio auf zwei Arten

Es eignen sich mehrere Fleischteile vom Schwein für ein Carpaccio, doch ich persönlich ziehe Schweinsfilet, Presa (spezieller spanischer Schulterschnitt) und auch das Secreto (spezielles spanisches Stück vom Bauchlappen) vor. Das Schweinefilet belasse ich dabei entweder wirklich gänzlich roh oder ich wende es kurz in zerlassener Butter, Presa und Secreto grille ich grundsätzlich an, weil die Röstaromen den Eigengeschmack noch verstärken. Hier meine zwei Favoriten:

1. Carpaccio vom Schweinsfilet mit Trüffelvinaigrette

☐ 400 g gut gekühltes Schweinefilet (es muss vollkommen frei von Fett und Sehnen sein) mit einem großen Messer oder einer Aufschnittmaschine in dünne Scheiben schneiden und auf 4 Teller verteilen; zart mit Meersalz würzen.
☐ 6 EL Olivenöl mit 2 EL ausgezeichnetem Weinessig, 6–8 EL Trüffelsaft, einer Prise Meersalz und Pfeffer aus der Mühle verrühren, das Fleisch damit marinieren.
☐ Mit Kerbelblättern und etwas gehackter schwarzer Trüffel dekoriert auftischen.

Variante: Statt Trüffel etwas Dijon-Senf nehmen und die Marinade mit frisch gehackten Kräutern (Schnittlauch, Petersilie, Kerbel, Estragon, Basilikum etc.) verfeinern.

2. Carpaccio von der kurz gegrillten Schweineschulter mit Tapenade

☐ 1 Iberico Presa (ca. 600 g) oder 1–2 Stück Iberico Secreto (vorzugsweise der Qualitätsstufe „Bellota") mit Küchenpapier trocken tupfen, danach mit etwas Olivenöl einreiben und auf dem sehr heißen Grill (oder in einer sehr heißen Grillpfanne) auf jeder Seite scharf grillen – Presa etwa 1–2 Minuten pro Seite, Secreto 45–60 Sekunden pro Seite.
☐ Fleisch vom Grill nehmen und in Folie gewickelt einige Minuten rasten lassen, danach quer zur Faser in dünne, längliche Streifen schneiden. Fleisch auf 4 Teller verteilen und mit folgender Marinade beträufeln:
☐ 12 große grüne Oliven (entsteint) zusammen mit 8–12 gewaschenen Salzkapern, 1–2 geschälten Knoblauchzehen, 1–2 Anchovisfilets, einigen Thymianblättern, einigen Rosmarinnadeln, ½–1 TL Fenchelgrün und ein paar Spritzern Zitronensaft in einer Küchenmaschine unter Zugabe von hochwertigem Olivenöl zu einer Paste verarbeiten, diese mit Salz und Pfeffer würzen und mit so viel exzellentem Olivenöl anreichern, dass man eine zähflüssige Marinade erhält.

Frische Schweinskrusteln

Es gibt im Grunde genommen zwei Hauptzubereitungen für diesen wunderbaren Snack aus frischer Schweineschwarte – einmal in Chips geschnitten aus dem Ofen und dann eine zweite Variante, bei der das Fleisch zuerst gekocht und dann frittiert wird. Egal wie – sie schmecken sensationell gut. Nur mit Salz bestreut, habe ich sie am liebsten, man kann sie auch mit Salz und kreolischen Gewürzen verfeinern oder mit einem Sojasaucen-Dip servieren. Hier zwei Vorschläge:

1. Aus dem Ofen

☐ Schweineschwarte von allen Fettresten befreien, in 2 x 2 cm große Quadrate schneiden und 4 Stunden in kaltes Wasser einlegen. Dann gut abtropfen, rundherum kräftig salzen und bei 200 °C Umluft im Ofen backen, bis sie drei- bis viermal so dick aufgeblasen und knusprig sind. Sofort genießen – nach Belieben mit Chilipulver, kreolischer Gewürzmischung oder – was ich sehr gerne habe – mit scharfem Piment de la Vera würzen!

Hinweis: Alternativ kann man die entfettete Schwarte auch ganz belassen und nur mit einem Teppichmesser rautenförmig einritzen sowie rundherum salzen – in eine Alufolie legen und bei 260–280 °C (keine Umluft) backen, bis die Schwarte kracht; mit Kreuzkümmel und Tabasco würzen.

2. Gekocht und frittiert

☐ Die Schweineschwarte in kaltem Wasser aufsetzen, zum Kochen bringen und ca. 30–45 Minuten garen.

☐ Danach herausnehmen, abtrocken und in 2–3 cm breite Streifen schneiden, zusätzlich die Schwarte leicht schröpfen.

☐ Essig mit Salz vermischen und die Schwarte damit einreiben – insbesondere in die Einschnitte der Schwarte reiben. An einem warmen, trockenen Ort 3–4 Stunden ziehen lassen.

☐ Reichlich Schmalz in einer hohen Kasserolle erhitzen – es sollte mindestens 180 °C haben. Die Krusteln in das heiße Öl geben (ACHTUNG: Spritzt!) und unter ständigem Wenden mit einer Kelle so lange frittieren, bis die Schwarte aufplatzt und kracht. Fertige Krusteln herausnehmen und abtropfen lassen.

☐ Auf einem Hackstock zerteilen und vor dem Servieren etwas abkühlen lassen.

☐ Mit Salz bestreuen und mit Dip (bestehend aus: 3 EL Zitronensaft, 3 EL Asiatischer Fischsauce, 3 EL braunem Zucker, 1,5–2 EL Sojasauce, 1 EL gehacktem Koriandergrün, 1–2 gehackten Thai-Chilischoten und evt. einer gehackten Knoblauchzehe) auftischen.

Mein Baguette „Schwein gehabt"

Für 4–6 Personen:

1 frisches Baguette

500 g Blutwurst zum Braten, in dicke Scheiben geschnitten

300 g Schweinsleber oder auch Schweinsherz oder Nieren oder gemischt

3 säuerliche Äpfel, zum Kochen geeignet

3 große Zwiebeln, geschält und in Ringe geschnitten

2 Thymianzweige

2–3 EL Schmalz

Für die Würzbutter:

250 g Butter, zimmerwarm

1–2 EL Dijon-Senf

2 EL Schalotten, feinst gehackt

1 EL Petersilie, feinst gehackt

1 EL Schnittlauchröllchen

Salz und Pfeffer aus der Mühle

Außerdem:

1 Handvoll Grammeln

2–4 Knoblauchzehen

1 Tasse Kresse oder frisch gerissener Kren

Wenn man dieses köstliche Baguette genießen durfte, dann hat man wahrlich „Schwein gehabt"!

☐ Butter mit den vorgesehenen Gewürzen vermischen und mit Salz und Pfeffer abschmecken; parat stellen.
☐ Die Äpfel schälen, entkernen, in Scheiben schneiden und in 1 EL Schmalz beidseitig leicht anbraten, dann warm parat stellen.
☐ In einer frischen Pfanne 2 EL Schmalz zerlassen und die in Ringe geschnittenen Zwiebeln darin hellbraun werden lassen. Die sauber geputzten Innereien klein schneiden und zu den Zwiebeln geben, auf nicht zu kleiner Flamme garen; danach warm parat stellen und mit Salz, Pfeffer und Thymianblättern würzen.
☐ Die in Scheiben geschnittene Blutwurst mit etwas Schmalz beidseitig knusprig braten.
☐ Das Baguette (ich wärme es im Ofen an) längs aufschneiden und auf den Innenflächen großzügig mit der Würzbutter bestreichen.
☐ Dann die Unterhälfte dachziegelartig mit Apfel- und Blutwurstscheiben belegen, darauf das Zwiebel-Innereiengemisch verteilen und anschließend alles mit Grammeln (evt. gewärmt und grob gehackt), gehacktem Knoblauch und Kresse bestreuen.
☐ Mit der Oberhälfte abdecken, in 4–6 Stücke schneiden und mit einem Glas Rotwein auftischen.

Gesurter Jausen-Knieling

Unter „Knieling" versteht man eine kurz geschnittene vordere Stelze, die entweder frisch oder – wie in diesem Fall – gesurt (und evt. auch geräuchert) angeboten wird. Aufgrund der überschaubaren Portionsgröße ist der Knieling eine herrliche Jause oder eine kleine Hauptspeise für eine Person.

☐ Der Knieling wird etwas geschröpft und anschließend am besten am Drehspieß gegrillt oder im Ofen gebraten.
☐ Dazu gibt es frisch gezapftes Bier (oder weißen Spritzer), Brot, Senf und frisch gerissenen Kren.

Rillettes, wie ich sie mag

1 kg Schweinebauch ohne Knochen und Schwarte
1 kg Schweinefleisch von Schulter oder Nacken (ohne Knochen und Schwarte)
1,5 kg Schweineschmalz
12 Wacholderbeeren
8 Knoblauchzehen
8 Pimentkörner
8 Lorbeerblätter
2 Stück Macis
grobes Meersalz

Außerdem:
1 Zwiebel
1 Flasche trockener Weißwein (ich nehme einen Vouvray oder Riesling)
Salz und Pfeffer aus der Mühle

Diese Rillettes sind so saugut, dass ich sie JEDEN TAG essen könnte!!!

☐ Das Fleisch in Würfel von 5 cm Kantenlänge schneiden und mit grobem Meersalz (mindestens 100 g) einreiben. Dann in eine Schüssel füllen, die Gewürze (Wacholder, Knoblauch, Piment, Lorbeer, Macis) dazugeben und 24 Stunden abgedeckt im Kühlen marinieren lassen.

☐ Fleisch von allen Gewürzen befreien und unter kaltem Wasser abspülen, dann gründlich trocken tupfen. Schweineschmalz in einer ofenfesten Kasserolle erhitzen, 600 ml Wein und die feingehackte Zwiebel dazugeben. Auf kleiner Flamme 10 Minuten köcheln lassen. Das Fleisch dazugeben und auf kleiner Flamme (die Temperatur darf 75 °C nicht übersteigen!) 4 Stunden sanft schmoren lassen, bis das Fleisch so weich ist, dass es beim Umrühren zerfällt (man kann die Kasserolle auch verschließen und das Ganze im 75 °C warmen Ofen zubereiten – dann 5–6 Stunden berechnen). Rillettes regelmäßig umrühren.

☐ Das weichgekochte Fleisch mit einem Schuss Wein abrunden und mit etwas Salz und Pfeffer nachwürzen. Alles in Einmachgläser oder eine große Form aus Steingut füllen und gut auskühlen lassen. Mit Baguette oder Schwarzbrot auftischen.

Sülze mal anders – saustark!

300 g Bauchfleisch
300 g Schweinenacken (Schopf)
4 Schweinebacken (evt. beim Metzger vorbestellen)
4 Schweinsfüße
2 Schweineschnauzen (wenn erhältlich, sonst ¼–½ Schweinskopf)
2–4 Schweinsohren
2 Schweinezungen
4 große Zwiebeln
8 Knoblauchzehen
4 Karotten
2 Stangen Lauch
½ Knollensellerie
1 Fenchelknolle
einige Gewürznelken
3–4 Lorbeerblätter
Salz und Pfeffer aus der Mühle

☐ Sämtliches Gemüse küchenfertig vorbereiten. Die geschälten Zwiebeln mit den Nelken spicken (nicht zu viele Nelken nehmen, 4–8 Stück reichen vollkommen!). Dann alle Zutaten in einen großen Topf füllen, mit Wasser bedecken, aufkochen lassen, Hitze zurücknehmen und gut 3 Stunden köcheln lassen.

☐ Fleisch herausnehmen; Brühe mit dem Gemüse auf etwa 1–1,5 Liter einkochen lassen. Sämtliches Fleisch von den Knochen lösen und grob zerpflücken. Das Fleisch kräftig mit Salz (vorzugsweise Meersalz!) und Pfeffer aus der Mühle würzen.

☐ Die Brühe durch ein Sieb passieren. Das zerpflückte Fleisch in eine ausreichend große Terrine füllen und mit der Brühe übergießen, etwas verteilen, damit alles Fleisch gleichmäßig im Aspik liegt. Leicht andrücken, danach mindestens 24 Stunden im Kühlschrank gelieren lassen. In große Scheiben geschnitten auftischen, dazu passen Bratkartoffeln oder geröstete Brotscheiben.

Variante: Für eine köstliche Blutorangen-Sulz lassen Sie bei obigem Rezept Schweinszungen, Schweinebacken, Karotten, Lauch, Sellerie, Nelken und Lorbeerblätter weg – bereiten aber die Sulz auf dieselbe Weise zu. Der gefilterte Sud wird auf 1 Liter eingekocht und mit 500–750 ml frisch gepresstem Blutorangensaft versetzt (evt. 1 g Agar-Agar dazugeben). Dann den Blutorangensud über das zerpflückte Fleisch gießen und gelieren lassen. Die Sulz in Scheiben schneiden und mit etwas gehacktem Ingwer, fein geschnittenem Chili sowie gehackter Minze bestreut auftischen.

Rillons

1 kg Schweinebauch
400 g Schweineschmalz
25 g Salz
6 geschälte Knoblauchzehen, grob gehackt
1 TL Kumin
Frisch geriebene Muskatnuss
Pfeffer aus der Mühle
Rohrzucker

Es gibt in Frankreich verschiedene Varianten der Rillons, die einerseits sulzähnlich sein können, andererseits aber auch unseren Grieben/Grammeln nahekommen – jede Region hat da ihre Eigenheiten. Mir schmecken diese Rillons am besten:

☐ Salz mit den Gewürzen vermengen. Fleisch in 5 cm große Würfel schneiden, salzen und anschließend mit der Gewürzmischung einreiben. 1 Stunde marinieren lassen.

☐ Schweineschmalz in einem Schmortopf zerlassen und das Fleisch bei mittlerer Hitze braten, bis es rundherum Farbe angenommen hat. Dann die Temperatur auf kleinste Stufe stellen und das Fleisch mindestens 2 Stunden sanft schmoren, bis es ganz zart ist. 3–4 EL Zucker hinzugeben und karamellisieren lassen – entweder heiß mit Baguette oder kalt mit gerösteten Weißbrotscheiben auftischen.

Gekochter Schweinsgoder

Für 4–6 Personen

800 g Schweinsgoder
2–3 Zwiebeln, geschält und grob gehackt
1 Karotte
6–12 Knoblauchzehen, mit dem Handballen angedrückt
12 cm Krenwurzel, geschält und in dicke Scheiben geschnitten
5 cm Ingwerwurzel, geschält und in dicke Scheiben geschnitten
4 Nelken
1–2 Lorbeerblätter
1 EL Salz

Außerdem:
frisch gerissener Kren
Essig
Salz

Keine Sorge vor der Menge an Knoblauch – der Ingwer hat die Eigenschaft, den Knoblauch zu „neutralisieren", deshalb braucht man etwas mehr davon als gewöhnlich.

☐ Schweinsgoder mit der Schwarte nach unten in eine ausreichend große Kasserolle legen, knapp mit Wasser bedecken und aufkochen.
☐ Gemüse und Gewürze hinzugeben, dann den Goder im Sud unter mehrmaligem Wenden 2–3 Stunden langsam garen. Goder in Scheiben aufgeschnitten mit frisch gerissenem Kren und einem Schöpfer des passierten Kochsuds anrichten, mit Essig beträufeln und nachsalzen.
☐ Dazu passen geröstete Brotscheiben oder Salzkartoffeln. Ich reiche dazu auch noch Cornichons, eingelegte Knoblauchzehen und einen reschen Weißwein.

Lauwarm marinierter Schweinskopf mit Ratatouille und Salsiccia

4–5 Portionen

500–600 g gepökelter, gekochter und anschließend gepresster Schweinskopf (ausgelöste Schweinsmaske); selber eingepökelt oder auch beim Metzger vorbestellen
1 Salsiccia

Für die Vinaigrette:
1 Paprika rot
1 Paprika gelb
1 Zucchino
1 Melanzani klein
2 Tomaten
2 Schalotten, geschält
1 Knoblauch (China) geschält
4 cl Weißwein
500 ml Rindsuppe (oder Tomaten-Consommé)
200 ml Olivenöl, kalt gepresst
1 Lorbeerblatt
Korianderkörner
1 Zweig Thymian
1 Zweig Rosmarin
etwas Maisstärke
Champagneressig
5 Basilikumblätter
1 Jungzwiebel
Zucker
Salz

Für die Mandeln:
20 Stück Mandeln, geschält
Paprikapulver
etwas Eiweiß
Salz

Rezept von Thomas Wohlfarter, Küchenchef AMARANTIS Wien

Vinaigrette:

□ Tomaten kreuzweise einschneiden, blanchieren, eiskalt abschrecken und schälen. Anschließend vierteln, filetieren und auf einem Backblech mit etwas Olivenöl beträufelt bei etwa 80 °C im Backrohr für 90 Minuten trocknen. Die Tomatenabschnitte aufbewahren.

□ Die Paprikaschoten vom Kerngehäuse befreien. Die Stücke mit etwas Olivenöl bepinseln und im vorgeheizten Backrohr mit der Hautseite nach oben bei starker Oberhitze garen. Anschließend schälen und in feine Würfel schneiden. Melanzani und Zucchino fein würfeln, in Pflanzenöl knusprig frittieren und auf Küchenkrepp abtropfen.

□ Knoblauch und Schalotten fein schneiden und mit etwas Olivenöl farblos andünsten. Mit Salz und einer Prise Zucker würzen, anschließend mit Weißwein ablöschen, kurz reduzieren und mit der Brühe auffüllen. Tomatenreste, je einen Zweig Thymian und Rosmarin, das Lorbeerblatt und etwa 15 Korianderkörner hinzufügen und für etwa 20 Minuten bei geringer Hitze köcheln.

□ Den Tomaten-Fond durch ein Sieb passieren, kurz aufkochen und mit der Maisstärke leicht binden. Das Olivenöl einmontieren, die getrockneten Tomatenwürfel sowie Zucchini, Melanzani und Paprikaschoten zugeben mit Salz, Pfeffer und einem Spritzer Champagneressig abschmecken und mit fein geschnittenem Basilikum und Junglauch abrunden.

Für die Salsiccia:

Den Darm der Salsiccia entfernen, das Brät grob hacken und mit etwas Pflanzenöl knusprig braten, auf einem Küchenkrepp abtropfen.

Für die Mandeln:

Die Mandeln mit etwas Eiweiß, Salz und Paprikapulver vermengen, auf einem Backblech verteilen und bei 80 °C im Rohr für etwa eine Stunde rösten.

Fertigstellung:

Den gepressten Schweinskopf mit der Maschine dünn aufschneiden (maximal 2 mm). Auf einem Teller drapieren und im Backrohr bei starker Oberhitze für etwa zwei Minuten erwärmen. Mit der Vinaigrette marinieren, mit Salsiccia und den grob gehackten Mandeln bestreuen, mit verschiedenen Blattsalaten vollenden.

Gebackene Schweinsohren mit Bittersalaten

3–4 Schweinsohren
600–700 g Bittersalate (Rucola oder Löwenzahnsalat)
2 Zwiebeln
400 g Wurzelgemüse (Karotten, Lauch, Sellerie)
3 Lorbeerblätter
ein paar Nelken
einige Thymianzweige
Pfefferkörner
Salz

Zum Panieren:
2–3 Eier
4 EL scharfer Dijon-Senf
Semmelbrösel
Butterschmalz oder Schweineschmalz zum Ausbacken

Für die Vinaigrette:
6 EL Walnussöl
2 EL bester Weinessig
1 TL ausgezeichneter Dijon-Senf
Salz und Pfeffer aus der Mühle

Eine wunderbare Vorspeise, die ich gerne im Frühsommer auch als kleines Zwischengericht serviere. Wer den Geschmack von Bittersalaten nicht liebt, kann natürlich auch alle anderen Blattsalate nehmen.
Ich bevorzuge hier Rucola und Löwenzahnsalat, aber auch Friséesalat und Trevisiano passen gut.

☐ Die Schweinsohren zweimal in kochendem Wasser blanchieren (Wasser dabei immer wechseln), danach in frischem Wasser mit geputztem Wurzelgemüse, Zwiebeln, Lorbeerblättern, Thymianzweigen, Nelken, Pfefferkörnern und Salz aufsetzen und 2–3 Stunden auf kleiner Flamme kochen lassen.
☐ Schweinsohren aus dem Sud nehmen, abkühlen lassen, die äußere Haut entfernen und in 5 x 5 cm große Stücke schneiden.
☐ Eier mit Senf verrühren, die Schweinsohren darin wenden, danach in Semmelbröseln panieren und in heißem Butterschmalz (nicht zu heiß!) beidseitig goldbraun backen.
☐ Alle Zutaten für die Vinaigrette mit einem Schneebesen verrühren, die gewaschenen und abgetropften Salatblätter darin wenden und auf Teller verteilen. Mit den goldbraun gebackenen, etwas abgetropften Schweinsohren belegen und sofort auftischen.

Gebratenes Bauchfleisch mit wildem Fenchel
Spalletta arrosta con finocchio selvatico

Pro Portion

125–150 g Bauchfleisch, in etwa 2–3 mm dünne Scheiben geschnitten
1–2 EL Olivenöl
Samen vom wilden Fenchel, im Mörser zerstoßen
Pfeffer aus der Mühle
Meersalz

Eine der für den slowenischen Karst typischen deftigen Delikatessen, die ihren einzigartigen Geschmack durch den wilden Fenchel erhält, der die Speise gleichzeitig bekömmlicher werden lässt. In Ermangelung des wilden Fenchels kann man auch normalen Fenchelsamen nehmen, doch das Aroma wird nicht das gleiche sein …

☐ Das Öl in einer weiten Pfanne erhitzen. Fleisch beidseitig mit Salz und Pfeffer würzen, dann nebeneinander in die Pfanne legen und auf der ersten Seite bräunen. Fleisch wenden und auch die zweite Seite braten.
☐ Dann den Fenchel (Menge nach persönlichem Gusto) darüberstreuen und noch einige Sekunden schwingend rösten, bis das Fleisch das Fenchelaroma angenommen hat.
☐ Anrichten und nochmals etwas Fenchel daraufstreuen.

Sarma-Röllchen als Fingerfood

ca. 20 Blätter Sarma-Kraut (etwa 1 Sarma-Krautkopf)
400–500 g mittelfettes Schweinehackfleisch
1 mittlere Zwiebel, fein gehackt
75 g Rundkornreis
2 EL Olivenöl oder Sonnenblumenöl
1 TL getrockneter Thymian
1 Bund frische Dille
Salz und Pfeffer aus der Mühle
wenn vorhanden:
Schweinefleischbrühe (alternativ auch Würfelbrühe, Wasser oder Wasser und Weißwein gemischt)

Sauce:
125 g zweifach konzentriertes Tomatenmark (Dose)
1 großer EL dreifach konzentriertes Tomatenmark
1 EL scharfes Paprikapulver
2–3 Knoblauchzehen, gepresst
½ EL Kreuzkümmel (im Mörser zerstoßen)
1 Prise Vegeta
250 ml Fleischbrühe
2–3 EL Olivenöl oder Schweineschmalz
Salz

Es ist keineswegs übertrieben, wenn man die rumänischen Krautwickel (mit Schweinehackfleisch gefüllte Sarma-Krautblätter), die mit Sauerkraut und gepökelten Selchrippchen zusammen gekocht und aufgetischt werden, als weltberühmt bezeichnet. Daher gibt es auch überall entsprechende Rezepte dafür. Das eingelegte Sarma-Kraut ist heute leicht erhältlich (mittlerweile führen es sogar viele Supermärkte).
Ich habe mir für dieses Buch eine neue Variante überlegt: als Fingerfood nämlich, mit einer leichten Tomaten-Knoblauchsauce als Dip:

☐ Dillspitzen von den Stielen ablösen, die Stängel aber aufbewahren. Dillspitzen hacken, danach das Fleisch mit Dill, Thymian, gehackter Zwiebel (wer mag, gibt noch ein oder zwei zerdrückte Knoblauchzehen dazu), Reis, Salz und Pfeffer vermischen. Das Sarma-Kraut verlesen und die einzelnen Blätter von den dicken Mittelrippen befreien. Ungefähr ein bis zwei Teelöffel Füllung auf jedes Blatt geben und dann so in das Blatt einwickeln, dass man kleine, etwa fingerlange „Würstchen" erhält (Ränder einschlagen, danach zu einer Rolle aufrollen). Den Boden einer großen Pfanne mit Dillzweigen auslegen und die Röllchen dicht an dicht (sie müssen direkt aneinanderliegen!) mit der Nahtstelle nach unten hineinsetzen.
☐ Mit kochender Fleischbrühe (oder kochendem Wasser) begießen, nach Belieben noch etwas Olivenöl dazugeben, dann die Röllchen mit einem großen Teller (oder Brett/Platte etc.) beschweren und etwa 30–45 Minuten dünsten lassen.
☐ Fertige Röllchen abtropfen lassen und mit folgender Dip auftischen: Gepressten Knoblauch in Öl oder Schmalz andünsten, bis er duftet, dann die beiden Tomatenpürees darin anbraten, bis sie dunkel werden, den Paprika dazugeben und alles mit der Brühe ablöschen.
☐ Mit Kreuzkümmel und Vegeta abschmecken, dann einige Minuten bei Mittelhitze einkochen lassen, bis die Sauce sämig ist; salzen und zu den Röllchen servieren.

Variante: Die Röllchen können auch in einem Dämpfeinsatz über kochendem Wasser oder kochender Brühe gedämpft werden (ca. 60–90 Minuten) oder man bereitet sie im Dampfgarer zu.

Hinweis: Natürlich kann man die Röllchen auch, wie es beim klassischen Sarma üblich ist, auf papriziertem und/oder tomatisiertem Sauerkraut (dem auch einige Pökelrippen zugegeben werden dürfen) dämpfen.

Getrüffeltes Schweinehack
Crépinettes truffées

500 g fettes Schweinehackfleisch

1 Schweinsnetz

1 großes BIO-Ei

1 mittelgroße frische schwarze Trüffel (oder 50 g Trüffel-Carpaccio aus dem Glas)

Salz und Pfeffer aus der Mühle

2 EL Gänsefett oder Schweineschmalz

12 Scheiben Baguette

Wenn man in den Genuss einer frischen, schwarzen Trüffel aus dem Périgord (oder auch aus Spanien) kommen sollte, dann empfehle ich diese Zubereitung. Die Crépinettes lassen sich aber ersatzweise auch gut mit Trüffel-Carpaccio herstellen. Eine Vorspeise der ganz edlen Art, die ich zu gereiftem Jahrgangschampagner reiche.

☐ Schweinenetz in lauwarmes Wasser einlegen Das Faschierte salzen, pfeffern und mit dem Ei vermengen (man kann auch noch eine Prise Muskatnuss und einen Hauch gepressten Knoblauch dazugeben).

☐ Das Schweinsnetz ausbreiten und mit einer Schere in größere Quadrate (ca. 12–15 cm Kantenlänge) schneiden.

☐ Auf jedes Schweinsnetz eine Portion Fleisch geben und mit frisch geraspelter Trüffel bestreuen – alternativ kann man die Trüffel auch gerieben unter das Fleisch mengen und vermischt auf das Netz geben (Letzteres empfiehlt sich bei Trüffel-Carpaccio, das vor der Verwendung grob gehackt werden sollte).

☐ Das Schweinsnetz über die Fleischportionen schlagen und zu kompakten Päckchen formen, die man in eine Auflaufform legt und mit Frischhaltefolie abgedeckt 24 Stunden im Kühlschrank marinieren lässt (so überträgt sich das Trüffelaroma auf das Fleisch).

☐ Die Crépinettes bei nicht zu starker Hitze in einer Pfanne mit Gänseschmalz (oder Schweineschmalz) braten – in einer separaten Pfanne Baguettescheiben rösten und diese immer wieder esslöffelweise mit dem Bratfett der Crépinettes beträufeln, bis die Brotscheiben beidseitig schön goldgelb sind.

☐ Pro Teller jeweils drei Brotscheiben mit je einer Crépinette darauf anrichten und mit etwas Kerbel (oder schönen Trüffelscheiben) garniert auftischen.

Variante: Mit Kartoffelpüree und etwas Glace lassen sich die Crépinettes auch als Hauptspeise (reicht für 2–3 Personen) servieren.

Tipp: Für **gefüllte Champignons** das Fleisch und gehackte oder geriebene Trüffel vermischen, mit Salz, Pfeffer, einer gepressten Knoblauchzehe und ein wenig mit den Fingern zerriebenem Thymian würzen, gut vermengen und zugedeckt über Nacht ziehen lassen. Masse in saubere, entstielte Champignonköpfe (nicht zu große Exemplare wählen) füllen. Nun kann man die Köpfe wie oben in ein Schweinsnetz packen oder mit geriebenen Semmelbröseln bestreuen – in einer mit Schmalz eingefetteten Backform bei 180 °C backen, bis die Champignons gut gebräunt sind.

Eine köstliche Bauernterrine mit Schnaps

600 g Schweinenacken (Schopf, wer mag, kann auch Surschopf nehmen)
300 g Schweinebauch, ohne Schwarte
100 g gepökelter Schweinehals oder Schweinebauch, ohne Schwarte
4–6 Knoblauchzehen
2–3 Schalotten
125 ml guter, kräftiger Weißwein (ich nehmen einen französischen Chardonnay aus dem Burgund)
50–75 ml Tresterschnaps (z. B. Marc de bourgogne oder Grappa)
100 ml Obers, 36 % Fett (alternativ 75 ml Obers und
1 EL Butter)
2 große Bio-Eier
Gewürze:
gemahlener Zimt, Nelkenpulver, frisch geriebene Muskatnuss
eine Prise Piment, frisch gemahlen (nach Belieben)
3 Lorbeerblätter
4 Zweige frischer Thymian
ca. 12 große, breite, eher dünne Scheiben reiner Rückenspeck (zum Auslegen der Form/Bardieren)
Salz und Pfeffer aus der Mühle

Diese Terrine ist so gut, dass sie nicht genug von ihr machen können, denn mit ofenfrischem Brot, leicht gesalzener Butter und einem gute Weißwein ist diese Terrine schneller Geschichte, als ihnen lieb sein wird. Wer sich das notwendige Fingerspitzengefühl beim Würzen mit Zimt, Nelke, Muskatnuss und Pfeffer nicht zutraut, nimmt einfach 1 TL Quatre-épices, das ist eine französische Gewürzmischung für Terrinen und Pasteten.

☐ Das Fleisch würfeln und durch die große Lochung des Fleischwolfs treiben. Knoblauch und Schalotten schälen und fein hacken, dann in einer Schüssel Fleisch, Knoblauch, Schalotten, Wein, Schnaps, Obers und Eier miteinander vermischen.
☐ Masse kräftig mit den vorgesehenen Gewürzen (Zimt, Nelke, Muskat), evt. auch einer Prise Piment sowie mit Salz und Pfeffer aus der Mühle abschmecken. – ACHTUNG: Der gute Geschmack einer Terrine ist maßgeblich von einer subtilen Würze abhängig (ein wenig Erfahrung ist da nicht unangebracht).
☐ Den Boden und die Ränder einer passenden Terrinenform (ca. 1,5 Liter Fassungsvermögen) mit den Speckscheiben so auslegen, dass diese über den Rand klappen. Die Fleischfarce einfüllen und den überhängenden Speck darüberklappen, mit ein oder zwei weiteren Scheiben abdecken. Lorbeerblätter und Thymian auf den Speck legen, den Deckel auflegen und die Terrine in eine größere Kasserolle stellen.
☐ Bis zur halben Höhe der Terrinenform mit Wasser befüllen, danach im vorgeheizten Ofen etwa 100 Minuten garen. Terrine aus dem Ofen nehmen, auf Zimmertemperatur abkühlen lassen, danach mindestens 2 Tage im Kühlschrank durchziehen lassen.
☐ Aus der Form nehmen, auf ein Brett stürzen und mit ofenfrischem Brot, Butter und Wein auftischen.

TIPP: Nehmen Sie einmal Rum oder Brandy statt des Tresterschnaps, schmeckt auch sehr gut!

Einfacher Wildschweinleberkäse

1 kg Wildschweinfleisch (Schulter, Keule, Ripperln, Nacken – vorzugsweise gemischt)

400 g Schweinsbauch mit Schwarte

100 g grüner Speck

600 g Flockeneis (ersatzweise eiskaltes Wasser)

1 Knoblauchzehe, zerdrückt

1 EL Ingwer, gerieben

½ EL Macis-Pulver

½ EL Piment, gemahlen

fein abgeriebene Schale einer unbehandelten Zitrone (oder Orange)

1 EL schwarzer Pfeffer, frisch gemahlen

40 g Salz

Schweineschmalz für die Form

☐ Sämtliches Fleisch gut kühlen, dann würfeln und wieder kühlen.

☐ Das gut gekühlte Fleisch faschieren (feine Scheibe), dann mit allen anderen Zutaten (außer dem Schmalz) vermischen und nochmals fein faschieren, so dass man eine glänzende, feine Masse erhält (man kann die gekühlte Masse auch portionsweise mit einer kräftigen Küchenmaschine verarbeiten oder natürlich cuttern, wenn ein solches Gerät zur Verfügung steht – wichtig ist immer nur, dass das Fleisch gut gekühlt ist).

☐ Die Fleischmasse nochmals kühlen. Eine Kastenform mit Schmalz einfetten, Fleischmasse einfüllen und 1,5–2 Stunden bei 180 °C backen.

☐ Mit frischer Butter und schwarzem Bauernbrot servieren.

Tipp: Eine Prise Zucker in den Fleischteig geben, das sorgt für schöne Färbung und hebt den Geschmack.

Hinweis: Besonders elegant wird der Leberkäse, wenn man das ausgelöste Wildschweinfilet als Einlage in die Mitte gibt; auch kann man den Leberkäse ganz individuell würzen, so z. B. auch mit Knoblauch, Muskatnuss, Rosmarin, Thymian und gehackten schwarzen Trüffeln.

Variante: Vor dem zweiten Faschieren 3–4 Eier unter die Masse geben.

Paprikaschoten mit Bratwurstfüllung

50 kleine Paprikaschoten

ca. 1,2–1,5 kg rohes Bratwurstbrät (beim Fleischer erhältlich – vorzugsweise vom Mangalitzaschwein)

4 Semmeln vom Vortag (in Milch eingeweicht)

5–6 EL gehackte frische Kräuter (Petersilie, Schnittlauch u. a.)

Majoran

Knoblauch

Paprika rosenscharf

Pfeffer aus der Mühle

Salz

Schmalz (vorzugsweise Mangalitzaschmalz)

☐ Paprikaschoten waschen, die Deckel abschneiden und mit einem scharfkantigen Löffel das Innere aushöhlen.

☐ Das eingeweichte Brot gut ausdrücken, danach mit dem Brät, den gehackten Kräutern, scharfem Paprika, Majoran, Knoblauch nach Geschmack, Pfeffer aus der Mühle und Salz vermischen; man braucht eine ziemlich dickliche Masse.

☐ Das Gemüse damit füllen (es sollte etwas Füllung überstehen), dann Deckel auflegen und das Gemüse eng aneinander in eine gut gefettete Form setzen (Deckel nach oben).

☐ Bei 200 °C etwa 30 Minuten backen, bis das Innere gar und das Äußere leicht knusprig ist – warm zum Wein auftischen.

Variante: Auch kleine Paradeiser, Zucchini oder Pfefferoni lassen sich so füllen.

Böhmische Kartoffelpuffer • *Bramborák*

Kartoffelpuffer mit Beinschinken

1 kg Kartoffeln (vorwiegend mehligkochend)

2–3 Eier

2–8 Knoblauchzehen

2–3 EL Sauerrahm

1/16 l heiße Milch

4–5 EL Mehl

1–2 TL Majoran

frisch gehackter Liebstöckel (nach Belieben)

Salz und Pfeffer aus der Mühle

Schweineschmalz zum Ausbacken

400 g Beinschinken oder Prager Schinken oder Kochschinken (am besten frisch, direkt vom kesselfrischen Schinken per Hand(!) geschnitten)

frisch gerissener Kren oder Kresse als Garnitur

Bramborák mit Überraschung

Kartoffelpuffer–Teig wie bei Variante 1

4 dünn geschnittene und leicht plattierte Schweinsschnitzel aus Karree oder Nuss

Schmalz zum Ausbacken

Es gibt viele Varianten dieses traditionellen Rezeptes, mal werden nur rohe Kartoffeln verwendet (wie hier) oder auch rohe und gekochte 50:50 gemischt. Auch Hefe kann sich in den Puffern befinden und die einen backen sehr große Puffer, während andere Köche/innen eher kleinere Exemplare bevorzugen. Aber (fast) immer spielt das Schwein eine Rolle, einerseits weil die Puffer schon im Schweineschmalz herausgebacken werden, andererseits weil sie mit knusprigem Speck, frisch aufgeschnittenem Beinschinken oder auch als Beilage zu Schweinsgulasch aufgetischt werden. Hier zwei Beispiele, wobei das erste eher als Imbiss/kleine Zwischenmahlzeit dient, während das zweite meist als Hauptspeise aufgetischt wird:

1. Kartoffelpuffer mit Beinschinken

☐ Die Kartoffeln schälen, fein reiben, in ein Tuch füllen und gut ausdrücken. Danach in eine Schüssel füllen und mit heißer Milch übergießen; gut vermischen. Sauerrahm, aufgeschlagene Eier, Mehl, gepressten Knoblauch nach Geschmack (mindestens 2 Zehen!), Majoran und nach Belieben auch etwas gehackten Liebstöckel dazugeben, mit Salz und Pfeffer abschmecken.

☐ Aus dem Teig kleine Fladen (10–12 cm Durchmesser) formen und diese in reichlich Schweineschmalz schwimmend ausbacken, bis sie beidseitig knusprig goldgelb sind. Bramborák auf Küchenpapier abtropfen lassen und auf einer vorgewärmten Platte anrichten.

☐ Mit gehacktem Knoblauch bestreuen und danach mit den Schinkenscheiben belegen. Mit Kren oder Kresse ausgarniert sofort auftischen.

2. Bramborák mit Überraschung

☐ Am besten arbeitet man für dieses Rezept portionsweise: Einen Schöpfer Teig in eine kleinere Pfanne mit nicht zu heißem Schmalz geben und ziemlich dünn glatt streichen.

☐ Ein Schnitzel darauf betten, salzen und pfeffern. Mit einem Schöpfer Teig bedecken, auch diesen glatt streichen – darauf achten, dass das Schnitzel komplett mit Teig umhüllt ist. Langsam braten, bis die Unterseite schön gebräunt ist, dann wenden und auch die zweite Seite backen.

☐ Als Imbiss wird das Ganze in Streifen geschnitten und mit Zahnstochern aufgetischt und reicht für 6–8 Personen, als Hauptmahlzeit (für ca. 4 Personen) reicht man einen Grünen Salat dazu.

Schmalzbrote

Mittlerweile fast in Vergessenheit geraten ist die Köstlichkeit des Schmalzbrotes, das es – je nach Region – in den unterschiedlichsten Varianten gibt. Traditionelle Sorten sind beispielsweise das Schmalzbrot mit Zwiebeln (naturbelassenes Schweineschmalz, mit in Ringe geschnittener Zwiebel und evt. etwas Paprikapulver gewürzt), das Grammelschmalzbrot (Schweineschmalz mit einem hohen Anteil an gerösteten und gehackten Grammeln [Grieben]), Kräuterschmalzbrot (ein mit frischen Kräutern gewürztes Schweineschmalz) oder das leckere Knoblauchschmalzbrot (Schweineschmalz, mit reichlich geröstetem oder auch nur zerdrücktem Knoblauch gewürzt). Daneben existieren – je nach Phantasie des Kochs – hunderte verschiedene Varianten.

Eine Sonderform ist das Steirische Verhackerte, das nicht aus ausgelassenem Schweineschmalz besteht, sondern aus einem gesalzenen und gereiften Rückenspeck, der fein „gehackt" (heute wird er auch gemahlen) als herzhafter Brotaufstrich dient.

Schweinefilet im Blätterteig

1 kg Blätterteig
800 g Schweinefilet
200 g eher mageres Schweinehackfleisch
200 g guter Rohschinken (ich nehme hier Parma-Schinken)
2 Eidotter
1 Gläschen guter Brandy
50–75 g Butter
Salz und Pfeffer aus der Mühle

Ein wahrer Klassiker der guten Küche!

☐ Das Faschierte mit Eidottern, Brandy, Salz und Pfeffer vermengen – wer mag, würzt auch noch mit einer Prise frisch geriebener Muskatnuss.
☐ Eine Form dick buttern, mit Blätterteig auslegen und abwechselnd mit dünnen Scheiben des Filets, rohem Schinken und Faschiertem befüllen.
☐ Mit Blätterteig abdecken, Ränder gut verschließen und 1,5–2 Stunden bei 180 °C im Ofen garen.
☐ Abkühlen lassen und in Scheiben geschnitten kalt servieren.

Schweinefilets, in Sauerkrautsaft gegart

1 kg Schweinefilet (2–3 Stück)
2 l Sauerkrautlake (am besten direkt beim Sauerkraut-Produzenten holen, sonst eben im Handel erhältlichen Saft kaufen)
12 Knoblauchzehen
2 EL Paprika edelsüß oder Delikatess-Paprika
1 TL Kreuzkümmel, im Mörser zerstoßen
Salz & Pfeffer aus der Mühle

Ein delikates und feines Gericht, das man als kalte Vorspeise, für ein Buffet oder auch als kleines Hauptgericht im Sommer auftischen kann. Die Milchsäure im Sauerkraut sorgt nicht nur für ein sensationell zartes Fleisch, sondern hält das fertige Gericht auch einige Tage frisch (kühl und trocken lagern).

☐ Das Fleisch in einen nicht zu großen Topf legen und mit dem Sauerkrautsaft (wenn er frisch vom Produzenten ist, dann sollte er durch ein Tuch passiert werden) bedecken. Deckel auflegen und bei geringer Hitze zum Simmern bringen.
☐ Danach bei möglichst schwacher Hitze (die Oberfläche sollte kaum sichtbare Bläschen zeigen) gut 2 Stunden garen.
☐ Das Fleisch auf eine Platte legen. Die geschälten Knoblauchzehen in einem Mörser mit ¼–½ TL Salz zu einer Paste zerstoßen, die auf das noch warme Fleisch gestrichen wird.
☐ Dann das Fleisch rundherum mit Paprika, Kreuzkümmel und Pfeffer aus der Mühle würzen. Zugedeckt 1–2 Tage im Kühlschrank durchziehen lassen, danach dünn aufgeschnitten kalt servieren.

„Sausage Rolls"

1 kg frischer Blätterteig vom Bäcker (ersatzweise TK-Ware)
750 g Schweinehackfleisch
150–200 g Speck, fein gewürfelt
125–150 g Semmelbrösel
2–3 TL gemischte Kräuter (Majoran, Thymian, Oregano, Basilikum sind üblich)
1 TL gehackter Salbei
1–2 EL gehackte Petersilie
Meersalz und schwarzer Pfeffer aus der Mühle

Außerdem:
2–3 verquirlte Eier
Sauce Cumberland

Zum Abschluss des Kapitels noch eine typisch englische Köstlichkeit, die beweist, dass auch auf der Insel gut gekocht wird:

☐ Aus Fleisch, Speck, Bröseln, Kräutern, Salbei, Petersilie, Pfeffer und Salz eine würzige Fleischmasse herstellen (gut kneten!), diese mit etwas Wasser oder Obers (ca. 125 ml) vermengen und verarbeiten, bis sie klebrig wirkt.
☐ Den Teig auf eine Größe von etwa 50 x 25 cm ausrollen (oder TK-Ware auftauen lassen).
☐ Die Fleischmasse zu einer gleichmäßigen Wurst von 40 cm Länge formen, an die Längsseite des Teiges legen und den freien Teig mit verquirltem Ei bestreichen.
☐ Das Ganze zu einer Rolle aufrollen, mit einer Gabel gut zusammendrücken und die Rolle in vier gleich große Stücke schneiden. Blätterteig außen mit Ei bestreichen, auf ein mit Backpapier ausgelegtes Blech setzen und ca. 50 Minuten bei 180 °C im Ofen backen. Warm oder kalt mit Sauce Cumberland auftischen.

Varianten: Viele kleine Röllchen formen und als Fingerfood reichen oder auch ein rotes Johannisbeergelee dazu servieren; gut passen auch mit frisch gerissenem Kren und etwas Obers verrührte Preiselbeeren dazu.

HERZHAFTE SUPPEN UND DEFTIGE EINTÖPFE

Bulgarische Fleischklößchensuppe

400 g faschiertes Schweinefleisch (nicht zu mager)
1 mittlere Zwiebel
2 Karotten
2 Spitzpaprika-Schoten, entkernt und von weißen Adern befreit
1 mittlere Tomate
¼ kleine Sellerieknolle
125 g geriebener Hartkäse vom Balkan
25 g Reis
1 Ei
etwas Mehl
50 g Butter
Salz und Pfeffer aus der Mühle
gehackte Petersilie oder gehacktes Koriandergrün

Außerdem:
1 Ei
125 ml Joghurt, griechischer oder bulgarischer (10 % Fett)

Nach Belieben:
Gewürzmischung aus ½ TL zerdrücktem Knoblauch, ½ TL Kreuzkümmelsamen gestoßen, ½ Koriander gemahlen, 1 Msp. Safranpulver und 1 Msp. Cayennepfeffer

☐ Aus Hackfleisch, geriebenem Hartkäse, Butter, einem Ei und Reis eine homogene Masse herstellen, die kräftig mit Salz und Pfeffer abgeschmeckt wird – für eine „exotische Note" kann zusätzlich eine Gewürzmischung aus Knoblauch, Kreuzkümmel, Koriander, Safran und Cayennepfeffer dazugegeben werden.
☐ Aus der Masse Bällchen formen und diese in Mehl wenden.
☐ Zwiebel, Karotten und Sellerie schälen bzw. putzen und sehr fein hacken. Etwa 1 l Wasser zum Kochen bringen und das Gemüse dazugeben.
☐ Nach einigen Minuten auch die klein geschnittene Tomate (nach Belieben kann diese geschält und entkernt worden sein) sowie die beiden gehackten Spitzpaprika hinzufügen. Nun die Fleischbällchen in die Suppen geben und darin auf kleiner Flamme gar ziehen lassen.
☐ Suppe vom Herd nehmen. Joghurt mit Ei verrühren und die Suppe damit legieren – nicht mehr kochen lassen. Suppe nach Geschmack salzen und pfeffern sowie mit gehackter Petersilie (oder Koriandergrün) bestreut auftischen.
☐ Nach Belieben zusätzlichen geriebenen Käse bei Tisch dazugeben.

Saure Selchfleischsuppe

250–500 g Selchfleischreste von Rollbraten, Surfleisch, Selchripperln etc. (Menge, je nachdem, was vorhanden ist – je mehr, desto besser wird die Suppe)
1 große Zwiebel oder 4 Knoblauchzehen
1 EL Schmalz
125 g Butter
1–2 EL Mehl (auch mehr, wenn die Suppe dicker ausfallen soll)
ca. 1,5 l Wasser oder Brühe
Essig nach Geschmack und Belieben
Roggenbrot

Einfache Suppen aus Fleischresten sind im gesamten alpenländischen Raum verbreitet. Auch wenn derartige Rezepturen sehr einfach klingen, schmeckt das Ergebnis nicht selten überraschend gut – so wie in diesem Fall:

☐ Zwiebel (oder Knoblauch) schälen und sehr fein hacken. Das Fleisch sehr klein würfeln. Zwiebel (bzw. Knoblauch) in Schmalz hellgelb anschwitzen, dann das Fleisch dazugeben, kurz mitrösten, anschließend mit Mehl stauben und dieses hellbraun (bis dunkelbraun – ist Geschmacksache) werden lassen.
☐ Mit Wasser oder Brühe aufgießen und zur gewünschten Konsistenz einkochen. Nach Geschmack mit Pfeffer verfeinern.
☐ Dazu reicht man Roggenbrot (oder auch im Ofen gebähte Roggenbrotscheiben).

Tipp: Zwei Lorbeerblätter in der Suppe mitkochen.

Variante: Die Suppe wird auch mit schierem Schweinehackfleisch hergestellt (eher eine größere Menge nehmen) und zusätzlich zu den Zwiebeln mit 250 g feinnudelig geschnittenem Wurzelwerk gekocht.

Eine gute Wurstsuppe

Für 4–6 Personen:
1,5 l Brühe, vorzugsweise Schweinsbrühe (siehe Anhang)
200 g Blutwurst bester Qualität (ohne Brot- oder Semmelbrösel zubereitet!)
200 g hervorragende Hausmacherleberwurst
1 große Zwiebel
2 Knoblauchzehen
1–2 TL gehackter frischer Majoran
frisch geriebene Muskatnuss
1 Prise Piment, frisch gemahlen
2 TL gehackte Petersilie
75 g fetter Bauchspeck
1 EL Schweineschmalz
Salz und Pfeffer aus der Mühle

Außerdem:
gebähte Scheiben von echtem Land- oder Bauernbrot
Griebenschmalz

Früher gab es bei Hausschlachtungen (meist als Mittagstisch) eine sogenannte „Metzelsuppe“, das war im Grunde genommen nichts anderes als die Schweinsbrühe, in der die Blut- und Leberwürste gekocht wurden – einige dieser Würste platzten halt auf und so entstand die Metzelsuppe. Aber man kann diese Suppe auch einfach nachkochen und sie schmeckt insbesondere an kalten Wintertagen wunderbar; allerdings ist Kalorienzählen hier eher nicht angesagt ...

☐ Zwiebel schälen und fein hacken, den Bauchspeck würfeln und beides zusammen in einer Kasserolle mit zerlassenem Schmalz auf Mittelhitze kräftig blondieren. Mit der Brühe auffüllen und aufkochen lassen.
☐ Blut- und Leberwurst aus den Därmen drücken, zerbröseln und mit einem starken Schneebesen in die Brühe einarbeiten.
☐ Die Suppe eine Weile vor sich hinsimmern lassen, dann mit Muskat, Piment, Salz und Pfeffer abschmecken.
☐ Die gehackten Kräuter mit gehacktem Knoblauch vermischen. Suppe in Teller füllen und mit der Knoblauch-Kräutermischung bestreut servieren.

Tipp: Die Suppe wird zu einem gehaltvollen Eintopf, wenn man sie mit 300–400 g vorgekochtem und gewürfeltem Schweinefleisch (vorzugsweise vom Bauch) anreichert.

Hinweis: Für eine Leberwurstsuppe nur Leberwurst nehmen bzw. nur Blutwurst für eine Blutwurstsuppe.

Pot au feu vom Schwein mit „alten" Gemüsesorten

Für 6–8 Personen:

8 dicke Scheiben gepökelter Schweinekamm (Nacken oder Schopf)

8 dicke Scheiben frischer Schweinebauch

6 große Stücke gepökelte Rippchen

8–12 Schalotten

6 Topinambure

4 Pastinaken

12 Mai- oder Teltower-Rübchen

1 Bund kleinere Karotten (mit Grün)

Außerdem:

200 ml Crème fraîche, mit 1–2 EL frisch gerissenem Kren verrührt

1 Glas Cornichons

grobes Meersalz, mit geschrotetem Pfeffer vermischt

Ein Kraftspender, der an die Opulenz vergangener Tage erinnert. Der besondere Geschmack kommt von den erlesenen Gemüsesorten.

☐ Sämtliches Gemüse putzen bzw. schälen, bei den Karotten etwas vom Grünansatz belassen; die Pastinaken halbieren, wenn sie sehr groß sind.

☐ Sämtliches Fleisch in einen ausreichend großen Topf füllen, mit kaltem Wasser großzügig bedecken, zum Kochen bringen und 45 Minuten garen. Danach die Schalotten dazugeben, weitere 15 Minuten garen, schließlich das restliche Gemüse hinzufügen und auf milder Hitze weitergaren, bis das Gemüse gar und das Fleisch weich ist.

☐ Fleisch und Gemüse gleichmäßig auf 6–8 Teller verteilen. Dazu reicht man mit Kren aromatisierte Crème fraîche, abgetropfte Cornichons und grobes Meersalz, das mit geschrotetem Pfeffer vermischt wurde, zum Dippen.

Tipp: Mit frittierten Zwiebelringen oder Knoblauch-Blättchen garnieren.

Variante: Der Eintopf lässt sich auch mit in Scheiben geschnittenem Kassler zubereiten, oder auch nur mit Selchrippchen oder auch mit Eisbein (das muss aber länger vorgekocht werden, bevor das Gemüse dazukommt).

Bauernschnatterer

500 g Bohnen (über Nacht in kaltem Wasser eingeweicht)

½ geräucherter Schweinskopf

200 g Wurzelwerk (Karotte, Gelbe Rübe, Petersilienwurzel, Sellerie)

1 große Zwiebel

2–3 Knoblauchzehen

2–3 Lorbeerblätter

2 Zweige Thymian

Majoran, Essig, Schnittlauch

Salz und Pfeffer

Außerdem:

1–2 rohe geriebene Erdäpfel zum Binden der Sauce

Dieses Rezept gehörte einst zu den Standardgerichten der Wiener Küche, heute wird der Bauernschnatterer allerdings nur mehr sehr selten angeboten. Es gibt von diesem herzhaften Schmaus zwei klassische Varianten: Bei der einen werden die Bohnen mit einem geräucherten Schweinskopf zubereitet, bei der zweiten – besonders preiswerten – Variante nur mit geräucherten Ohren und Schwänzen. In besseren Zeiten darf er auch mit geselchten vorderen Stelzen und/oder Ripperln hergestellt werden.

☐ Die eingeweichten Bohnen in frischem Wasser zusammen mit kleingewürfeltem Wurzelwerk, gehackter Zwiebel, zerdrückten Knoblauchzehen, Lorbeerblättern, Thymianzweigen, einigen Pfefferkörnern und dem Schweinskopf in einem großen Topf zustellen und langsam weich kochen.

☐ Dann das Fleisch von den Knochen lösen, in grobe Streifen oder Würfel schneiden und wieder zu den Bohnen geben.

☐ Ist der Saft zu wässrig, kann man mit roh geriebenen Erdäpfeln (oder einer Schmalzeinbrenn) binden. Abgeschmeckt wird das Ganze mit reichlich Majoran und Essig.

☐ Vor dem Servieren mit Schnittlauchröllchen oder gehackter Petersilie bestreuen.

Bohneneintopf mit Schweinefleisch

750 g Schweinefleisch
330 g weiße Bohnen
250–300 g Zwiebeln
100 g Selchspeck
50 g Schweineschmalz
2–3 EL Paradeismark
1 EL Paprikapulver
2–4 mit Salz zerdrückte Knoblauchzehen
Lorbeerblatt, Thymian, Majoran (oder Salbei)
Salz und Pfeffer

☐ Bohnen über Nacht in Wasser einweichen, danach im Einweichwasser unter Zugabe von Lorbeerblatt und Thymian weich kochen.
☐ Die fein gehackten Zwiebeln in heißem Schmalz licht anrösten, dann den Paprika und das in Würfel geschnittene Fleisch dazugeben, mit Paradeismark, Salz und Kümmel würzen.
☐ Dann die Bohnen und zerdrückten Knoblauch dazugeben, alles langsam fertig dünsten, bei Bedarf mit etwas Brühe aufgießen (die Konsistenz sollte dick-suppig sein).
☐ Den fertigen Bohneneintopf würzig mit Majoran abschmecken und mit Sauerrahm garniert servieren.

Hinweis: Man kann das Bohnengulasch auch mit Weißwein und/oder Tomatenmark zubereiten – mit der Brühe in das Gulasch geben.

Tipp: Besonders gut schmeckt der Eintopf, wenn man zart gesurtes (gepökeltes) Schweinefleisch verwendet.

Schweinefleisch mit Okraschoten

1 kg Schweinefleisch aus der Schulter
750 g frische Okraschoten (nicht zu große Exemplare)
1–2 Zwiebeln
200 g geschälte Tomaten
1,5 EL Tomatenmark, dreifach konzentriert
½ unbehandelte Zitrone
Paprikapulver
750 ml Brühe
75–100 ml Olivenöl
Salz
Essig für die Okraschoten

Außerdem:
25 g Mehl
75 g Butter
gehackte Petersilie

Dieser Eintopf wird in Bulgarien traditionell am 18. Januar zum sogenannten „Atanassowden" – dem Namenstag des heiligen Atana – aufgetischt. Er ist eigentlich sehr leicht zuzubereiten, man muss lediglich beachten, dass die frischen Okraschoten vor der Verwendung 30 Minuten in Essigwasser eingelegt und anschließend abgerieben werden sollten.

☐ Okraschoten waschen, Stielansätze sauber zurechtschneiden (nicht entfernen!) und waschen, dann die Okraschoten in mit Essig versetztes Kaltwasser einlegen.
☐ Das Fleisch in 8 gleich große Portionsstücke schneiden. Reichlich Olivenöl in einer Kasserolle erhitzen und das Fleisch darin rundherum scharf anbraten.
☐ Wenn das Fleisch gebräunt ist, kommen die geschälten und fein gehackten Zwiebeln dazu und werden einige Minuten mitgeröstet. Dann die geschnittenen, geschälten Tomaten, das mit etwas Wasser verrührte Tomatenmark, das Paprikapulver und eine gute Prise Salz hinzufügen und alles mit der Brühe aufgießen. Aufkochen lassen, Hitze zurücknehmen und leise vor sich hinköcheln lassen.
☐ Okraschoten durch ein Sieb abtropfen lassen. Kurz bevor das Fleisch vollends weich ist (es sollte sehr weich sein!), werden die Okraschoten zusammen mit der in Scheiben geschnittenen unbehandelten Zitrone zum Eintopf gegeben und ca. 10 Minuten mitgekocht.
☐ Zwischenzeitlich aus Butter und Mehl eine hellbraune Einbrenn herstellen. Diese Einbrenn zum Eintopf geben und einige Minuten verkochen lassen, bis die Flüssigkeit schön mollig ist. Zum Schluss den Eintopf mit Zitronensaft oder Essig und Salz abschmecken – wer mag, gibt eine gute Prise Kreuzkümmel dazu oder verfeinert mit Asafoetida.
☐ Den Eintopf mit Weißbrot oder Salzkartoffeln auftischen.

Südfranzösische Lorbeersuppe

3 l Schweinefleischbrühe oder Wasser
1 große Stelze (oder 4 Stück Eisbein)
4 große Zwiebeln
20 Knoblauchzehen
2–3 Lorbeerblätter
6 Salbei-Blätter
500 g Mehl (man kann verschiedene Mehlsorten nehmen, ich nehme Bohnenmehl, es gehen aber auch Dinkel-, weißes Maismehl oder gar Kichererbsenmehl)
Muskatnuss, frisch gerieben
weißer Pfeffer aus der Mühle
Olivenöl extravergine (vorzugsweise aus der Provence)
grobes Meersalz

Eigentlich ist das eher ein dicker Eintopf oder eine Urform der Polenta, die nicht mit Mais, sondern mit einem beliebigen Mehl gekocht wird – ein Vorgänger der Mais-Polenta sozusagen. Mein Freund Paul ist Koch in der Provence und erzählte mir, dass dieses Gericht in Südfrankreich seit Jahrhunderten – wenn nicht bereits seit Jahrtausenden – bekannt ist und in vielen regionalen Varianten zubereitet wird. Immer sind aber viel Lorbeer und Unmengen von Knoblauch im Spiel, Paul betonte, dass dies ein ehemaliges Arme-Leute-Essen sei und nicht selten 50 Knoblauchzehen und mehr im Eintopf zu finden seien. Ich liebe Knoblauch und Lorbeer sehr, doch so intensiv muss es dann auch nicht sein, hier meine Version:

☐ Wasser oder Fleischbrühe in einem großen Topf mit schwerem Boden zum Kochen bringen und das Fleisch darin etwa 1–1,5 Stunden (Eisbein braucht etwas weniger lang als Stelze) vorkochen. Dann die geschälten und grob gehackten Zwiebeln, Knoblauchzehen (geschält und halbiert), Lorbeerblätter, Salbeiblätter und 1 gute Handvoll grobes Meersalz hinzufügen. Wenn alles aufgekocht hat, die Hitze zurücknehmen und mit einem Schneebesen das Mehl einarbeiten – es empfiehlt sich, das Mehl vorher mit etwas kaltem Wasser glattzurühren.
☐ Nun kommt das Wichtigste: Die Suppe wird nämlich mit einem dickeren Lorbeerzweig umgerührt, der kann die gesamte Kochzeit hindurch im Topf bleiben (wenn ein intensives Aroma gewünscht wird) oder nur zum Umrühren verwendet werden (wenn das Aroma dezenter sein soll); der Lorbeerzweig gibt der Suppe ihr unvergleichliches Aroma – dafür entfernt man von einem Lorbeerzweig die Blätter und benutzt ihn wie einen Kochlöffel.
☐ Wenn man keinen Zweig zur Verfügung hat, gibt man ein paar Lorbeerblätter oder ¼–½ TL Lorbeerpulver in die Suppe, aber das erzeugt ein anderes Aroma.
☐ Der Eintopf ist fertig, wenn der Lorbeerzweig (oder auch ein Holzlöffel) von allein in der Suppe „stehen" kann und das Fleisch so butterweich ist, dass es fast von selbst zerfällt.
☐ Vor dem Servieren die Stelze aus der Suppe heben, den Knochen entfernen und das Fleisch kleingeschnitten wieder in die Suppe geben – Eisbeine bleiben ganz. Alles mit weißem Pfeffer aus der Mühle, einer Prise Muskatnuss (man kann auch Piment oder – auch sehr gut (!) – Kreuzkümmel nehmen) und einem kräftigen Schuss besten Olivenöls aus der Provence abschmecken.
☐ Dazu reicht man geröstete Weißbrotscheiben.

Tipp: Wer mag, bestreut die Suppe vor dem Servieren mit in Öl frittierten Knoblauchscheiben.

Kärntner Ritschert

300 g Rollgerste
200 g weiße Bohnen
1,5–2 kg Surstelze (oder anderes Selchfleisch wie Rippen, Schulter oder Bauchfleisch)
1 Bund Suppengemüse (2 mittlere Karotten, 1 Gelbe Rübe, ¼ kleine Sellerieknolle, 1 Stange Lauch [nur das Weiße], 1 Petersilienwurzel)
2 mittlere Zwiebeln
1–3 Knoblauchzehen (je nach Geschmack)
2 l Brühe, Wasser oder Selchsuppe (Kochwasser von Geselchtem)
½–1 Bund Liebstöckel
½ Bund glatte Petersilie
1–2 Lorbeerblätter
3–4 Salbeiblätter
1–2 EL Selleriegrün, gehackt
Pfeffer aus der Mühle
Salz

Dieser deftige, typisch kärntnerische Eintopf aus Rollgerste, Bohnen und Selchfleisch erhält seine würzig-aromatische Note durch die frischen Kräuter, allen voran den Liebstöckel, der in Kärnten übrigens „Lustock" genannt wird.

□ Rollgerste und Bohnen über Nacht in kaltem Wasser einweichen. Am nächsten Tag zuerst das Geselchte samt Wurzelwerk, geschälten Zwiebeln, Knoblauch und Lorbeerblättern weich kochen.
□ Fleisch und Gemüse herausnehmen und parat halten; wenn alles etwas erkaltet ist, das Fleisch auslösen und ebenfalls klein würfeln.
□ Selchsuppe erkalten lassen, durch ein Sieb seihen, 2,5 l abmessen und mit Rollgerste und Bohnen aufkochen – alles zu einer dicklichen Suppe verkochen. Zuletzt das kleingeschnittene Geselchte darunterheben und abschmecken; Konsistenz mit Brühe regulieren, der Eintopf darf aber nicht suppig werden.
□ Erst kurz vor dem Servieren die gehackten Kräuter unterheben.

TIPP: Man kann das Gemüse auch putzen, klein würfeln, mit den Hülsenfrüchten weich kochen und im Ritschert belassen – ich verfeinere gerne mit etwas Sauerrahm.

Kesselfleisch „Onkel Jakob"

Für 6–8 Personen:

1,5 kg frische Schweinsschulter (am besten wie gewachsen)
1 Schweinsherz
1 Schweinszunge
1 Schweinsleber
4 Zwiebeln
3–4 Lorbeerblätter
6–8 Wacholderbeeren
4–5 Pimentkörner
1 TL schwarze Pfefferkörner
Salz

Außerdem:

1 Krenwurzel
Essig
Öl
Bauernbrot
Griebenschmalz

Wenn mein Onkel Jakob (eigentlich war er ein Großonkel) im Odenwald geschlachtet hat, gab es zu Mittag immer dieses Kesselfleisch, allerdings nur dann, wenn man die Leber nicht für eine Wurstzubereitung gebraucht hat. Bis heute habe ich den Geschmack des leckeren Gerichts auf der Zunge.

☐ Die küchenfertig zugeputzten Innereien in einen großen Topf legen und vollständig mit Wasser bedecken.
☐ Die geschälten und geviertelten Zwiebeln, Lorbeerblätter, Wacholderbeeren, Piment, Pfefferkörner und 1–2 EL Salz hinzugeben, einmal aufkochen lassen (nicht abschäumen!), Hitze ganz klein zurückdrehen, Deckel auflegen und 2–2,5 Stunden köcheln lassen.
☐ Sämtliches Fleisch aus der Brühe heben und die Brühe durch ein Sieb seihen. Danach wieder auf den Herd stellen, etwas einkochen lassen und ggfs. nachsalzen.
☐ Zunge kalt abschrecken und häuten, danach in Scheiben schneiden. Herz in mundgerechte Würfel (ca. 2–3 cm Kantenlänge) schneiden. Sämtliches Fleisch wieder in die Brühe geben und nochmals aufkochen lassen.
☐ Zwischenzeitlich eine kleine Krenwurzel schälen, grob raspeln und anschließend mit Essig, Öl und Salz marinieren (wer mag, gibt eine Prise Zucker dazu).
☐ Das Kesselfleisch in tiefen Tellern anrichten und zusammen mit Essig-Kren, Bauernbrot und Griebenschmalz auftischen.

Tipp: Ganz besonders gut schmeckt dieses Kesselfleisch, wenn man es mit Fleisch vom Mangalitzaschwein zubereitet, wer mag, kocht auch noch ein schönes Stück Bauchfleisch oder eine Schulter (wie gewachsen) mit.

Griechischer Schweinefleisch-Weizen-Eintopf

Für 4–6 Personen:

1,2 kg ausgelöstes mageres Schweinefleisch (aus Keule oder Schulter)

225 g Weizenkörner

3 Zwiebeln, geschält und fein gehackt

3–4 rote Chilischoten, entkernt und gehackt

1–2 TL Kreuzkümmelsamen, im Mörser zerstoßen (ersatzweise gemahlenen nehmen)

75 g Schweineschmalz

50–75 g Butter

Salz und Pfeffer aus der Mühle

Außerdem:

250 ml griechischer Joghurt

einige Koriander- oder Minzeblätter (wenn gewünscht)

Man kann sich natürlich das Leben einfach machen und einen Weichweizen nehmen, doch gehaltvoller schmeckt es mit richtigem Weizen. Zu beachten ist nur, dass der Weichweizen in ca. 15–20 Minuten gar ist, während die Weizenkörner ca. 1,5 Stunden brauchen. Wichtig ist aber in beiden Fällen, dass der Eintopf so richtig schön scharf-pikant schmeckt.

☐ Schweinefleisch grob würfeln. Schmalz in einem Topf erhitzen und das Fleisch darin rundherum kräftig anbraten. Dann so viel Wasser dazugeben, dass das Fleisch knapp bedeckt ist. Chili hinzufügen und salzen. Zugedeckt auf kleiner Flamme 2 Stunden köcheln lassen.

☐ Inzwischen den Weizen in reichlich Wasser aufsetzen, salzen und zum Kochen bringen.

☐ Danach Hitze zurücknehmen und den Weizen in 1,5–2 Stunden weich kochen – bei Bedarf frisches Wasser hinzufügen. Wenn der Weizen gar ist, diesen abtropfen lassen.

☐ Zwischenzeitlich auch die gehackten Zwiebeln in der Butter kräftig blondieren.

☐ Das Fleisch in kleinere Stücke zerteilen und in einer Schüssel mit den gerösteten Zwiebeln und dem abgetropften Weizen vermengen. Mit Kreuzkümmel, Pfeffer aus der Mühle und Salz kräftig abschmecken, dann so viel Kochbrühe vom Fleisch dazugeben, dass ein sehr dicker Eintopf entsteht.

☐ Eintopf in Schälchen füllen, mit gehackten Kräutern bestreuen und mit separat gereichtem Joghurt auftischen; der Joghurt wird beim Essen löffelweise unter den Eintopf gerührt.

Tipp: Besonders aromatisch wird der Eintopf, wenn man eine halbe Handvoll Weizenkörner im Ofen oder in einer Pfanne (ohne Fett) röstet, bis sie kräftig braun sind, und anschließend im Mörser mit etwas grobem Salz zerstampft – diese Mischung als Streuwürze über den fertigen Eintopf geben.

Linseneintopf mit Pökelzunge und Schnecken

500 g getrocknete grüne Linsen
4 Schweinszungen
16–20 küchenfertig vorbereitete Weinbergschnecken (am besten Glaskonserve)
4–6 Schalotten
4–6 Knoblauchzehen
3–4 kleine Karotten
¼ Sellerieknolle
2 Lorbeerblätter
3–4 Thymianzweige
1–2 EL gehackte Petersilie
1 Bio-Suppenwürfel
150–200 g Butter
Salz und Pfeffer aus der Mühle
Crème fraîche zum Garnieren

Die Kombination von gepökelter Schweinszunge und Weinbergschnecken mag überraschen – ja, in der Tat, sie schmeckt überraschend gut! Weniger überraschen wird die Tatsache, ein derartiges Rezept in einem meiner Bücher wiederzufinden, schließlich habe ich das bis heute weltweit einzige Schneckenkochbuch verfasst, für das ich seinerzeit dieses Gericht kreierte. Wichtig: Nur Schnecken erstklassiger Qualität verwenden (also keine Billigprodukte aus Asien) und am besten zu grünen Linsen greifen, die sind besonders aromatisch.

☐ Die Schweinszungen etwa 1 Stunde in 1 Liter ungesalzenem Wasser vorkochen, zwischenzeitlich die Linsen in kaltem Wasser einweichen.
☐ Vorgekochte Zunge aus der Brühe nehmen (Brühe aufbewahren) und kalt abschrecken, dann häuten und in kleinere Würfel oder Scheibchen schneiden.
☐ Knoblauch und Schalotten schälen, Sellerie und Karotte putzen, dann alles in kleine Würfel schneiden.
☐ 125 g Butter in einem großen Topf zerlassen, Schalotten und Knoblauch darin anschwitzen, bis sie glasig sind. Danach die abgetropften Linsen (Abtropfwasser aufheben) hinzugeben und ebenfalls leicht andünsten.
☐ Kalbszunge und Knoblauch in den Topf geben und mit anbraten lassen, danach das Ganze mit der Kochbrühe der Zunge und so viel Einweichwasser der Linsen aufgießen, dass alles gut bedeckt ist.
☐ Lorbeerblätter einlegen, nach Belieben auch einen Suppenwürfel dazugeben und den Eintopf köcheln lassen, bis Zunge und Linsen weich sind (ca. 45 Minuten). Dann die Schnecken hinzugeben und den Eintopf mit frisch abgerebbelten Thymianblättern, frisch gehackter Petersilie, Salz und Pfeffer abschmecken sowie mit kalter, frischer Butter verfeinern.
☐ In tiefen Tellern anrichten und mit einem Klecks Crème fraîche garniert auftischen.

Variante: Statt der Pökelzunge kann man auch eine gepökelte Schweineschulter nehmen.

Rollgersten-Bratwurst-Eintopf
Orzotto di salsiccia

400 g geschälte Rollgerste
4 Salsiccie oder grobe Schweinsbratwürste
1 kleine Zwiebel, gehackt
Fleischbrühe nach Bedarf (ca. 1 Liter)
1 kleines Glas trockener Weißwein oder ein Schuss Weinessig
4–6 EL Butter
2 EL Olivenöl
2 EL Petersilie oder Liebstöckel, gehackt
Salz und Pfeffer aus der Mühle
Parmesan oder geriebener, gut gereifter Bergkäse

„Orzotto" ist ein italienisches Kunstwort, zusammengesetzt aus den Wörtern „orzo" (Rollgerste) und „cotto" (gekocht), und bedeutet daher so viel wie „gekochte Gerste". Gerichte dieser Art sind vor allem in Nordost-Italien sowie Slowenien sehr beliebt.

☐ Rollgerste über Nacht in lauwarmes Wasser einweichen. Am Tag der Zubereitung zunächst die gehackte Zwiebel in etwas Öl und 1–2 EL Butter andünsten, bis sie Farbe anzunehmen beginnt. Rollgerste abtropfen und zur angerösteten Zwiebel in den Topf geben, kurz durchschwitzen lassen, dann mit Wein oder einem Schuss Essig ablöschen.
☐ Wein verdampfen lassen, dann mit Brühe aufgießen, bis die Rollgerste bedeckt ist. Bei Mittelhitze garen, bis die Rollgerste al dente ist (bei Bedarf Brühe nachgießen).
☐ Zwischenzeitlich die Bratwürste in 2 EL Butter kräftig bräunen, danach in Scheiben schneiden und die Scheiben im Bratfond der Wurst wenden – mit einem kleinen Schuss Wein oder Essig ablöschen, damit sich der Bratensatz löst.
☐ Kurz bevor die Rollgerste gar ist, die Bratwurstscheiben samt dem Bratenjus zur Gerste geben und einige Minuten zusammen mit dieser garen.
☐ Danach den Orzotto mit gehackter Petersilie, Salz und Pfeffer aus der Mühle abschmecken. Topf vom Herd nehmen und geriebenen Käse nach Geschmack untermischen.

Hinweis: Noch rustikaler schmeckt der Orzotto, wenn man statt der Zwiebel 4 gehackte Knoblauchzehen nimmt und den Orzotto zusätzlich mit gehackten Rosmarinnadeln würzt.

Kichererbsensuppe mit pikanten Schweinsbällchen

Für die Suppe:

250 g getrocknete Kichererbsen

2–3 Schalotten

3–4 Knoblauchzehen

½–1 TL Kreuzkümmelsamen, frisch im Mörser zerstoßen

½–1 TL Koriandersamen, frisch gemahlen

¼–½ TL Cayennepfeffer

Abrieb einer unbehandelten Zitrone

Brühe nach Bedarf (siehe Grundrezepte)

1 guter Schuss Obers oder 1–2 EL Tahini

2 EL Butter

Salz und Pfeffer aus der Mühle

Für die Fleischbällchen:

400 g eher fettes Schweinehackfleisch

1 Salsiccia oder grobe Bratwurst (neutral gewürzt)

2 EL Ras el hanout

1–2 rote Chilischoten, entkernt und gehackt

Salz

Außerdem:

75 g geräucherter Bauchspeck, klein gewürfelt und kross gebraten

Korianderblätter

Harissa

Die Kombination von fein-nussigen Kichererbsen und würzigem Schweinefleisch ist geradezu genial – ich bin sicher, dass Sie dieses Gericht lieben werden!

Suppe:

☐ Kichererbsen am Vortag in eine Schüssel geben, mit reichlich Wasser bedecken und über Nacht einweichen lassen. Am Tag der Zubereitung durch ein Sieb abgießen und abtropfen lassen.

☐ Schalotten fein hacken. Butter in einem Topf erhitzen und die Schalotten darin anschwitzen. Mit Brühe auffüllen, Kichererbsen dazugeben und eine Stunde auf kleiner Flamme köcheln lassen, bis die Kichererbsen sehr weich sind. 2 EL der Kichererbsen aus dem Topf nehmen. Restliche Kichererbsen durch ein feines Sieb abtropfen (Kochflüssigkeit auffangen) und anschließend mit einem Löffel durch das Sieb zurück in den Topf passieren.

☐ Mit einem Schneebesen so viel Kochflüssigkeit einarbeiten, dass man eine samtige Suppe hat (bei Bedarf Brühe oder Wasser dazugeben). Fertige Suppe mit fein geriebenem Knoblauch, Kreuzkümmel, Koriander, Cayennepfeffer, feinem Zitronenabrieb, Pfeffer aus der Mühle und Salz würzen – zum Verfeinern etwas Obers oder Tahini einrühren.

☐ Suppe warm halten.

Schweinsbällchen:

☐ Für die Schweinsbällchen das Hackfleisch mit dem aus dem Darm ausgelösten Brät und den vorgesehenen Gewürzen vermischen.

☐ Aus der Masse kleine Bällchen (oder auch mit einem Dressiersack kleine Würstchen) formen und diese in reichlich heißem Öl eher frittieren als braten – sie sollten rundherum so richtig knusprig sein.

☐ Suppe in Teller schöpfen und die Fleischbällchen als Einlage hineingeben. Danach die Suppe mit Korianderblättern, einigen Tupfern Harissa und kleinen, kross gebratenen Speckwürfeln garnieren und sofort auftischen.

Herzhaft-deftiger Eintopf mit Schweinefleisch, Kartoffeln und Rüben

Für 6–8 Personen:
8 grobe Schweinsbratwürste
300 g durchwachsener Räucherspeck, grob gewürfelt
8 große Stücke Selchrippchen (vorzugsweise nur leicht geselcht)
500 g Surschopf, in Scheiben geschnitten
8 große Kartoffeln
6 Pastinaken
3 große Zwiebeln
1 Bouquet garni
3–6 EL Meaux-Senf (süßer, körniger Senf aus Frankreich)
1 Bund Petersilie, fein gehackt

☐ Sämtliches Fleisch und die Würste in eine große Kasserolle füllen und mit Wasser bedeckt aufkochen lassen. Hitze zurücknehmen, das Bouquet garni und die geschälten, grob gehackten Zwiebeln hinzufügen, dann eine gute Stunde leise köcheln lassen.

☐ Zwischenzeitlich Pastinaken und Kartoffeln schälen und vierteln. Nach der ersten Stunde Kochzeit in den Eintopf geben und alles weitere 30–40 Minuten köcheln lassen, bis Fleisch und Gemüse gar sind.

☐ Fertiges Fleisch und Gemüse aus dem Topf nehmen, in einer Schüssel anrichten und zugedeckt im 80 °C heißen Ofen warm halten.

☐ Brühe auf guter Flamme um mindestens 1/3 einkochen lassen, dann den Topf vom Herd nehmen und die Brühe mit reichlich Senf (Menge nach Geschmack) verrühren. Senf-Brühe über das Fleisch und Gemüse gießen, alles mit Petersilie bestreuen und mit gebähtem Schwarzbrot auftischen.

Pikante Kuttelsuppe

1 kg penibel gereinigte Schweinsmägen
300 g Wurzelwerk (Karotte, Gelbe Rübe, Petersilienwurzel, Lauch)
2 große Zwiebeln
Salz

Außerdem:
1 große Zwiebel
3–6 zerdrückte Knoblauchzehen
1–2 EL Petersilie, gehackt
2 Lorbeerblätter
Piment, gemahlen
abgeriebene Schale und Saft einer unbehandelten Zitrone
2 EL gewaschene Salzkapern
2 EL gehackte Salzgurken
1–2 eingelegte scharfe Pfefferoni
1–2 EL Zucker (nach Geschmack)
2–3 EL Mehl
4 EL Schweineschmalz
Salz & Pfeffer aus der Mühle

Der Schweinemagen wird nicht nur zu Wurstwaren (z. B. Pfälzer Saumagen oder Andouille) verarbeitet, sondern auch zu herzhaften Suppen verkocht:

☐ Die sauber gereinigten Schweinsmägen in reichlich Wasser 1 Stunde kochen, dann abseihen und in reichlich frischem Wasser aufkochen lassen. Geputztes Wurzelwerk und halbierte Zwiebeln dazugeben, salzen und die Kutteln darin auf mittlerer Flamme weich kochen. Im Sud erkalten lassen. Kutteln aus dem Sud nehmen und in Streifen oder Fleck (Rechtecke) schneiden. Den Sud durchseihen.

☐ Fett in einer Kasserolle erhitzen und die gehackte Zwiebel sowie den zerdrückten Knoblauch und die Petersilie darin anrösten. Alles leicht zuckern, dann mit Mehl stauben und mit 1 l Wasser und 1 l Kochsud aufgießen.

☐ Lorbeerblätter dazugeben und die Suppe einige Zeit verkochen lassen, damit das Mehl seinen Rohgeschmack verliert.

☐ Danach die Suppe mit Piment, Zitronenschale und -saft, Salzkapern, in Ringe geschnittenen Pfefferoni, gehackten Salzgurken, Salz und Pfeffer pikant-würzig abschmecken.

☐ Die geschnittenen Kutteln hinzufügen und noch einige Zeit in der Suppe ziehen lassen. Abschmecken und mit gerösteten Weißbrotscheiben auftischen; wer mag, reicht bei Tisch gehackten Knoblauch dazu.

The „Howdeedooda, this is good!" hungry Chili

Für 6 Personen:

Für das Chili:

- 800 g nicht zu mageres, faschiertes Schweinefleisch
- 500 g getrocknete schwarze Bohnen (ersatzweise rote Bohnen nehmen), über Nacht gewässert
- 500 ml Schweinefleischbrühe
- 2 Dosen gehackte, geschälte Tomaten (vorzugsweise San-Marzano-Tomaten)
- 4 EL Tomatenmark
- 1 große weiße Zwiebel
- 4–6 Knoblauchzehen
- 150–200 g gehackte milde grüne Chilischoten (entkernt und ohne weiße Adern)
- 1 eingelegte Chilischote (vorzugsweise Chipotle-Chili), fein gehackt
- 1–2 TL Chili-Pulver
- 1 EL Kreuzkümmel, frisch gemörsert
- 1 EL Oregano
- 1 TL schwarzer Pfeffer, frisch gemahlen
- Olivenöl oder Schmalz
- 1–2 TL Salz
- 50–60 g Bitterschokolade oder ein Schuss scharfer Chili-Essig (nach Belieben)

Für die Klöße:

- 200 g Universalmehl
- 100 g Maismehl
- 125 g Cheddar, geraspelt
- 1 Packung Backpulver
- 2 Eier (normale Größe)
- 100–150 ml Milch
- 2 EL Honig
- 1 EL Schweinsnierenfett (ersatzweise Schmalz)
- 1–3 Jalapeno-Chilis, entkernt und fein gehackt
- ½ TL Salz

Dieses Rezept habe ich aus den amerikanischen Südstaaten, wo derartige Gerichte zu den Nationalspeisen zählen und (insbesondere im texanisch-mexikanischen Raum) zum sogenannten *„Borderline Food"* (Grenzlinien-Essen) gezählt werden. Die Texaner nennen solche Eintöpfe auch *„bowl of red"*. Vor allem im mexikanischen Grenzgebiet sind derartige Speisen im wahrsten Sinne des Wortes „höllisch scharf", in Texas zudem sehr gehaltvoll (fettreich) und weiter im Osten (z. B. Louisiana) sehr facettenreich gewürzt.

☐ Die Bohnen abgießen, in einen Topf füllen, mit frischem Wasser bedecken, aufkochen lassen und 2 Stunden bei kleiner Hitze garen. Bohnen erneut abgießen und parat halten.

☐ In einer schweren Kasserolle etwas Fett erhitzen und die gehackte Zwiebel darin kräftig bräunen. Das Fleisch dazugeben und braten, bis es nicht mehr rosa ist. Knoblauch, grüne Chilis, Chipotle-Chili, Chilipulver, Kreuzkümmel, Pfeffer und Salz dazugeben, weitere 10–12 Minuten sautieren. Zwischenzeitlich das Tomatenmark mit etwas Fett in einer Pfanne braten, bis es dunkel ist, dann mit 200 ml Wasser aufgießen und etwas einkochen lassen, danach zum Fleisch geben.

☐ Bohnen, gehackte Tomaten, und Brühe hinzufügen, 15 Minuten kochen, dann mit Schokolade oder Essig würzen und noch weitere 15–20 Minuten köcheln.

☐ Zwischenzeitlich den Teig für die Klöße vorbereiten: In einer Schüssel die beiden Mehlsorten, Backpulver und Salz vermischen, in einer zweiten Schüssel Ei, Milch, Nierenfett oder Schmalz (zerlassen) und Honig verrühren. Die nassen Zutaten in das Mehl einarbeiten und gut vermengen – ist die Masse zu trocken, etwas Milch nachgeben. Wenn alles gut verrührt ist, den Käse und die Chilis untermischen.

☐ Mit Hilfe von zwei Teelöffeln kleine Klöße aus dem Teig formen und diese auf das köchelnde Chili setzen (die Klöße sollten möglichst nicht aneinander stoßen). Einen Deckel auflegen und 20 Minuten dämpfen (Deckel nicht öffnen, während die Klöße dämpfen). Danach alles sehr heiß auftischen.

Chili mit Schweinefleisch und grünen Pfefferschoten
Pork green Chile

750 g Schweinefleisch aus der Keule (ohne Schwarte und Knochen)
750 g geröstete grüne Chilis, geschält, entkernt und gehackt
3 reife Tomaten
2–3 Knoblauchzehen
4–5 EL Mehl
3–4 EL Schweineschmalz (ersatzweise 5–6 EL Erdnussöl)
Salz

Das grüne „Chile" des amerikanischen Westens besteht – wie der Klassiker „Chile con carne" – zunächst nur aus Fleisch und Chili-Schoten (keine Bohnen!). Aber das Besondere beim grünen Chili sind die gerösteten Anaheim-Chilischoten, die dem Eintopf das ganz typische Aroma verleihen. Um dieses Aroma nicht zu zerstören, kommt auch nur eine Spur Knoblauch dazu, auf alle anderen Gewürze wird verzichtet. Für Kenner verkörpert dieses Gericht den Geschmack des amerikanischen Westens: Das rauchige, erdige Aroma und die nachklingende Schärfe spiegeln die gleißende Sonne des Südwestens und die Merkmale des kargen Bodens wider, auf dem die Chilis gewachsen sind.
Das Gericht wird stundenlang gekocht und erhält so – je nach Vorliebe des Kochs – entweder die Konsistenz eines Eintopfs, einer Suppe oder auch einer Sauce. Wenn man keine gerösteten Anaheim-Chilis erhalten kann, darf man eine Mischung von 50 % milden und 50 % scharfen grünen Chilischoten nehmen. Die Schoten werden im Ofen geröstet, bis sie schwarze Stellen haben, dann unter Kaltwasser abgeschreckt und gehäutet.

☐ Das Schweinefleisch würfeln, zusammen mit 3 l Wasser in einen Topf geben und zum Kochen bringen. Hitze reduzieren und das Fleisch zugedeckt 2 Stunden kräftig köcheln lassen, bis es sehr weich ist.
☐ Die Chilischoten in einem Mixer mit etwas Kochwasser des Fleischs pürieren und parat halten.
☐ Tomaten längs halbieren, Kerne mit einem Löffel herausnehmen und das Fruchtfleisch auf einer Gemüsereibe raspeln, bis man nur noch die Haut übrig hat (Haut entsorgen). Tomatenmus ebenfalls parat stellen.
☐ In einer frischen Kasserolle das Schweineschmalz erhitzen, den zerdrückten Knoblauch darin anrösten, bis er hellgelb ist, danach das Mehl einrühren und bei mittlerer Hitze rösten, bis es eine hellbraune Farbe aufweist. Ist das Mehl hellbraun, das Fleisch samt Kochfond, das Chilipüree, das Tomatenmus und 2 TL Salz zugeben. Gut durchrühren und, falls die Konsistenz sehr dicklich ist, etwas Wasser zugeben.
☐ Alles zum Kochen bringen, Hitze zurücknehmen und mindestens 3 Stunden kräftig köcheln lassen; aufpassen, dass nichts anbrennt. Mit Salz abschmecken und mit Crackern auftischen.

Hispanic Rib Soup

Für 6 Personen:

2 kg Country-Style-Ribs oder 2,5–3 kg Spare-Ribs

1,5 l Schweinsbrühe (siehe Grundrezepte)

2–3 TL Pimenton de la Vera (ich bevorzuge die scharfe Variante)

2–6 Knoblauchzehen, geschält und zerdrückt

4–5 Tassen italienisches Weißbrot (z. B. Toskana-Brot), in große Würfel geschnitten

6 EL Olivenöl

3 TL Meersalz

2–3 Handvoll geriebener Manchego-Käse

Dieses traumhafte Gericht der hispanischen Bevölkerung Amerikas erhält sein einzigartiges Aroma vom sogenannten „Pimenton de la Vera", einer spanischen Paprikaspezialität, die es in den Sorten „mild" oder „scharf" gibt. Dieser Paprika ist geräuchert, wodurch der Eintopf ein einzigartig vollmundiges Aroma erhält – *I'm lovin' it!*
Am besten bereitet man diesen Eintopf mit den fleischigen Country-Style-Ribs zu, man kann aber auch Spare-Ribs nehmen, muss dann aber mehr Fleischeinwaage berechnen. Der Eintopf ist so gehaltvoll, dass er durchaus als Hauptspeise dienen kann.

☐ In einer Rührschüssel 3 EL Öl mit der Hälfte vom Paprika und der Hälfte vom Salz verrühren, die Brotwürfel darin wenden und anschließend auf ein mit Backpapier ausgelegtes Blech legen. Bei 180 °C etwa 10 Minuten im Ofen backen (ab und an wenden), bis sie knusprig goldbraun sind. Herausnehmen und parat halten.

☐ Die Rippchen mit dem restlichen Salz und ½ TL Paprika würzen. Restliches Öl in einem Schmortopf bei Mittelhitze erwärmen und die Rippchen darin langsam bräunen; dann herausnehmen und in 6 möglichst gleich große Portionen teilen.

☐ Im Schmortopf den zerdrückten Knoblauch im Bratfett anrösten, bis er goldgelb ist.

☐ Die Rippchen zurück in den Topf geben, restlichen Paprika hinzufügen, alles mit Brühe auffüllen und zum Kochen bringen. Hitze zurücknehmen, die Hälfte der Croutons einarbeiten und alles 40 Minuten leise simmernd kochen.

☐ Suppe mit Salz abschmecken, sehr heiß in Teller füllen und mit den restlichen Croutons bestreut auftischen. Bei Tisch mit geriebenem Käse verfeinern.

Tipp: Ich würze das Fleisch vor dem Anbraten noch mit gestoßenem Langpfeffer, das ergibt ein besonders vielschichtiges Aroma.

Deftiger Erbseneintopf mit Schweinsfuß und Wurst

500 g getrocknete grüne Erbsen
600 g Kartoffeln
300 g Sellerie-Knolle
1 große Zwiebel
125 g frische Erbsen (TK-Ware)
2–3 Stangen Lauch
2 Schweinsfüße, gespalten
1 Speckschwarte (gepökelt und geräuchert)
500 g Knoblauchwurst, Frankfurter Würstchen, Fleischwurst o. Ä.
3–4 Zweige Bohnenkraut
1 EL Öl
englischer Senf
Salz und Pfeffer aus der Mühle

Ein Rezept, das in den Niederlanden und Großbritannien gerne an kalten Tagen verspeist wird – wer mag, lässt das Bohnenkraut weg und bestreut den Eintopf vor dem Servieren mit gehackter frischer Minze.

☐ Getrocknete Erbsen über Nacht einweichen. Am nächsten Tag abtropfen lassen und zusammen mit den Schweinsfüßen und der Speckschwarte in einem großen Topf mit frischem Wasser bedecken. Aufkochen lassen, Hitze zurücknehmen und 2,5–3 Stunden bei kleiner Flamme köcheln lassen.
☐ Zwischenzeitlich Zwiebel, Kartoffeln und Sellerie schälen und klein würfeln. Lauch putzen und in Ringe schneiden. Zwiebel in Öl blondieren.
☐ Nach 2,5–3 Stunden Kochzeit die angeröstete Zwiebel sowie das Gemüse zu den Erbsen geben und alles weitere 30 Minuten köcheln lassen.
☐ Wenn das Fleisch weich ist, Füße und Schwarte aus dem Topf nehmen; Schwarte entfernen, das Fleisch von den Füßen ablösen und klein schneiden. Die Erbsensuppe mit einem Stabmixer nur grob pürieren – es sollten noch Gemüsestücke sichtbar bleiben. Zerschnittenen Schweinsfuß, in Scheiben geschnittene Würste sowie die frischen Erbsen dazugeben und alles erneut erhitzen und garen, bis die frischen Erbsen weich sind. Fertigen Eintopf mit frisch gehacktem Bohnenkraut, Senf, Salz und reichlich Pfeffer aus der Mühle abschmecken.

GULASCH, PÖRKÖLT UND TRADITIONELLE SCHMANKERLN

Katzeng'schroa

500 g Schweinefleisch (aus der Schulter)
300 g Schweinsleber
2 Zwiebeln
abgeriebene Schale einer unbehandelten Zitrone
Zitronensaft oder Essig
Kümmel gemahlen
Muskatnuss, frisch gerieben
1 knapper EL Senf
1–2 EL Mehl
Rindsuppe
125 ml Sauerrahm
Öl zum Anbraten
Salz und Pfeffer aus der Mühle
gehackte Petersilie oder Schnittlauchröllchen

Im „Ethymologischen Wörterbuch" von Matthias Höfer ist schon 1815 über den eigentümlichen Namen des Gerichts zu lesen: „So genannt wegen der Ungleichheit der Ingredienzien, … so wie das Geheul einer Katze aus sehr ungleichen und missbilligenden Tönen besteht." Wie bei so vielen anderen Regionalrezepten gibt es auch für das Katzeng'schroa kein allgemein gültiges Originalrezept, aber eine gängige Variante aus Schweinefleisch.

☐ Fleisch und Leber in blättrige Streifen schneiden, Zwiebeln schälen und in Ringe hobeln. Öl in einer weiten und hohen Pfanne erhitzen, Zwiebeln darin kräftig anrösten, dann das Fleisch und die Leber dazugeben und ebenfalls kräftig anbraten.
☐ Mit Zitronenschale, Kümmel, Muskatnuss und Senf nach Geschmack würzen, danach alles mit Mehl stauben und mit 2 Schöpfern Rindsuppe aufgießen. Fleisch in der Sauce dünsten, bis es weich ist – bei Bedarf Suppe nachgeben.
☐ Schließlich das fertige Fleisch mit Rahm verfeinern und mit Zitronensaft (oder Essig), Salz und Pfeffer abschmecken. Kurz vor dem Servieren mit gehackten Kräutern verfeinern.
☐ Dazu reicht man Bandnudeln, Nockerln oder Spätzle.

Gutes Wurstgulasch mit Stelze

1 kg ausgelöstes Fleisch von der Schweinsstelze (ohne Schwarte)
2 Paar Debreziner
2 Paar Frankfurter
2–3 EL Schmalz
400–500 g Erdäpfel (mehligkochend)
2 Zwiebeln
4–5 Knoblauchzehen
3–4 EL Paprika edelsüß
1–2 TL scharfes Paprikapulver
Kümmel, Majoran
Salz und Pfeffer aus der Mühle

Außerdem:
150 g geräucherter Speck
2 rote Paprikaschoten, in Streifen geschnitten
1 grüne Paprikaschote, in Ringe geschnitten

☐ Das Fleisch würfelig schneiden, mit Salz und Pfeffer würzen. Zwiebeln in feine Streifen schneiden, den Knoblauch zuerst grob, dann zusammen mit Kümmel fein hacken.
☐ Schmalz in einer Kasserolle erhitzen, Zwiebeln darin goldgelb andünsten. Kasserolle vom Herd nehmen, Knoblauch-Kümmelgemisch, die beiden Paprikapulver sowie etwas Majoran einrühren, zurück auf den Herd stellen und sofort das Fleisch hineingeben.
☐ Fleisch kurz durchschwitzen, dann so viel Wasser oder Brühe hinzugeben, dass es noch nicht ganz bedeckt ist. Auf kleiner Flamme gut 45 Minuten schmoren, dabei öfters umrühren und ggfs. etwas Flüssigkeit nachgeben.
☐ Zwischenzeitlich die Erdäpfel schälen und grob würfeln. Wenn das Fleisch fast weich ist (das sollte es nach den angegebenen 45 Minuten sein), die Erdäpfel hinzugeben und 10 Minuten mitkochen.
☐ Wenn auch die Erdäpfel weich und gar sind, kommen die in Ringe geschnittenen Würstchen hinein und werden darin nur erwärmt.
☐ Für die Garnitur den Speck und die roten Paprikaschoten in dünne Scheiben schneiden, zusammen in etwas Schmalz anrösten. Wurstgulasch in tiefen Tellern anrichten, die Speck-Paprikamischung darauf verteilen und mit frischen grünen Paprikaringen ausgarniert servieren.

Eingemachtes

800 g Schweinefleisch aus der Schulter
400 g Zwiebeln
2–4 Knoblauchzehen
80–100 g Schmalz
5–6 gehäufte EL Roggenmehl
2–3 l Fleischbrühe (man kann auch nur Wasser nehmen)
1–2 Lorbeerblätter
Kümmel
Majoran
Piment (Neugewürz)
Pfeffer aus der Mühle
Salz

Ähnlich zubereitet wie das Katzeng'schroa wird auch das Osttiroler „Eingemachte", das aber nicht mit Rahm verfeinert wird und eine andere Geschmacksrichtung erhält.

☐ Aus 75 g Schmalz und Roggenmehl eine dunkle Einbrenn bereiten, diese auskühlen lassen.
☐ Fleisch klein würfeln oder in Streifen schneiden. Zwiebeln in feine Ringe schneiden und in etwas Fett anrösten, dann den gehackten Knoblauch dazugeben.
☐ Das geschnittene Fleisch hinzufügen und mitrösten.
☐ Alles mit 2,5 Litern Fleischbrühe aufgießen, die Einbrenn einrühren und mit den Gewürzen (Menge nach Geschmack) verfeinern. Das Ganze so lange köcheln lassen, bis das Fleisch weich ist – wenn notwendig, Brühe nachgeben.
☐ Dazu isst man Schwarzbrot und/oder Bratkartoffeln.

Hinweis: Gerne wird das Eingemachte auch noch mit Saft einer Zitrone abgeschmeckt, welche zusammen mit den Gewürzen dazukommt.

Schweinspörkölt mit Belugalinsen und gekochtem Grießstrudel

Für das Pörkölt:
1 kg Schweinsschulter (Bio-Qualität)
500 g Zwiebeln, fein gewürfelt
100 g Speck, fein gewürfelt
1 Knoblauchzehe, fein gewürfelt (China)
20 g Kapern, fein gehackt
4 Sardellenfilets, fein gehackt
100 g Essiggurken, fein gewürfelt
40 g Paprikapulver edelsüß
3 Paprika rot, geschält und fein gewürfelt
200 g Belugalinsen, über Nacht eingeweicht
1200 ml Rindsuppe
1 TL Dijonsenf
Gewürze: 2 Lorbeerblätter, Kümmel
abgeriebene unbehandelte Zitronenschale
Champagneressig
Öl oder Schweineschmalz zum Anbraten

Für den Grießstrudel:
3 Eier
50 g Butter
100 g Weizengrieß
1/8 l Sauerrahm
1 Blatt Strudelteig
Semmelbrösel
Salz

Diese Rezept-Kreation stammt von Thomas Wohlfarter, Küchenchef im AMARANTIS Wien

Für das Pörkölt:

☐ Die Schulter grob würfeln (ca. 4 cm), mit Salz und Pfeffer würzen und in Pflanzenöl (Schmalz) von allen Seiten kräftig anbraten. Hitze reduzieren und die Zwiebeln sowie Speck und Knoblauch zugeben.

☐ Alles goldgelb rösten, anschließend mit dem Paprikapulver stauben und mit der Rindsuppe (Wasser) auffüllen. Lorbeer, Sardellen, Kapern, Senf und Kümmel hinzufügen und für etwa 80 Minuten still köcheln. Ins Ragout Linsen und Paprikawürfel hineingeben und weiterkochen, bis diese weich sind.

☐ Mit Essiggurken und den Zesten einer Zitrone, eventuell auch einem Spritzer Essig abschmecken.

Für den Strudel:

☐ Eier trennen, die Dotter mit der weichen Butter cremig rühren, das Eiklar mit einer Prise Salz zu Schnee schlagen.

☐ Butterabtrieb mit Grieß und Sauerrahm verrühren, Schnee unterheben, anschließend die Masse auf dem Strudelteigblatt verteilen, einrollen und mit einem Kochlöffelstiel kleine Päckchen abdrücken und schneiden.

☐ Die kleinen Strudel in gesalzenem Wasser knapp unter dem Siedepunkt gar ziehen lassen (etwa 8 Minuten). Eventuell mit frischem Schnittlauch oder Butterbröseln bestreuen.

Anrichten: Das Pörkölt mit dem Grießstrudel dekorativ auf vorgewärmten Tellern anrichten.

Ungarisches Schweinspörkölt

1 kg Schweinefleisch (vorzugsweise aus der Schulter)
1–2 Zwiebeln fein geschnitten
3 Paprikaschoten
2 Tomaten
75 g Fett (Schmalz oder Öl)
1 TL Paprikapulver edelsüß
Salz

Das Fleisch in 2 cm große Würfel schneiden, Zwiebeln fein hacken, die Paprikaschoten von den Samensträngen befreien und klein schneiden, die Tomaten achteln.

Fett in einer Kasserolle erhitzen, die Zwiebeln darin andünsten, vom Herd nehmen und das Paprikapulver sowie das Fleisch dazugeben. Wieder auf den Herd stellen, einige Minuten unter Rühren rösten und schließlich salzen. Danach die Tomaten- und Paprikastücke untermischen. Einen Deckel auflegen, alles im eigenen Saft schmoren, bei Bedarf etwas warmes Wasser angießen.

Das fertige Gericht mit ein oder zwei in Ringe geschnittenen Paprikaschoten garnieren und mit Nockerln servieren.

Schweinsgulasch

1,5 kg Schweinsschulter
500 g Zwiebeln
3–4 Knoblauchzehen
30 g Mehl
125 g Schmalz
200 ml Rahm
1–2 EL Paprikapulver
etwas Paradeismark
Kümmel
Salz und Pfeffer

☐ In heißem Schmalz die sehr fein gewiegten Zwiebeln bei milder Flamme sehr langsam licht andünsten (etwa 20-30 Minuten).

☐ Das in Würfel geschnittene Fleisch zusammen mit dem Paprikapulver, Knoblauch, Kümmel und etwas Salz dazugeben. Wenn der austretende Saft gänzlich eingekocht ist, wird mit etwas Knochenbrühe (in Ermangelung derselben auch mit Wasser) aufgegossen.

☐ Wenn das Fleisch weich ist, kann man es ausstechen und den Saft passieren; wenn die Zwiebeln fein genug gehackt worden sind, dürften sie jedoch ohnedies verkocht sein.

☐ Das Mehl mit dem Rahm verrühren und die Sauce damit binden. Alles einmal aufkochen lassen und schließlich mit Paradeismark, Salz und einer Prise weißem Pfeffer abschmecken; nach Wunsch mit Crème fraîche verfeinern (ich gebe noch eine Prise Majoran dazu).

☐ Dazu reicht man Salzerdäpfel, Nockerln oder auch breite Nudeln.

Hinweis: Früher hat man mitunter auch geschälte und gewürfelte Erdäpfel (etwa 500–600 g) eine halbe Stunde vor Fertigstellung hinzugefügt und in der Sauce mitkochen lassen.

Bulgarisches Paprikasch

1 kg Schweinefilet (ca. 2 große Filets)
1 große Zwiebel, gehackt
2 grüne Paprikaschoten
1 große geschälte Fleischtomate, entkernt und gehackt (oder 2 Dosentomaten)
1–2 TL Paprikapulver edelsüß oder Delikatess
500 ml Sauerrahm
50 ml Öl oder Schmalz
Salz und Pfeffer aus der Mühle

☐ Das Schweinefleisch in 3 cm große Würfel schneiden. Öl oder Schmalz in einer Kasserolle erhitzen und die Zwiebel auf Mittelhitze darin 10–15 Minuten braten.

☐ Topf vom Herd nehmen, die Zwiebel mit Paprika stauben und einige Sekunden in der Restwärme rösten, dann mit 100 ml Wasser ablöschen. Topf wieder auf den Herd geben und das Fleisch hinzufügen.

☐ Zugedeckt 40 Minuten leise köcheln lassen. Wenn die Sauce eingedickt ist, die in Ringe geschnittenen Paprikaschoten (entkernt und von weißen Adern befreit) sowie die gewürfelte Tomate dazugeben.

☐ Weitere 6–8 Minuten köcheln lassen, dann 300 ml Sauerrahm einrühren und sofort anrichten.

☐ Mit dem restlichen Sauerrahm beträufeln und noch etwas Paprikapulver darüberstreuen.

☐ Dazu reicht man gekochten Reis.

Kümmelfleisch

1 kg Schweinefleisch
etwas Schmalz
2 mittlere Zwiebeln, gehackt
1–2 EL Mehl
Wasser oder Brühe
etwas Paradeismark
reichlich Kümmel
Salz und Pfeffer aus der Mühle

☐ Die fein gehackten Zwiebeln werden in Schmalz angeröstet, dann das würfelig geschnittene Schweinefleisch dazugegeben und ebenfalls rundherum angebraten.
☐ Nun gibt man Salz, Pfeffer sowie Kümmel nach Belieben dazu, staubt alles mit Mehl und lässt dieses ebenfalls rösten, damit es seinen Rohgeschmack verliert.
☐ Etwas Paradeismark einfüllen und das Fleisch mit nicht zu viel Wasser oder Brühe begießen, damit die Sauce nicht zu dünn wird.
☐ Das Fleisch weich dünsten lassen.

Variante: Statt Kümmel den wesentlich aromatischeren Kreuzkümmel nehmen.

Einfaches Wildschweingulasch mit Rotwein

1 kg Wildschweinfleisch
500 g gehackte Zwiebeln
6–8 Wacholderbeeren
2–3 Lorbeerblätter
1 kleiner Rosmarinzweig
1 EL Paprikapulver
1 EL Tomatenmark
1 Flasche trockener Rotwein (sehr gut eignet sich Zweigelt oder Chianti)
2 EL Mehl
50–75 ml Öl oder Butterschmalz
Salz und Pfeffer aus der Mühle

☐ Das Fleisch in 4 cm große Würfel schneiden. Fett in einer großen Kasserolle erhitzen und die gehackten Zwiebeln darin hellbraun dünsten. Dann das Tomatenmark dazugeben und alles weiterdünsten, bis das Tomatenmark fast schwarz ist. Topf vom Herd nehmen, Paprika einrühren und 10 Sekunden rösten.
☐ Topf wieder auf den Herd stellen, das Fleisch dazugeben, mit Mehl stauben und den Rotwein sowie 500 ml Wasser (oder Brühe) angießen.
☐ Alles unter Rühren aufkochen lassen, dann Hitze zurücknehmen und die Aromen (Lorbeerblätter, Wacholderbeeren, Rosmarinzweig) hinzugeben.
☐ Etwa 1–1,5 Stunden auf kleiner Flamme schmoren lassen, bis das Fleisch weich ist – immer wieder umrühren, damit nichts anlegt. Zum Schluss mit Salz und Pfeffer abschmecken (evt. auch einen Schuss alten Balsamico-Essig hinzugeben) und die Konsistenz der Sauce mit Wasser regulieren.
☐ Dazu reicht man Serviettenknödel oder Teigwaren.

Hinweis: Sollte die Sauce zu dünn geraten, so kann sie mit etwas angerührter Stärke oder mit Semmelbröseln eingedickt werden.

Tipp: Das angerichtete Ragout mit einem EL Crème fraîche garnieren.

Variante: Rotwein, Paprika, Rosmarin und Tomate weglassen und das Gulasch stattdessen mit Weißwein, abgeriebener Zitronenschale, einigen Nelken und einer Zimtstange zubereiten.

Italienisches Schweinsgulasch
Spezzatino di maiale

800 g mageres Schweinefleisch aus der Keule
400 g reife Tomaten
6–8 Knoblauchzehen
1 großer Rosmarinzweig
1–3 Peperoncini (je nach gewünschter Schärfe)
75 ml Olivenöl
Salz und Pfeffer aus der Mühle

☐ Das Fleisch in Stücke schneiden. Gehackten Knoblauch und grob gehackte Rosmarinnadeln in einer Kasserolle in Olivenöl anbraten, bis sie duften, dann das Fleisch dazugeben und rösten, bis es eine leichte Färbung hat.
☐ Gehackte Peperonicini (nach Wunsch entkernt) und die in Stücke geschnittenen Tomaten dazugeben, Deckel auflegen und eine gute Stunde schmoren lassen – bei Bedarf etwas lauwarmes Wasser oder auch einen Schuss trockenen Weißwein dazugeben.
☐ Mit Salz und Pfeffer abgeschmeckt auftischen.
☐ Dazu reicht man Weißbrot und kräftigen roten Landwein.

Variante: Man kann das Gulasch auch ohne Rosmarin zubereiten und dafür das fertige Gericht mit gehacktem Basilikum bestreuen oder man nimmt Salbei statt Rosmarin. Sehr gut schmeckt es auch mit Oregano (statt Rosmarin).

Reisfleisch

1 kg Fleisch von Schweinsschulter (ohne Schwarte)
300 g Reis
2 Zwiebeln
1–2 Knoblauchzehen
100 g Schmalz
Rosenpaprika nach Geschmack
Prise gemahlener Kümmel
Rindsuppe oder Knochenbrühe nach Bedarf
gehackte Petersilie
Öl oder Schmalz (man kann auch Butter nehmen)
Salz und Pfeffer aus der Mühle

☐ Zwiebeln fein hacken und in Schmalz (bzw. Fett) goldgelb rösten.
☐ Das in Würfel geschnittene Fleisch dazugeben und nach dem Anbraten gut mit zerdrücktem Knoblauch, Paprika, Kümmel und Salz würzen.
☐ Fleisch im eigenen Saft bei nicht zu großer Flamme halbweich dämpfen.
☐ Nun den Reis hinzufügen und mit so viel Suppe angießen, dass alles 2–3 cm hoch bedeckt ist.
☐ Das Reisfleisch vollends weich dämpfen. Vor dem Servieren mit Salz und Pfeffer abschmecken, gehackte Petersilie darüberstreuen.

Tipp: Ich füge dem Reisfleisch immer etwas abgeriebene Zitronenschale hinzu (mit den Gewürzen), das ergibt einen besonders feines Aroma.

Hinweis: Reisfleisch kann zusätzlich mit blättrig geschnittenen Champignons oder mit etwas geriebenem Parmesan verfeinert werden.

Krautfleisch
Szégediner Gulyás (Székelygulyás)

800 g Schweineschulter
150–200 g Räucherspeck
1 kg Sauerkraut
2 große Zwiebeln
1–2 EL Paprikapulver „edelsüß"
etwas Paradeismark (fakultativ)
3–4 EL Mehl
250–300 ml Sauerrahm
Salz
scharfe Paprikaschote und Petersilie zum Garnieren

Von allen ungarischen Spezialitäten, die über die Grenzen hinaus bekannt wurden und sich vor allem in der österreichischen Küche einen festen Stammplatz erobern konnten, ist das Szégediner sicherlich das beliebteste, sieht man einmal vom omnipräsenten Gulasch ab. Es handelt sich beim Szégediner aber weder um ein Gulasch noch stammt es aus Széged.
Ungarische Traditionalisten werden nicht müde zu betonen, dass das Szegediner Gulyás eigentlich „Széklergulyás" heißen muss, wegen der in Siebenbürgen beheimateten Székler, die es erfunden haben sollen. Heute wissen wir, dass auch diese Theorie falsch ist. Vielmehr geht das Gericht nämlich auf einen gewissen Jósef Székely zurück, der eines Tages im Jahre 1846 in seinem Stammlokal „Arany Ökör" in Budapest nach einem langen Arbeitstag erst kurz nach Küchenschluss eintraf. Hungrig wie der Komitatsarchivar aber nun einmal war, bat er den Wirt, ihm etwas aufgewärmtes Pörkölt und Sauerkraut zu reichen, weil dies ja keine große Mühe machen könne. Auf seinen Wunsch hin wärmte man die Reste zusammen auf. Zufällig wurde der große ungarische Dichter Sándor Petöfi (1823–1849) Zeuge dieser Kreation und bat um selbige am nächsten Tag. Der Wirt garnierte die neue Speise noch mit etwas Rahm und „Hahnenkämmen" – und vom Geschmack begeistert taufte Petöfi das Gericht „Székelygulyás"!
Genau genommen handelt es sich hierbei nicht wirklich um ein Gulasch, sondern am ehesten noch um ein Paprikasch. So ganz falsch ist auch die gemeinhin geläufige Bezeichnung „Szégediner Krautfleisch" nicht, auch wenn es mit Széged nichts gemein hat.

☐ Das Fleisch in 2,5 x 2,5 cm große Würfel schneiden, Speck fein würfeln, die Zwiebeln fein hacken. Speckwürfel in einer Kasserolle auslassen, die Grieben herausnehmen.
☐ Zwiebeln im Fett anrösten, vom Herd nehmen und Paprikapulver sowie die Fleischwürfel hinzugeben.
☐ Topf wieder auf den Herd stellen, das Fleisch zugedeckt 30 Minuten halbgar schmoren. Zwischenzeitlich das Sauerkraut unter fließendem Wasser abspülen, zum Fleisch geben (wenn gewünscht, auch das Paradeismark) und alles mit so viel Wasser begießen, bis das Ganze gerade bedeckt ist. Langsam fertig garen – nicht kochen lassen!
☐ Das Mehl mit etwas Wasser klumpenfrei verrühren, 200 ml Sauerrahm dazugeben und mit dieser Mischung den Saft binden. Das Gericht nachwürzen und nach Belieben einen guten Schuss Tokajer abschmecken.
☐ In irdene Teller füllen, mit restlichem Sauerrahm, Paprikaschote und Petersilie garnieren.

Tipp: Eine typische Garnitur für das Gericht sind die „Hahnenkämme", für die dicke Scheiben Räucherspeck mit Schwarte auf der Fettseite 1,5–2 cm tief eingeschnitten und danach knusprig braun gebraten werden. Die Spitzen der „Hahnenkämme" in scharfes Paprikapulver tauchen.

Rezeptfoto: Siehe Kapitelanfang

Podersdorfer Kellerfleisch

1 kg Schweinefleisch aus der Schulter
750 g weiße Zwiebeln
4–6 Knoblauchzehen
Kümmel und/oder Majoran (Geschmackssache)
mindestens 1 l trockener Weißwein (vorzugsweise Welschriesling)
1–2 EL Schweineschmalz oder Öl
Salz und Pfeffer aus der Mühle

Lange bevor der Paprika nach Ungarn kam, wurden im burgenländisch-magyarischen Raum verschiedene Hirtengerichte zubereitet – bloß ohne den würzigen Paprika. Und bis heute gibt es im burgenländischen Seewinkel Köche, die das Gulasch (oder gulaschähnliche Speisen) ohne Paprika zubereiten. Eines dieser traditionellen Gerichte ist das Kellerfleisch, welches während der Arbeit im Weinkeller von den dort werkenden Herren selbst zubereitet wurde. Und da Wein reichlich vorhanden war, kam dieser gleich in den Topf.

- ☐ Das Fleisch in mundgerechte Würfel, die geschälten Zwiebeln in grobe Ringe schneiden.
- ☐ Die Zwiebeln in einem Kessel auf Mittelhitze dünsten, bis sie weich sind, aber noch keine Farbe angenommen haben.
- ☐ Dann das Fleisch, den zerdrückten Knoblauch, Majoran (oder Kümmel) und den Wein dazugeben und alles langsam garen, bis das Fleisch weich ist.
- ☐ Mit Salz und Pfeffer abschmecken und Schwarzbrot dazu reichen.

Schweinsragout mit orientalischen Aromen

1,5 kg Schweinefleisch (Nacken, Schulter, Bauch) ohne Haut und Knochen
500 g Zwiebeln
8 Knoblauchzehen
1 knapper EL Ingwerwurzel (geschält), frisch gerieben
1 Prise Ingwerpulver
1 kleine Zimtstange
1 TL Zimt, gemahlen
112 TL Kreuzkümmelsamen, im Mörser zerstoßen
½ TL Safranpulver
1 gute Prise Cayennepfeffer
200 g getrocknete Datteln
200 g getrocknete Marillen
Olivenöl
Salz und Pfeffer aus der Mühle

□ Das Fleisch in gleichmäßige Würfel von ca. 3–4 cm Kantenlänge schneiden.
□ Die Zwiebeln schälen und in Streifen schneiden. Olivenöl in einem Schmortopf erhitzen, das Fleisch bei guter Hitze rundherum kräftig anbraten.
□ Dann die Zwiebeln dazugeben und alles bei Mittelhitze weiterbraten, bis die Zwiebeln eine gute Farbe haben.
□ Salz und Gewürze hinzufügen, weiterrösten, bis die Gewürze duften.
□ Dann ganze Knoblauchzehen, Datteln und Marillen hinzufügen, mit 250 ml Wasser ablöschen und zugedeckt im 160 °C heißen Ofen eine gute Stunde schmoren lassen – zwischendurch vorsichtig umrühren und bei Bedarf Wasser nachgeben.

Pikantes Schweinsragout mit Muscheln

1 kg Schweinefleisch aus der Schulter
500–600 g frische Muscheln (küchenfertig gereinigt)
4 große, reife Tomaten (geschält)
3 Paprikaschoten
2–3 Zwiebeln
4 Knoblauchzehen
1–3 Chilischoten (je nach gewünschter Schärfe)
300 ml trockener Weißwein
Olivenöl
3 EL Schweineschmalz
Petersilie, fein gehackt
Salz und Pfeffer aus der Mühle

Die Kombination von Schwein und Meeresfrüchten ist vielleicht ungewöhnlich, dennoch aber sehr delikat – vor allem in Portugal und Südspanien liebt man diese Kombination. Man kann nachstehendes Gericht – je nachdem, was vorhanden ist – mit Mies-, Herz- oder auch Venusmuscheln zubereiten.

□ Paprika- und Chilischoten halbieren, entkernen und von weißen Rippen befreien; danach in grobe Stücke schneiden. Paprika, Chili, geschälten Knoblauch, Öl und eine gute Prise Salz in einen Mixer geben und alles fein pürieren, danach mit Pfeffer abschmecken. In einer Schüssel den Wein mit der Gewürzpaste verrühren.
□ Das Fleisch in ca. 3 cm große Würfel schneiden und in der Weinmarinade 24 Stunden zugedeckt im Kühlschrank ziehen lassen. Am nächsten Tag das Fleisch aus der Marinade heben, gut abtropfen lassen und anschließend trocken tupfen. Marinade parat halten.
□ Zwiebeln schälen und hacken. Das Fleisch in einer Kasserolle in heißem Schmalz rundherum kräftig anbraten, dann die gehackten Zwiebeln und die kleingewürfelten Tomaten dazugeben. Mit der Marinade aufgießen und gut 45 Minuten zugedeckt schmoren lassen.
□ Zwischenzeitlich die bereits geöffneten Muscheln aussortieren. Sobald das Fleisch gar ist, die Muscheln dazugeben und zugedeckt weitere 10 Minuten garen.
□ Schließlich die nicht geöffneten Muscheln entfernen, alles mit Salz und Petersilie abschmecken und das Ragout auftischen.

Einfaches Schweinsragout mit Wein und Öl

Für 4–6 Personen:

1 kg Schweinefleisch aus der Schulter (ohne Schwarte und Knochen)
500 g Schweinsbauch (ohne Schwarte)
1 Flasche trockener Weißwein (ich nehme hier einen Retsina)
1 Lorbeerblatt
2–4 frische Rosmarinzweige (Menge nach Geschmack)
2–4 Knoblauchzehen (Menge nach Geschmack)
250 ml mildes, griechisches Olivenöl
Meersalz

Manchmal schmecken die einfachsten Dinge wirklich am besten!

☐ Fleisch in 3 cm große Würfel schneiden. Etwas Öl (nicht mehr, als 2–3 EL!) in einer Kasserolle erhitzen und das Fleisch darin rundherum scharf anbraten. Mit einem Glas Wein ablöschen und diesen verdunsten lassen.
☐ Nun die Hitze zurücknehmen und das restliche Öl sowie den restlichen Wein angießen, Lorbeerblatt hinzugeben und alles im geschlossenen Topf bei milder Hitze schmoren, bis das Fleisch fast gar ist.
☐ Dann Deckel entfernen und das Gericht offen fertig garen, bis das Fleisch sehr weich ist. Mit Salz (und evt. auch einer Prise Pfeffer) abschmecken und das Fleisch im Sud anrichten. Vor dem Servieren mit frisch gehackten Rosmarinnadeln und Knoblauchzehen (beides vermischen) bestreuen.
☐ Dazu passen Weißbrot, eingelegte Oliven und Tomaten-Gurken-Salat.

Variante: Wer keinen Rosmarin mag, nimmt stattdessen Oregano oder Salbei.

Wildschweinragout mit Pilzen und Maronen

Für 6 Personen:

1,2 kg Wildschweinfleisch (ohne Haut und Knochen)
2 große Zwiebeln
4–5 Schalotten
2–3 Knoblauchzehen
1 l Côtes du Rhône (oder ein anderer gehaltvoller Rotwein)
1–2 EL Schweinsglace oder Wildglace (oder auch dunkler Fond)
1 EL Mehl
50–75 g Butter
Olivenöl
Salz und Pfeffer aus der Mühle

Außerdem:
500 g Steinpilze
300 g Pfifferlinge/Eierschwammerln
300 g vorgekochte, ungesüßte Maronen (Glas, Dose oder Vakuumpack)
1 großer EL Butter oder Butterschmalz
Salz und Pfeffer aus der Mühle

☐ Zwiebeln schälen und in Streifen schneiden, das Fleisch in 5 cm große Würfel schneiden. Öl in einem Schmortopf erhitzen, Fleisch und Zwiebeln darin scharf anbraten, dann mit Mehl stauben und alles gut Farbe nehmen lassen.
☐ Mit dem Rotwein ablöschen, dann die geschälten und halbierten Schalotten sowie die geschälten und halbierten Knoblauchzehen dazugeben. Glace (oder Fond) in 500 ml Wasser auflösen, danach ebenfalls untermischen und das Ragout auf kleiner Flamme 1,5 Stunden leise köcheln lassen, bis das Fleisch ganz zart ist.
☐ Das Fleisch herausnehmen und warm stellen.
☐ Die Sauce einkochen lassen, bis sie eine sirupartige Konsistenz hat, dann die Sauce mit 50–75 g eiskalter Butter montieren und mit Salz und Pfeffer abschmecken.
☐ Zwischenzeitlich in einer beschichteten Pfanne etwas Butter aufschäumen, die Steinpilze, Pfifferlinge und Maronen bei lebhafter Hitze sautieren, danach mit Salz und Pfeffer würzen.
☐ Das Wildschweinfleisch in tiefen, vorgewärmten Tellern anrichten und die Pilz-Maronenmischung dekorativ dazwischen verteilen.
☐ Alles mit reichlich Sauce nappieren und mit getoastetem Baguette auftischen.

Tipp: Das Ragout mit einem Schuss Armagnac verfeinern.

Wildschwein mit Guinness

Für 4 Personen:
1 kg Wildschweinfleisch
3 Schweinsfüße (oder 2 Schweinsfüße und 1 gepökelter Schweineschwanz)
1 l Guinness-Bier
4 mittlere Zwiebeln, fein gehackt
6 Knoblauchzehen, zerdrückt
1 rote Chilischote, entkernt und fein gehackt
1 TL frische Thymianblätter
½ TL Oregano
500 ml Wildfond
1 TL Dijon-Senf
1 EL brauner Rohrzucker
1–2 EL Rotweinessig
Öl zum Anbraten
Salz und Pfeffer aus der Mühle

☐ Das Fleisch sauber parieren, grob würfeln, dann einige Stunden in Guinness einlegen. Fleisch aus der Marinade heben und abtrocknen, Marinade aufheben.
☐ Öl in einem großen Schmortopf erhitzen, gehackte Zwiebeln, Knoblauch, Chili und Thymian darin anschwitzen, bis die Zwiebeln weich sind. Wildschweinfleisch und Schweinsfüße dazugeben und rundherum anbraten, danach mit dem Fond aufgießen und Oregano, Zucker, Rotweinessig sowie den Senf hinzugeben und salzen. 30 Minuten zugedeckt bei milder Hitze schmoren lassen, danach mit dem Bier auffüllen und alles 2 Stunden köcheln, bis das Fleisch weich ist.
☐ Schweinsfüße entfernen und die Sauce abschmecken (wer mag, bindet die Sauce mit etwas angerührter Stärke).
☐ Dazu reicht man gebratene Polenta-Scheiben.

AUS
OMAS KÜCHE

Geschnetzeltes Schweinefleisch mit Gemüse

Für 4–6 Personen:

1 kg in Streifen geschnittenes, eher mageres Schweinefleisch

100–125 g geräucherter Speck

750 ml Fleischbrühe (oder Rindsuppe)

1 große Zwiebel

2–3 Knoblauchzehen

150–200 g Karotten

150–200 g Sellerieknolle

150 g Erbsen (TK-Ware)

1 Lorbeerblatt

1–2 Gewürznelken

200 ml Obers

40–50 g Mehl

4 EL Butterschmalz

Salz und Pfeffer aus der Mühle

gehackte Petersilie als Garnitur

☐ Speck würfeln und zusammen mit dem Fleisch in einem Schmortopf im Butterschmalz anrösten. Wenn das Fleisch hellbraun gebraten ist, herausnehmen und gehackte Zwiebel, gehackten Knoblauch im Bratfett 10 Minuten dünsten.

☐ Fleisch und Speck wieder dazugeben, mit Mehl stauben und auch dieses braun werden lassen.

☐ Brühe angießen, Lorbeer, Nelken, Salz und Pfeffer hinzufügen und alles 45 Minuten bei sanfter Hitze schmoren.

☐ Zwischenzeitlich Karotten und Sellerie putzen, in Streifen schneiden und diese 3 Minuten in Salzwasser blanchieren (das Gemüse muss knackig bleiben). Aufgetaute Erbsen in etwas Butterschmalz garen.

☐ Das Fleisch in eine große Schüssel füllen, mit Gemüse und Erbsen belegen und mit Obers übergossen vermischen. Mit gehackter Petersilie bestreut auftischen.

Holsteiner Sauerfleisch

Für das Sauerfleisch:

2 kg Schweinefleisch vom Bauch oder Nacken (ohne Knochen)

3–4 Schweinsfüße, längs gespalten

3–4 große Zwiebeln

3–4 Karotten

1 TL Wacholderbeeren

½ TL Pimentkörner

½ TL Senfkörner

1 TL Pfefferkörner

6–8 Lorbeerblätter

4 l Wasser, mit 2 l Essig (Weißwein-, Apfel- oder Hesperidenessig sind am besten) vermischt

3–4 EL Zucker

Für die Bratkartoffeln:

4–6 große vorgekochte Kartoffeln (festkochend) – am besten vom Vortag

100 g Räucherspeck

Kümmel und/oder Majoran nach Geschmack

2–3 EL Schweineschmalz

Salz

Außerdem:

Zwiebelringe

Salz- oder Gewürzgurken

Wie der Name schon sagt, stammt das Sauerfleisch aus Schleswig-Holstein. Heute wird es meist aus Schweinenacken (gepökelt oder natur) hergestellt, was den Nachteil hat, dass man Gelatine hinzufügen muss, und das tut dem Geschmack nicht immer gut. Ich nehme daher keine Gelatine, sondern 3–4 gespaltene Schweinsfüße – die sorgen für ein lockeres (nicht schnittfestes!) Gelee und schmecken obendrein ganz vorzüglich.

Vorbemerkung: Man kann gepökeltes oder frisches Fleisch für diese Zubereitung nehmen, ungepökeltes Sauerfleisch wird leicht grau, gepökeltes zart-rosa; wenn das Fleisch mit Gewürzen gepökelt wurde, dann die angegebene Gewürzmenge halbieren, wenn es nur eingesalzen wurde, dann kann man die Gesamtmenge nehmen.

☐ Die Füße mit dem kalten Wasser aufgießen, aufsetzen und zum Kochen bringen.

☐ Nach und nach den aufsteigenden Schaum mit der Schaumkelle entfernen; dann die Füße eine gute Stunde vorkochen. Danach die in grobe Ringe geschnittenen Zwiebeln, die geputzten Karotten, den Essig, Zucker und die Gewürze hinzugeben.

☐ Alles wieder aufkochen lassen (der Sud muss unbedingt kochen, wenn das Fleisch hineinkommt, sonst laugt es aus) und das Fleisch hineingeben. Im Anschluss daran Flüssigkeitsmenge prüfen (das Fleisch sollte knapp bedeckt sein) und danach das Sauerfleisch knapp 2 Stunden bei mittlerer Hitze kochen.

☐ Das Sauerfleisch (samt Füßen) mit einer Kelle herausnehmen, in Scheiben oder Stücke schneiden und in ein irdenes Gefäß füllen; die Schweinsfüße kann man ganz belassen und dazugeben oder auch ausgelöst und in Stücke zerteilt hinzufügen.

☐ Den Sud zunächst durch ein Sieb, dann durch ein Küchentuch seihen. Das Fleisch mit einigen Zwiebelringen, Lorbeerblättern oder auch Gurkenscheiben belegen, dann den gefilterten Sud darübergießen, bis das Fleisch vollständig davon bedeckt ist, dann einige Stunden erkalten lassen.

☐ Das Sauerfleisch mit einem Deckel oder einer Frischhaltefolie verschließen und vor dem Verzehr mindestens 2 Tage im Kühlschrank durchziehen lassen.

☐ Am Tag der Zubereitung die Kartoffeln in Scheiben schneiden.

☐ Speck würfeln, in einer großen Pfanne im Schmalz knusprig werden lassen, dann die Speck-Krusteln aus der Pfanne nehmen und parat halten.

☐ Die Kartoffelscheiben im Fett beidseitig knusprig braun braten (nicht zu dunkel werden lassen und nicht zu oft wenden), dann mit dem Speck bestreuen und nach Geschmack würzen.

☐ Sauerfleisch mit Zwiebelringen und in Streifen geschnittenen Gurken anrichten und zusammen mit den Bratkartoffeln auftischen.

Ostpreußische Dämpfkarbonade

4 doppelte Koteletts oder Scheiben aus der Schweineschulter von jeweils 200–250 g (mit Fett, aber ohne Schwarte)
4 große Zwiebeln
6–8 Pfefferkörner
2 EL getrockneter Majoran
2 TL Kartoffelmehl
2 EL Schmand oder Sauerrahm
Kümmel nach Geschmack
Salz und Pfeffer zum Abschmecken

Außerdem:
Salz- oder Dämpfkartoffeln aus mehligen Kartoffeln
Gewürz- oder Salzgurken

☐ Das Fett der Karbonaden leicht einschneiden, dann die Koteletts in eine große Pfanne geben, etwas Wasser hinzufügen und etwa 15 Minuten lang garen, bis das Wasser verdampft und das Fett etwas ausgelassen ist.

☐ Danach das Fleisch im eigenen Fett beidseitig bräunen lassen (ist das Fleisch sehr mager, muss man etwas Schmalz dazugeben).

☐ Danach die fein gehackten Zwiebeln hinzufügen und ebenfalls Farbe nehmen lassen. So viel Wasser hinzugießen, dass das Fleisch knapp bedeckt ist, dann salzen und Pfefferkörner dazugeben. Einen Deckel auflegen und die Karbonaden – je nach Dicke – 60–90 Minuten gar dämpfen.

☐ Fleisch aus der Sauce nehmen und warm stellen. Die Sauce etwas einkochen lassen, gut verrühren, danach mit Majoran würzen und mit Schmand sowie Kartoffelmehl andicken.

☐ Mit Salz und Pfeffer abschmecken und nach Belieben etwas Kümmel hinzufügen.

☐ Mit mehligen Salzkartoffeln und Gurken auftischen.

Schwarzsauer auf Holsteinische Art

1,5 kg gemischtes Schweinefleisch (Bauch, Pfoten, Halsfleisch und Schnauze)
1,5 l Wurst- oder Schweinsbrühe
600–750 ml Schweineblut
125 ml Weinessig
1 große Zwiebel, mit 1 Lorbeerblatt und 3–4 Nelken gespickt
6 Pimentkörner
Salz und Pfeffer aus der Mühle

☐ Das Fleisch in mundgerechte Stücke schneiden, danach in der Brühe zusammen mit Essig, der gespickten Zwiebel, Piment und Salz zum Kochen bringen.

☐ Bei kleiner Hitze 2 Stunden weich köcheln. Fleisch aus der Brühe nehmen und warm stellen. Brühe abseihen, wieder zum Kochen bringen und das Blut einrühren – zu einer dicken Sauce verkochen, die kräftig mit Salz, Pfeffer und Essig abgeschmeckt wird.

☐ Sauce über das Fleisch gießen und mit Salzkartoffeln auftischen.

Gedünstetes Knoblauchkotelett

Für 2 Personen:
4 größere Koteletts (durchwachsen)
4 Knoblauchzehen
250 ml Schweinsbrühe (evt. etwas mehr)
Mehl zum Wenden
Schmalz oder Butterschmalz
Salz und Pfeffer aus der Mühle

Beilage:
Bratkartoffeln, Salat

☐ Die Koteletts vom Knochen lösen, am Rand leicht einschneiden und klopfen. Knoblauch schälen, 3 Zehen pressen oder mit etwas Salz zerdrücken, restliche Zehe fein blättrig schneiden.

☐ Das Fleisch salzen, pfeffern und mit dem zerdrückten Knoblauch einreiben, danach beidseitig in Mehl wenden.

☐ In einer großen Pfanne die Koteletts in heißem Fett beidseitig scharf anbraten, dann mit einem Schöpfer Brühe ablöschen und auf mittlerer Flamme dünsten, bis die Brühe verkocht ist. Fleisch wenden, erneut Brühe dazugeben und weiterdünsten.

☐ Fleisch unter ständiger Zugabe von wenig(!) Brühe braun dünsten (braisieren), bis es mürbe ist und man einen schönen sämigen Natursaft hat.

☐ Restlichen Knoblauch in etwas Fett bräunen und als Garnitur auf die Koteletts streuen.

Berliner Eisbein mit Erbsenbrei

Für 4 Personen

2 kurz geschnittene, in Salzlake gepökelte hintere Schweinsstelzen (oder 4 vordere Haxen)

2 große Zwiebeln

½ TL Pimentkörner

½ TL Pfefferkörner

4 Lorbeerblätter

75 g Zucker

Für das Erbsenpüree:

400 g getrocknete gelbe Erbsen (ersatzweise grüne nehmen)

1 l Fleisch- oder Geflügelbrühe

2 Zwiebeln

125 g Speck (mager)

3–4 EL Butter

Majoran

Salz und Pfeffer aus der Mühle

Außerdem:

Sauerkraut

Schwarzbrot

Bier und Korn

Eisbein ist eines der ganz typischen Gerichte der Berliner Küche und das zu Recht, denn es wurde hier erfunden. Der Name stammt allerdings nicht von der Zubereitung, sondern vom Schlittschuhlaufen, das in Berlin seit mehr als 300 Jahren beliebt und bekannt ist. Allerdings war bis 1840 der Stahl, aus dem die Kufen hergestellt werden, für die Berliner Bevölkerung unerschwinglich teuer. So hatte ein findiger Tüftler die Idee, aus den sehr harten und widerstandsfähigen Kniebeinknochen des Schweins die Gleitkufen für Schlittschuhe herzustellen – das Eisbein war geboren!
Da die Eisbeine vom Metzger oft sehr salzig sind, sollten diese vor der Zubereitung etwa 1 Stunde in kaltem Wasser gewässert werden.
Besser: Man pökelt das Fleisch selbst ein (siehe Grundrezepte).

Eisbein:

- ☐ Das gewässerte und gewaschene Eisbein in eine große Kasserolle geben, mit Wasser bedecken und aufkochen lassen.
- ☐ Schaum abschöpfen, Hitze zurücknehmen und die grob gewürfelten Zwiebeln samt den vorgesehenen Gewürzen und dem Zucker hinzugeben.
- ☐ Auf kleiner Flamme (etwa 80 °C Wassertemperatur) 3 Stunden kochen.

Erbsenbrei:

- ☐ Die Erbsen am besten über Nacht (sonst mindestens 8–12 Stunden) in reichlich kaltem Wasser einweichen; evt. Schalenreste und dunkle Erbsen entfernen.
- ☐ Die eingeweichten Erbsen abseihen und in der Brühe ca. 1 Stunde kochen, bis sie sehr weich sind.
- ☐ Gekochte Erbsen durch ein Sieb streichen oder mixen. Zwiebeln und Speck fein gewürfelt in der Hälfte der Butter kräftig anschwitzen, dann den Erbsenbrei mit dem Gerösteten, der restlichen Butter, Majoran, Salz und Pfeffer abschmecken.

Anrichten: Am besten auf einer großen Platte die Eisbeine mit gedünstetem Sauerkraut anrichten, den Erbsenbrei separat bereitstellen und zu allem Brot, Bier und Korn (unbedingt Korn!) reichen – der Korn wird dazugetrunken, nicht nachher gekippt.

Variante: Für das beliebte Festessen „Eisbein mit Schweinsbauch" wird ein leicht gepökelter Schweinsbauch (ohne Knochen) auf der Fleischseite mit Thymianblättern und evt. auch etwas gehacktem Knoblauch bestreut, dann von der Längsseite her zu einer Roulade zusammengerollt (Schwartenseite nach außen), festgebunden und zusammen mit dem Eisbein gekocht. In Scheiben aufgeschnitten, wird der Schweinsbauch dann zusammen mit dem Eisbein und den anderen Beilagen aufgetischt.

Hinweis: Statt des Sauerkrauts kann man auch gedünstetes Wirsinggemüse dazu servieren.

Badisches Schäufele auf neue Art

Für 4–6 Personen

1 Schäufele (gepökelte und geräucherte Schweineschulter)

1 große Zwiebel

1 Bouquet garni (2 Lorbeerblätter, 3 Zweige Thymian, 4 Zweige Petersilie)

500 ml trockener Weißwein

50 ml Essig

Für die Sauce:

1 Becher Crème fraîche (etwa 200 ml)

1 Bund Radieschen (oder ½ Rettich-Wurzel)

2 Schalotten

1 Bund Schnittlauch

2–3 EL frisch gerissener Kren

Salz

In meiner Kindheit habe ich oft Schäufele gegessen, immerhin stammte mein Stiefvater aus Baden-Württemberg und war eingefleischter Fan der Badischen Küche. Das Jahr über gab es Schäufele mit Kraut, an Heiligabend auch schon mal mit Kartoffelsalat (außer meine Wiener Mutter konnte sich einmal durchsetzen, dann gab es zu Heiligabend einen „gebacken Fisch"). Ich finde Kraut ja gut, aber immer wieder nur Kraut dann doch fad. Also habe ich nach einer neuen Rezeptur gesucht. Beilagen (außer ofenfrischem Brot und leicht gesalzener Butter) sind hier unpassend, der Geschmack des Fleisches ist dafür jedoch umso intensiver. Wer das Schäufele wie bei Oma haben möchte, der bereite sich einen Kartoffelsalat dazu, der mit dem aromatischen Fleischsud verfeinert wird.

☐ Das Fleisch zusammen mit geschälter und halbierter Zwiebel, Bouquet garni, Wein und Essig in einen ausreichend großen Topf geben.

☐ So viel Wasser (oder noch besser Fleischbrühe [siehe Anhang]) hinzugeben, dass das Fleisch gut bedeckt ist.

☐ Auf den Herd stellen, aufkochen lassen, Hitze zurücknehmen und 2 Stunden knapp unter dem Siedepunkt garen (nicht kochen lassen).

☐ Zwischenzeitlich die Radieschen in Streifen schneiden, Schalotten schälen und fein hacken, Schnittlauch in Röllchen schneiden und alles in einer Schüssel mit Crème fraîche vermengen; Sauce mit Salz und Pfeffer abschmecken.

☐ Die fertige Schulter aus dem Topf nehmen, etwas abkühlen lassen, in Scheiben schneiden und dann entweder warm oder auch gänzlich erkaltet mit der Sauce auftischen. Ich reiche dazu Gewürzgurken und ofenfrisches Bauernbrot.

Münsterländer Pannhas

400 g gute Hausmacher-Leberwurst (grob)

400 g gute Blutwurst

150 g gewürfelter fetter Speck

600 g Buchweizenmehl

4 fein gehackte Zwiebeln

1 großer EL Majoran

½ TL Nelkenpulver

1,5–2 l Fleischbrühe

Salz und Pfeffer aus der Mühle

Schmalz oder Butterschmalz zum Ausbacken

Ein Klassiker der Norddeutschen Hausmannskost!

☐ Den gewürfelten Speck in einer Pfanne auslassen und die Zwiebeln darin andünsten.

☐ Die Haut von den Würsten entfernen, die Wurstmasse in die Pfanne geben und die Fleischbrühe angießen.

☐ Einmal aufkochen lassen, kräftig mit Nelke, Majoran, Salz und Pfeffer abschmecken, dann das Buchweizenmehl unter Rühren einarbeiten und 10 Minuten kochen lassen.

☐ Bei kleiner Hitze 30 Minuten ausquellen lassen, dann in eine Schüssel füllen, glatt streichen und auskühlen lassen.

☐ Auf ein Brett stürzen, in Scheiben schneiden und diese in heißem Butterschmalz beidseitig kräftig bräunen.

☐ Dazu isst man Roggenbrötchen, Bratkartoffeln und/oder geschmorte Rüben – früher gab es auch Schmalzbrot dazu.

Schweinskoteletts mit Knoblauch und gebratenem Rosenkohl

4 möglichst dick geschnittene Schweinskoteletts (mit möglichst dickem Fettrand)
4 Knoblauchzehen
4 EL Butter
2 EL Schweineschmalz
Salz und Pfeffer aus der Mühle

Für den Rosenkohl:
600 g Rosenkohl
2 Schalotten
2 Knoblauchzehen
125–200 g geräucherter Bauchspeck oder italienischer Pancetta
1 Handvoll frisch geriebener Parmesan
Olivenöl oder Schweineschmalz
Salz und Pfeffer aus der Mühle

☐ Die Koteletts abwischen, damit sie ganz trocken sind. Schmalz in einer Grillpfanne erhitzen, bis es raucht, dann die Koteletts (nicht mehr als 2 auf einmal) darin beidseitig scharf anbraten, bis sie eine gute Farbe haben.

☐ Wenn alle 4 Koteletts gebraten sind, diese in eine Auflaufform legen und würzen. Butter aufschäumen lassen, in Scheiben geschnittenen Knoblauch dazugeben und alles über die Koteletts gießen. Im auf 80–100 °C vorgeheizten Ofen ziehen lassen.

☐ Den Speck würfeln und 5–8 Minuten in einer großen Pfanne knusprig werden lassen, dann aus der Pfanne heben und auf Küchenpapier abtropfen. Etwas Öl oder Schweineschmalz zum Bratenfett geben, darin gehackten Knoblauch, Schalotten und den in Blätter zerteilten Rosenkohl 5 Minuten andünsten, bis die Blätter braun zu werden beginnen.

☐ Den Speck zurück in die Pfanne geben und alles mit Salz, Pfeffer und geriebenem Käse würzen.

☐ Rosenkohl auf vier vorgewärmte Teller verteilen und je 1 Kotelett daraufsetzen.

☐ Mit etwas Bratbutter von den Koteletts beträufeln und sofort servieren.

Omas Naturschnitzel

800 g–1 kg Schnitzelfleisch aus der Nuss (sollten 8 Stück von jeweils 100–125 g sein)
kräftige Rindsuppe oder Kalbsfond (man kann auch Schweinsbratensaft nehmen, sofern vorhanden)
Fett zum Braten (am besten Butterschmalz)
2–3 EL Butter für die Sauce
Mehl zum Stauben
Madeira
Salz und weißer Pfeffer aus der Mühle

Meine Wiener Oma hat Naturschnitzel ausschließlich aus der Nuss (man kann aber auch Schale nehmen) zubereitet und stets mit einem guten Schuss Madeira verfeinert – was für Naturschnitzel, besser geht nicht!

☐ Die Schnitzel klopfen, an den Rändern leicht einschneiden, dann mit Salz und weißem Pfeffer würzen. Fett in einer geeigneten Pfanne erhitzen, jeweils zwei Schnitzel darin rasch und sehr scharf auf beiden Seiten anbraten – fertige Schnitzel auf einer vorgewärmten Platte warm halten.
☐ Wenn alle Schnitzel gebraten sind, wird das überschüssige Fett aus der Pfanne abgegossen und ein wenig Butter hineingegeben. Pfannenboden mit ganz wenig Mehl stauben, dieses braun werden lassen.
☐ Mit Madeira und Rindsuppe (bzw. Kalbsfond oder Bratensaft) ablöschen, kurz den Bratenrückstand vom Pfannenboden loskochen, dann die Pfanne vom Herd nehmen und den Saft mit eiskalter Butter (man wird etwa 2–3 EL brauchen) in Flocken binden.
☐ Saft mit Salz und Pfeffer abschmecken und über die Schnitzel gießen.
☐ Dazu reicht man einen Butter- oder Champignonreis und Grünen Salat.

Tipp: Die Sauce mit 2 EL Fleischglace (siehe Grundrezepte) verfeinern.

Böhmische Schwein-Schinken-Schnitzel im Teig

4 Schweinsschnitzel
4–8 große Schinkenscheiben (Prager Schinken oder Beinschinken)
Schmalz oder Öl zum Ausbacken

Für den Teig:
3 Eier
4–5 EL Milch
75 g halbgriffiges Mehl (oder Universalmehl)
Salz

☐ Die Schnitzel am Rand einschneiden, leicht klopfen und mit Schinken belegen – danach zur Hälfte zusammenklappen und mit einem Zahnstocher fixieren.
☐ Eier mit Milch, Mehl und Salz zu einem dicklichen Tropfteig verrühren (ist der Teig zu dick, etwas Milch dazugeben).
☐ Die Schnitzel damit rundherum überziehen und anschließend in nicht zu heißem Fett beidseitig goldbraun ausbacken.
☐ Dazu reicht man ein eher festes Kartoffelpüree.

Variante: Mitunter werden diese Schnitzel zusätzlich mit einem EL Kräutertopfen gefüllt.

Bierfleisch „Böhmischer Braumeister"

800 g Schweinefleisch ohne Schwarte und Knochen (Schulter oder Keule)
2 große Zwiebeln
2 Knoblauchzehen
½–1 TL Kümmel, geschrotet
330 ml Bier
125 g Schmalz
1 EL Mehl
1 große Scheibe Schwarzbrot
abgeriebene Zitronenschale
Salz und Pfeffer aus der Mühle

☐ Das Fleisch in Würfel (ca. 2,5 cm) schneiden, salzen und im Schmalz auf allen Seiten anbraten.
☐ Die fein geschnittenen Zwiebeln dazugeben, etwas Wasser angießen und das Fleisch gar schmoren. Während des Schmorens immer wieder etwas Bier dazugeben.
☐ Das fertige Fleisch herausnehmen, den Saft mit Mehl stauben, bräunen und wieder mit etwas Bier auffüllen.
☐ Nach Bedarf noch etwas Wasser dazugeben, gut verrühren und das geriebene Schwarzbrot, etwas Zitronenabrieb sowie das restliche Bier dazugeben. Langsam zu einer dicken Sauce verkochen lassen.
☐ Die fertige Sauce mit geriebenem Knoblauch und geschrotetem Kümmel abschmecken, dann durch ein Sieb streichen und mit dem Fleisch vermischen.
☐ Dazu passen Semmelknödel oder Böhmische Knödel.

Faschiertes Butterschnitzel vom Schwein

Für 4–6 Portionen:

600–700 g nicht zu mageres Schweinefleisch
4 altbackene Semmeln
Milch oder Obers zum Einweichen
2 Eier
1 große Zwiebel
1–2 Knoblauchzehen
1 EL Majoran
1 gute Prise gemahlener Kümmel
2 EL gehackte Petersilie
Salz und Pfeffer aus der Mühle

Außerdem:
Semmelbrösel nach Bedarf
Butterschmalz und Butter
Schweinsbrühe oder Rindsuppe
Kartoffelpüree und Röstzwiebeln als Beilage

☐ Die Semmeln grob zerteilen und in Milch oder Obers (oder auch Wasser) einweichen.

☐ Zuerst das Fleisch durch den Fleischwolf drehen, danach auch die geschälte und grob gehackte Zwiebel, den Knoblauch und zuletzt die gut ausgedrückten Semmeln.

☐ Die Masse mit Eiern verkneten und nach Geschmack mit Majoran, Kümmel, Pfeffer und Salz würzen – falls die Konsistenz zu dünn ist, etwas Semmelbrösel dazugeben. 6 größere Laibchen aus der Masse formen und diese in Semmelbröseln wenden.

☐ Butterschnitzel in einer großen Pfanne in reichlich Butterschmalz oder Butter bei nicht zu großer Hitze beidseitig bräunen.

☐ Wenn die Laibchen fertig gebraten sind, diese warm stellen; überschüssiges Fett aus der Pfanne abgießen, den Bratensatz mit etwas Brühe oder Suppe ablöschen, zu einem kurzen Saft verkochen und diesen mit etwas eiskalter Butter montieren.

☐ Fleischlaibchen mit Saft auf Tellern anrichten, Püree und Röstzwiebeln dazu reichen – auch eine Salzgurke schmeckt dazu.

Schweinskotelett im Specksafterl

8 Schweinskoteletts von jeweils 150–180 g
250 g durchwachsener Speck
75–100 g Schmalz
2 EL Mehl zum Stauben
500 ml Rindsuppe
2 Zwiebeln
2–3 zerdrückte Knoblauchzehen
Paprikapulver (je nach Geschmack scharf oder mild)
Kümmel
gehackte Petersilie zum Bestreuen
Salz und Pfeffer aus der Mühle

☐ Die Schwarte vom Speck lösen und den Speck in grobe Würfel schneiden. Zwiebeln schälen und sehr fein hacken. Koteletts leicht klopfen, Fettrand einschneiden, danach mit Paprikapulver, Salz und Pfeffer beidseitig einreiben.
☐ Fett in einer geräumigen Pfanne erhitzen,
☐ Koteletts portionsweise (nicht mehr als drei auf einmal) beidseitig scharf anbraten, warm beiseite legen. Den Bratenrückstand etwas entfetten, dann die Speckwürfel darin leicht knusprig braten, Zwiebeln andünsten und mit nicht zu viel Mehl stauben.
☐ So viel Rindsuppe angießen, dass man einen nicht zu dicken, aber molligen Saft erhält, der mit Kümmel und Knoblauch gewürzt wird.
☐ Koteletts darin fertig dünsten, zum Schluss fein gehackte Petersilie darüberstreuen.
☐ Jeweils zwei Koteletts mit der Specksauce auf einem Teller anrichten und servieren. Dazu passen verschiedene Erdäpfelbeilagen.

Tipp: Ich streue über das Ganze gerne eine weich gekochte, gepökelte Schweinszunge, welche in feine Stifte geschnitten worden ist.

Schweinskoteletts mit Senf

4 möglichst dick geschnittene Schweinskoteletts
2 große Zwiebeln
1–1,5 EL scharfer Senf
1 unbehandelte Zitrone
1–2 EL Mehl
75–100 g Schweineschmalz
Salz
fein gehackte Gewürzgurke oder Kapern

☐ Das Fleisch klopfen und am Rand einschneiden, salzen und auf beiden Seiten rasch in heißem Schmalz braten.
☐ Koteletts herausnehmen und die fein geschnittenen Zwiebeln im Bratfett rösten.
☐ Etwas Zitronenabrieb und den Senf hinzufügen, dann die Koteletts zurück in die Pfanne geben und alles eine Weile leise schmoren.
☐ Wenn das Fleisch gar ist, mit Mehl stauben, dieses bräunen, dann etwas Wasser (oder Rindsuppe) angießen und das Fleisch herausnehmen. Sauce gut verrühren, aufkochen, durchseihen und mit Zitronensaft abschmecken – mit gehackten Gurken oder Kapern verfeinert über das Fleisch gießen.
☐ Dazu passt Bauernbrot oder Kartoffeln.

Omilis Schweinefleischbällchen in Rahmsauce

Für 4–6 Personen:

1 kg nicht zu mageres Schweinehackfleisch
200 g festes Kartoffelpüree
4 EL Obers
1 Ei, getrennt
1 Eiweiß
4 Knoblauchzehen
1 EL Kümmel (am besten geschrotet, sonst gemahlenen nehmen)
Cayennepfeffer
2 EL gehackte Petersilie
1 EL Salz
Semmelbrösel bei Bedarf

Außerdem:

500 ml Obers
125 ml Fleischbrühe
2 EL Mehl
Muskatnuss oder auch Piment (frisch gemahlen)
Salz und Pfeffer aus der Mühle
2 EL Butter
2 EL Butterschmalz

☐ Das Hackfleisch in eine Schüssel geben und mit Kartoffelpüree, Obers, 1 Eidotter, zerdrücktem Knoblauch, Kümmel, Cayennepfeffer, Petersilie und Salz vermischen – ist die Masse sehr feucht, eine Handvoll Semmelbrösel dazugeben.

☐ Das Eiweiß zu Schnee schlagen und auf drei Portionen vorsichtig unter die Masse heben, um sie aufzulockern. Aus dem Teig sehr kleine Bällchen formen, diese zugedeckt 60 Minuten kalt stellen.

☐ In einer großen Pfanne 2 EL Butterschmalz erhitzen und die erste Hälfte der Bällchen darin rundherum anbraten, dann herausnehmen und auch die zweite Hälfte braten (wenn man sehr kleine Bällchen hat, wird man sogar drei Durchgänge machen müssen).

☐ Sind alle Bällchen gebraten, das Fett aus der Pfanne abgießen und frische Butter im Bratenfond aufschäumen lassen. Das Mehl in der Butter hellbraun werden lassen, dann das Obers und die Fleischbrühe angießen und zu einer homogenen Sauce verkochen, die mit Muskatnuss, Salz und Pfeffer abgeschmeckt wird. Bällchen wieder in die Sauce legen und auf kleiner Flamme eine gute Stunde garen lassen – immer wieder vorsichtig umrühren.

☐ Mit Kartoffelpüree, Butterreis oder in Butter geschmalzten Eierteigwaren auftischen.

Tipp: Die Sauce kurz vor dem Servieren mit 1–2 EL Fleischglace verbessern.

Grammel-, Fleisch- und Selchfleischknödel

500 g gekochte Erdäpfel (das entspricht ca. 750 g rohen Erdäpfeln)
200 g griffiges Mehl
1 EL Weizengrieß
2 Eidotter
1 gehäufter Kaffeelöffel Schweineschmalz
1 EL Sauerrahm
Muskatnuss
Salz

Eine absolute Leibspeise nicht nur der Wiener, sondern auch der Nieder- und Oberösterreicher! Verschieden gefüllte Erdäpfelknödel sind bis heute in der Wirtshausküche omnipräsent und werden auf viele Arten zubereitet. Unterschiede gibt es hierbei aber nicht nur in Sachen Füllung, sondern auch bei der Größe! Während in Oberösterreich eher kleine Knödel geformt werden (damit man möglichst viele der kulinarischen Kleinode verspeisen kann), so dürfen die Knödel in Niederösterreich und Wien durchaus kapitale Formen annehmen. Hier zuerst einmal die Teigzubereitung (es ist das Rezept, welches meine Oma verwendet hat), die für alle Füllungen verwendet werden kann, danach einige Vorschläge für die Füllung selbst. Serviert werden diese wunderbaren Gaumenkitzler zumeist mit eingebranntem Sauerkraut oder einem Alt-Wiener Weinkraut. Es gibt aber nicht wenige Genießer, die der Ansicht sind, dass man Grammel- oder Fleischknödel nur mit etwas Bratensaft verzehren sollte. Wie dem auch sei, ich denke, dass die Frische von gutem Sauerkraut sehr wohl zu den deftigen Knödeln passt.

☐ Die Erdäpfel in der Schale kochen, schälen, passieren und noch in warmem Zustand mit Ei, Salz, geriebener Muskatnuss, Schmalz, Mehl und Grieß (Menge nach Bedarf) zu einem mittelfesten Teig kneten.
☐ Daraus eine Rolle formen, von der man gleichmäßige Stücke abschneidet.
☐ Diese Stücke in einem Handteller zu kleinen Schüsselchen formen, mit einer Füllung nach Wahl (s. u.) füllen (ca. 1 Kaffeelöffel), den Teig über der Füllung zusammenschlagen und zu Knödeln formen.
☐ In siedendem Salzwasser 15–20 Minuten köcheln lassen.

Fleischfülle: 200–250 g faschiertes Schweinefleisch (eher mager) mit einer fein gewiegten und in Schmalz angerösteten Zwiebel, gehackter Petersilie, Salz und Pfeffer vermischen. Als weitere Gewürze können zerdrückter Knoblauch, Muskat, Piment, Kümmel und/oder anderes dienen.

Bratenfülle: 200–250 g Bratenreste mit einer in Schmalz angerösteten Zwiebel, zerdrücktem Knoblauch (etwa 2 Zehen), im Mörser zerstoßenem Kümmel, gehackter Petersilie und Schnittlauch vermengen, mit Salz und Pfeffer würzen.

Selchfleischfülle: 200–250 g vorgekochtes Selchfleisch faschieren, mit gehackter Petersilie und Schnittlauch vermischen und würzig abschmecken.

Speckfülle: 200–250 g Surspeck sehr klein würfeln, mit scharfem Paprika und Schnittlauch vermischen und zu kleinen Kugeln formen, welche man über Nacht im Kühlschrank fest werden lässt. Diese Kugeln in Teig hüllen und wie gewohnt kochen.

Einfache Grammelfülle: Grammeln grob hacken, salzen und pfeffern, evt. mit gehackter Petersilie und/oder Schnittlauch verfeinern.

Würzige Grammelfülle: 200 g Grammeln trocken rösten, mit in Schmalz gerösteter Zwiebel, gehackter Petersilie und Schnittlauch vermischen. Mit zerdrücktem Knoblauch, Majoran, Kümmel, Salz und Pfeffer würzen. (Hinweis: Die Grammeln können auch grob gehackt oder faschiert werden.)

Wurstzipfelfüllung: 200–250 g Wurstreste (z. B. von Krakauer, Wiener, Extra etc.) einzeln oder gemischt hacken oder faschieren, mit fein gehackter Petersilie vermischen und gut pfeffern.

Woachfleisch

Für 12–15 Portionen:

1 großer Osterschinken oder 1 kg Selchroller
1 kg Selchschopf
2 kg Selchrippchen oder Kaiserfleisch
6 Saumaisen und 6 Selchzungen
Sauerkraut
Salzkartoffeln oder Kartoffelpüree

Unter „a" versteht man in Niederösterreich kein „weichgekochtes", sondern ein „geweihtes" Fleisch, das am Karsamstag vom Pfarrer geweiht und somit zum Osterschinken bzw. Osterschmaus wird. Die Speiseweihe ist nämlich ein Bestandteil der Osternachtsliturgie, die seit dem 7. Jahrhundert von der katholischen Kirche praktiziert wird, ihre Wurzeln hat die Speiseweihe allerdings in archaischen Opfermahlzeiten. Traditionell werden Schinken, Selchschopf oder Osterschinken geweiht, aber auch Kaiserfleisch, Saumaisen und Selchrippchen können dabei sein – am besten ist eine Mischung.

Variante 1:

Sämtliches Fleisch mit Lorbeerblättern in einem großen Topf mit Wasser weich kochen und mit Kraut und Kartoffelbeilage auftischen.

Variante 2:

Eine große Kasserolle mit Schweineschwarten auslegen, darauf einige in Ringe geschnittene Zwiebeln und 1,5 kg Sauerkraut legen, das Fleisch und 6–8 große geschälte Kartoffeln (halbfestkochend) aufs Kraut betten, mit Wacholderbeeren, Kümmel und Lorbeerblättern bestreuen, dann mit weiteren 1,5 kg Sauerkraut abdecken und mit 6 EL zerlassenem Schmalz und 1 l Grünem Veltliner übergießen – am Herd oder im Ofen bei milder Hitze einige Stunden (3–4 sind Minimum) weich dünsten (bei Bedarf Wasser nachfüllen); im Topf auftischen.

Saurer Schweinslungenbraten mit Eiern

Für 4–6 Personen:

ca. 1 kg sauber parierter Schweinslungenbraten (2–3 Stück)
1 Flasche Grüner Veltliner
1 große Zwiebel
1 kleine Zwiebel
3–5 Knoblauchzehen
2–3 Lorbeerblätter
2–3 Thymianzweige
Essig nach Geschmack
2 EL Mehl
2–3 EL Schweineschmalz (oder Butter)
einige Pfefferkörner

Außerdem:
4–6 hartgekochte Eier
kleine Salzkartoffeln („Heurige") oder auch winzig kleine Erdäpfelknödel
Grüner Salat

Hierbei handelt es sich tatsächlich um ein traditionelles Gericht aus der Oma-Küche Niederösterreichs und es ist dort vor allem in der Winzerküche sehr beliebt. Bitte bedenken Sie: Nur ein guter Wein ergibt auch eine gute Sauce!

☐ Aus Weißwein, einem knappen Liter Wasser, 1 geschälten großen Zwiebel (geviertelt), geschälten und mit dem Handballen angedrückten Knoblauchzehen, Lorbeerblättern, Thymianzweigen, einem Schuss Essig sowie ½ EL Salz einen Kochsud herstellen, das sauber parierte Schweinefilet hineinlegen und ungefähr 60–75 Minuten auf mittlerer Hitze gar kochen.
☐ Etwas Schmalz in einer Kasserolle erhitzen, eine kleine, fein gehackte Zwiebel darin goldbraun rösten, mit Mehl stauben und dieses braun werden lassen.
☐ Die Einbrenn mit so viel Kochsud aufgießen, bis man eine sämige, schön mollige Sauce erhalten hat, die man etwas verkochen lässt. Sauce durch ein feines Sieb passieren und mit Essig, Salz und Pfeffer abschmecken – man kann auch mit einem Schuss Obers/Sahne oder Crème fraîche verfeinern.
☐ Das Fleisch in 2 cm dicke Scheiben schneiden, auf einer vorgewärmten Platte anrichten und mit reichlich Sauce übergießen. Geschälte, hart gekochte Eier vierteln und als Garnitur anlegen.
☐ Mit kleinen heurigen Salzkartoffeln oder kleinen Kartoffelknödeln auftischen und denselben Wein dazu trinken, mit dem man auch das Gericht hergestellt hat.

Falsches Ragout • *Ragù finto*

750 g Schweinerippchen oder 500 g Schweinefleischreste
200 g Tomatenmark
100 ml Olivenöl oder Schweineschmalz
200–250 ml Rotwein
Salz

Eine traditionelle Hausmannskost aus der einfachen Küche Neapels, ein Gericht, das beweist, dass man auch aus Resten und einfachen Zutaten durchaus Schmackhaftes zubereiten kann.

☐ Das Fleisch im Fett rundherum knusprig-braun braten, dann herausnehmen und warm halten. Im Bratenfett das Tomatenmark anrösten, nach und nach mit dem Rotwein verdünnen, damit es nicht verbrennt.
☐ Wenn der Rotwein eingearbeitet und die Sauce von dunkler Farbe und sämig ist, wird mit Wasser (nicht zu viel nehmen) aufgegossen und gesalzen. Das Fleisch darin 2–3 Stunden schmoren lassen.
☐ Dazu isst man Teigwaren, Reis oder Brot.

Hinweis: Die Sauce ist bei diesem Gericht sehr zäh-dickflüssig.

Variante: Man kann dieses Ragout auch mit Oregano und/oder Kreuzkümmel verfeinern und ihm durch Chili oder Pfeffer eine pikante Geschmacksrichtung geben; sehr gut schmeckt das Ragout auch, wenn man eine Prise Fenchel mitkocht und eine Handvoll gehackte dunkle Oliven in das fertige Gericht rührt.

Kärntner Selchfleischnudel

Für den Nudelteig:
500 g Mehl
3 Eier
2 EL Öl
ca. 150 ml Wasser (eher weniger)
1 TL Salz

Für die Füllung:
500 g vorgekochtes, eher fetteres Selchfleisch
1 große Zwiebel
1–2 Knoblauchzehen
1 EL Schmalz
fein gehackte frische Kräuter nach Belieben (Majoran, Liebstöckel, Petersilie etc.)
1 Eiweiß
Schwarzbrotbrösel

Außerdem:
gedünstete und anschließend in etwas Speck gebratene Fisolen
alternativ Sauerkraut

Das Besondere an der „Kärntner Nudel" ist die Tatsache, dass ihr Rand „gekrendelt" wird – also so zusammengefaltet, dass er ein ornamentartiges Muster bildet. Früher war es für heiratswillige Frauen Kärntens Pflicht, das Krendeln zu beherrschen, wie folgende Volksweisheit verdeutlicht: „Eine Kärntnerin, die wos net krendeln konn, die kriegt a koan Monn!" In unserer heutigen schnelllebigen Zeit ist das Krendeln – zumindest in der Gasthausküche – aufgrund des Arbeitsaufwandes weitgehend außer Mode gekommen und die Kärntner Nudel wird meist (ähnlich wie Ravioli) ausgeradelt oder mit Hilfe von Formen hergestellt. Das ist auch weiter gar nicht so schlimm, denn das Krendeln ist nicht in allen Teilen Kärntens üblich gewesen und dient einzig und allein optischen Zwecken, weniger dem Geschmack – allerdings beweist das Krendeln, dass die Kärntner Nudel wirklich hausgemacht ist.

☐ Ein Ei trennen und das Eiweiß beiseite legen. Dotter, Eier und alle anderen Teig-Zutaten zusammenmischen und sehr gut durchkneten. Man braucht einen eher festen, geschmeidigen Teig, den man vor dem Füllen 30–60 Minuten in Folie eingeschlagen rasten lässt.
☐ Zwiebel und Knoblauch schälen, feinst hacken und im Schmalz hellbraun rösten; Selchfleisch (es sollte recht fett sein) klein hacken oder faschieren. Beides in einer Schüssel vermengen, abschmecken und mit ca. 1–2 Handvoll Brotbröseln sowie einem Eiweiß binden.
☐ Aus der Füllung walnussgroße Bällchen formen und diese im Kühlschrank (oder in der Tiefkühltruhe) rasten lassen.
☐ Den Teig auf einer bemehlten Unterlage mit einer handbetriebenen Nudelmaschine dünn auswalken.
☐ Die Füllkugeln in einer Reihe mit etwas Abstand auflegen und den Teig – nach Möglichkeit ohne Luft – darüberschlagen. Den Teig an den Kugeln festdrücken und mit einem Teigrad oder Krapfenausstecher die Nudeln halbkreisförmig ausschneiden. (Kärntner Großmütter walken den Teig nicht aus, sondern formen ihn zu einer Rolle, von der sie dünne Scheiben abschneiden, diese im Handteller flach drücken und dann die Füllung einschlagen und die Teigtaschen zu Halbmonden formen.)
☐ Die Ränder fest zusammendrücken und nach Belieben krendeln.
☐ Dabei wird der Teig zwischen Zeigefinger und Daumen zusammengedrückt, in kleinen Abständen nach oben gebogen und so übereinandergefaltet, dass ein wellenförmiges Muster entsteht.
☐ Durch das Krendeln erhält der Rand ein hübsches, ornamentartiges Aussehen.
☐ Die Kärntner Nudeln in nicht zu sehr kochendem Salzwasser etwa 7 Minuten garen, danach mit gebräunter Butter oder heißen Grammeln oder auch heißem Grammelschmalz auftischen.
☐ Original reicht man dazu in Speck gedünstete Fisolen, Sauerkraut oder Saure Rüben, heute auch eine beliebige Kartoffelbeilage wie z. B. Püree.

Bauernschmaus

Im Grunde genommen ist der allseits beliebte Bauernschmaus keine eigenständig zubereitete Speise, sondern eine spezielle Form der Speisenzusammenstellung, genauer: des Anrichtens. Kritiker werden nicht müßig, darauf hinzuweisen, dass es eine opulente Form der Resteverwertung sei, Liebhaber hingegen schwören auf den herzhaften Reichtum an Geschmäckern und die nahezu unwiderstehliche Fleischeslust. Unbestreitbar ist jedoch die Tatsache, dass es sich um eines der beliebtesten und traditionellsten Gerichte der österreichischen Küche handelt.

☐ Der sogenannte Bauernschmaus wird in den (vornehmlich Wiener) Gaststätten folgendermaßen angerichtet: Auf einen großen Teller oder eine ovale Platte wird in der Mitte eine – nicht zu große – Portion eingebranntes (gut abgetropftes) Sauerkraut gelegt, auf das man einen Semmelknödel setzt. Rundherum schichtet man dann jeweils eine Scheibe Schweinsbraten und Geselchtes oder gekochtes Selchkarree an.
☐ Dazu kommen, je nach persönlichem Gusto, gebratene Würstchen (meist Wiener oder Bratwürste) und/oder knusprig gebratene Speckscheiben. Eine Schweineschwarte, die ein wenig kross gebraten ist, krönt den Semmelknödel.
☐ Das Ganze wird vor dem Servieren mit Bratensaft oder Bratenfett beträufelt und mit eingelegten Gürkchen ausgarniert.

Tagliatelle mit Wurstbrät, Wein und Zimt
Tagliatelle con salsicce, malvasia e cannella

500 g frische Tagliatelle
4 Salsicce
200–250 ml Malvasia-Wein
Olivenöl extravergine oder Butter
Zimt
Pfeffer aus der Mühle

Auf den ersten Blick eine ungewöhnliche Kombination, aber Liebe auf den ersten Biss! Es ist ein ganz traditionelles Oma-Gericht aus Triest, dem Karst und dem angrenzenden Slowenien.

☐ Die Salsicce häuten und mit einer Gabel zerdrücken. Öl oder Butter in einer Pfanne erhitzen und das Wurstbrät darin einige Minuten anbraten, dabei ständig rühren.
☐ Mit Wein aufgießen und diesen unter Rühren beinahe verkochen lassen, dann die Sauce kräftig mit Zimt würzen. Noch etwas Wein dazugeben und die Sauce simmern lassen.
☐ Zwischenzeitlich die Tagliatelle in Salzwasser vorgaren (nicht vollends fertig garen!), abtropfen lassen und in die Sauce geben, worin man sie noch 1–2 Minuten nachgaren lässt.
☐ Abschmecken und heiß auftischen.

Tipp: Besonders gut schmeckt dieses Pastagericht auch mit hausgemachten Bigoli; alternativ kann man das Wurstbrät auch in Butter braten, mit Weißwein kochen und anschließend mit zerdrücktem Knoblauch, Rosmarin, Salbei und evt. einer Prise Muskatnuss würzen.

Schweinswürste in Käse-Weißweinsauce
Salsiccia in salsa bianca

800 g ital. Salsicce oder frische Schweinsbratwürste (vorzugsweise hausgemacht, siehe Anhang)
200 ml Fleischbrühe (siehe Anhang)
200 ml trockener Weißwein guter Qualität
1 TL Fenchelsamen
2–3 EL Grana Padano

☐ Die Würste mehrmals einstechen, dann mit Fleischbrühe, Wein, Fenchel und Käse in einen Topf geben und ohne Deckel bei Mittelhitze 20–25 Minuten garen – Würste ab und zu wenden.

☐ Wenn die Sauce schön eingedickt ist, das Ganze heiß (vorzugsweise mit cremiger Polenta) auftischen.

Schweinekoteletts in Polentabrühe
Costine di maiale cotte nel brodo di polenta

Für 4–6 Personen:

4–6 dickere Schweinskoteletts (zusammen etwa 1,5 kg), natur oder zart gepökelt
ca. 150 g gelbe Polenta (grob gemahlen)
4–6 Knoblauchzehen, grob gehackt
5–6 frische Salbeiblätter, leicht mit den Fingern zerzupft
1 großer Rosmarinzweig
1–2 Lorbeerblätter
250–300 ml frische Vollmilch
250–300 ml kräftige Fleischbrühe (bei Bedarf etwas mehr)
200 ml trockener Weißwein (vorzugsweise Tocai Friulano oder Ribolla Gialla)
125 g Butter

Meersalz und Pfeffer aus der Mühle
evt. geriebener alter Montasio-Käse

Eines der schönsten Gerichte, die ich von meiner lieben italienischen Nachbarin Enza im Friaul bekommen habe. Man kann es mit naturbelassenen Koteletts zubereiten oder mit zuvor in Salz trocken eingepökelten Koteletts – dann bleiben diese schön rosa.

☐ Butter in einer großen Kasserolle (vorzugsweise aus Gusseisen oder Emaille) schmelzen lassen, dann die gesalzenen Koteletts portionsweise darin scharf anbraten, bis sie gut gebräunt sind.

☐ Wenn alle Koteletts gebräunt sind, diese allesamt in die Kasserolle geben und mit gehacktem Knoblauch, Salbei, Lorbeer und Rosmarin bestreuen. Mit dem Weißwein ablöschen, bei Mittelhitze 10 Minuten köcheln lassen, bis der Wein nahezu verdampft ist – dabei das Fleisch mehrmals wenden.

☐ Zwischenzeitlich die Milch mit der Brühe und der Polenta vermischen, diese Mischung in die Kasserolle gießen, den größten Teil davon unter die Koteletts schieben und dabei mit dem Bratensaft vermengen; salzen und pfeffern. Einen Deckel auflegen und das Ganze im 150–160 °C heißen Ofen 45 Minuten garen – zweimal nachsehen, ob Brühe nachgegossen werden muss.

☐ Die Polenta ist fertig, wenn sie gut aufgequollen ist, sie sollte dabei cremigdicklich wie eine Sauce sein.

☐ Vor dem Auftischen Lorbeerblätter, Rosmarinzweig und große Salbeiblätter entfernen.

Variante: Statt mit Schweinskoteletts kann man das Gericht auch sehr gut mit dicker geschnittenen Schopfschnitzeln zubereiten.

Koteletts mit Äpfeln
Côtes de porc à la normande

Für 3–6 Personen:

6 dicke Schweinskoteletts (je ca. 200 g schwer)
500 g Äpfel (zum Kochen geeignet)
300 ml Crème double oder Obers
1 guter Schuss Calvados (oder Saft von 1 Zitrone)
4 EL Butter
Salz und Pfeffer aus der Mühle

☐ Die Butter auf mittlerer Flamme schmelzen, die Koteletts darin sanft braten, bis sie leicht gebräunt und gar sind – zugedeckt in Herdnähe warm stellen.

☐ Die Äpfel entkernen und in Scheiben schneiden (wer mag, schält die Äpfel zusätzlich), in der Kotelettpfanne weich dünsten (die Äpfel sollten möglichst ganz bleiben und nicht zerfallen).

☐ Wenn die Äpfel fast weich sind, mit Calvados ablöschen und anschließend dekorativ auf die Koteletts schichten (dachziegelartig).

☐ Die Hitze erhöhen und die Sahne zum Bratensatz gießen, aufkochen lassen und um ein Drittel reduzieren (wenn man keinen Calvados verwendet hat, gibt man jetzt etwas Zitronensaft dazu).

☐ Sauce nach Geschmack salzen und pfeffern. Jeweils ein oder zwei Koteletts auf einem Teller anrichten und mit reichlich Sauce auftischen – dazu gibt es ofenfrisches Weißbrot zum Dippen der wunderbaren Sauce.

Schweinskoteletts mit Schinken und Käse
Côtes de porc savoyardes

6 Schweinskoteletts (je ca. 200 g)
6 nicht zu dicke Scheiben gekochter Schinken
12 Lorbeerblätter (wenn möglich frisch, nicht getrocknet)
2 EL gehackter Salbei (unbedingt frischen Salbei verwenden!)
150–200 g geriebener Gruyère
4–6 EL Butter
Pfeffer aus der Mühle

☐ Den Backofen auf 200 °C vorheizen.

☐ Die Butter auf mittlerer Flamme erhitzen und die Koteletts darin auf jeder Seite 2–3 Minuten garen.

☐ Koteletts aus der Pfanne nehmen und den Bratensaft in eine ofenfeste Form (die ausreichend groß ist, um die Koteletts zu fassen) umfüllen.

☐ Die Form mit Lorbeerblättern auslegen und die Koteletts darauf betten.

☐ Koteletts mit Schinkenscheiben belegen und diese mit dem Salbei bestreuen. Reichlich Käse (Menge nach persönlichem Geschmack) darüberstreuen und das Ganze ca. 20 Minuten im Ofen gratinieren, bis der Käse appetitlich goldbraun ist. Mit Pfeffer bestreut auftischen.

☐ Einen kühlen Rosè und Weißbrot dazu reichen.

Elsässisches Sauerkraut • *Sürkrüt*

Für 6–8 Personen:

2 kg Sauerkraut
1 Flasche guter Riesling (vorzugsweise Elsässer)
3 große Zwiebeln
4 Knoblauchzehen
2 Lorbeerblätter
12–24 Wacholderbeeren
1 TL Kümmel (nach Belieben)
2–3 Gewürznelken
1 TL Pfefferkörner
4–6 EL Gänseschmalz (ersatzweise Schweineschmalz)
Salz

Fleisch und Wurst:

1 kg Schäufele (geräucherte Schweineschulter)
500 g Räucherspeck
500 g gesalzener (ungeräucherter) Speck (Herstellung siehe Anhang)
2 Schweineschwänze oder 500–750 g Schweinehals
4 Paar große Knackwürste (vorzugsweise der Sorte Saucisses de Strasbourg)
4 Paar andere geräucherte Würste wie z. B. Wienerle, Frankfurter, Hiriwurscht etc.

Außerdem:

1 kg Kartoffeln
für ein besonderes Gelage auch noch 4 Paar Bratwürste (die werden aber separat in Schmalz gebraten und nur mitsamt dem Kraut und den restlichen Zutaten aufgetischt)

Das Sauerkraut ist für die Elsässer nicht nur heilig, sondern ein ausgesprochenes Heimatessen, das fast immer auch „zu Hause" genossen wird, denn – und da sind sich fast alle Elsässer einig – das beste Sauerkraut macht die Oma. Kaum ein Elsässer käme daher auf die Idee, sein Nationalgericht in einem Restaurant zu essen – nicht einmal im besten, das er kennt. Denn das Abfälligste, was ein Elsässer über sein Sauerkraut sagen kann, ist: „Choucroutes de restaurants."
Aber das Sürkrüt ist noch mehr als ein winterlicher Festschmaus, der an die Opulenz vergangener Tage erinnert, denn es fördert das gesellige Beisammensein und bildet eine perfekte Grundlage für einige Flaschen elsässischen Riesling oder Crémant; die gehören nämlich unbedingt dazu (wer keinen Wein mag, darf sich auch ein Bier dazu einschenken).

☐ Das Sauerkraut fest ausdrücken oder – wenn es milder sein soll – zweimal unter fließendem Kaltwasser waschen (das Waschen befürworte ich persönlich nicht). Zwiebeln schälen und in feine Ringe schneiden, Knoblauch schälen und grob hacken.
☐ In einem großen gusseisernen Topf zunächst die Zwiebelringe in Schmalz andünsten, bis sie anfangen, Farbe anzunehmen. Dann die Hälfte des Sauerkrauts in den Topf geben. Speck, Fleisch (Schäufele), Schwänzchen (oder Hals) sowie die vorgesehenen Gewürze (Lorbeerblätter, Wacholderbeeren, Kümmel, Nelken, Pfefferkörner) darauf verteilen. Dann den Rest des Sauerkrauts oben draufgeben und das Ganze mit dem Riesling übergießen.
☐ Zudecken und gut 2 Stunden auf mäßig heißer Herdplatte garen – hin und wieder prüfen, ob genügend Flüssigkeit im Topf ist (bei Bedarf etwas Wasser, Brühe oder Riesling nachgeben). Jetzt kommt das Entscheidende für die Qualität: Am Ende der Garzeit sollte sich das Sauerkraut am Boden der Kasserolle rostrot färben – das darf aber erst ganz am Ende der Garzeit passieren. Der Elsässer sagt dazu: Das Sauerkraut ist gut, wenn der Fuchs seinen Schwanz durchgezogen hat.
☐ Etwa 30 Minuten vor Ende der Garzeit kommen die geschälten Kartoffeln zum Kraut (sind die Kartoffeln sehr groß, dann schon etwas früher); etwa eine Viertelstunde vor Ende der Garzeit auch die kleinen Würste (Wienerle, Hiriwurst etc.) hinzugeben.
☐ Die *Saucisses de Strasbourg* (oder Knackwürste) separat in Wasser sieden oder nach 60 Minuten Garzeit auf das Kraut legen.
☐ Das Sauerkraut auf einer großen Platte anrichten. Speck und Fleisch in Scheiben geschnitten darauflegen, mit Kartoffeln und Wurstwaren umkränzen und den bereits sehnsüchtig wartenden Gästen servieren.

Variante: Wer es sich etwas einfacher machen will, der schiebt die gefüllte Kasserolle ins Rohr und gart das „Sürkrüt" ca. 2 Stunden im 170 °C heißen Backofen.

Gefüllter Saumagen • *G'fellte Söimawe*

Für 4–6 Personen:

1 gesäuberter, küchenfertiger Saumagen (beim Metzger vorbestellen)
500 g mageres Schweinehackfleisch
500 g eher fettes Schweinehackfleisch
250 g Kartoffeln
100 g Räucherspeck oder Pancetta (ohne Schwarte)
3 große Bio-Eier
4 Zwiebeln
4 Knoblauchzehen
2 Karotten
1 Stange Sellerie
4 Zweige Thymian (oder auch Bohnenkraut)
frisch geriebene Muskatnuss
1 Bund Petersilie
Salz und Pfeffer aus der Mühle
Butterschmalz und Butter zum Braten der Füllung

Außerdem:
400 ml Sylvaner oder Riesling
4 EL Schweineschmalz
1 großer EL Mehl
Salz und Pfeffer

Der gefüllte Saumagen ist als sogenannter „Pfälzer Saumagen" durch niemand Geringeren als den deutschen Altkanzler Helmut Kohl weltberühmt geworden, denn dieser lud seinerzeit Michael Gorbatschow zu diesem deftigen Mahl, um die deutsche Wiedervereinigung zu besiegeln. Auch wenn die Pfälzer diese Spezialität gerne auf ihre Fahnen schreiben, so ist der gefüllte Saumagen bereits in mittelalterlichen Kochbüchern des Elsass beschrieben und auch im alten Rom kannte man ähnliche Rezepturen. Es gibt unzählige Varianten dieses Klassikers, hier meine Version:

☐ Den Saumagen innen und außen mit grobem Salz abreiben, dies ein wenig einziehen lassen, danach den Saumagen gut unter kaltem Wasser spülen.
☐ Kartoffeln und Gemüse schälen bzw. putzen und klein schneiden. Zwiebeln und Knoblauch schälen und fein hacken; Petersilie fein wiegen.
☐ Die beiden Hackfleischsorten mit gewürfelten Kartoffeln, Karotten- und Selleriewürfeln, gehackten Zwiebeln, Knoblauch und Petersilie vermischen, gut salzen und zart pfeffern.
☐ Räucherspeck sehr klein würfeln und in 1 EL Butterschmalz sowie 1 EL Butter knusprig braten. Speckgrammeln aus der Pfanne heben und parat halten. Im Bratfett nun die Füllung 20–25 Minuten eher dünsten als braten, dann mit abgezupftem Thymian und frisch geriebenem Muskat abschmecken. Füllung abkühlen lassen.
☐ Eier mit einer Gabel locker verschlagen, dann unter die abgekühlte Füllung mischen. Alles in den gesäuberten Saumagen füllen und diesen mit einer starken Nadel (am besten mit einer Spicknadel) zunähen.
☐ Den gefüllten Magen auf kleiner Flamme in einem Bräter mit Schweineschmalz langsam rundherum anbraten lassen, aufpassen, dass der Magen nicht platzt, daher geringe Hitze wählen).
☐ Dann Wein und etwa 500 ml Wasser (oder Schweinefleischbrühe – siehe Anhang) angießen und die Kasserolle in den 140 °C heißen Ofen schieben. Zugedeckt 2,5–3 Stunden langsam schmoren lassen.
☐ Saumagen aus der Kasserolle heben, in Alufolie wickeln und im warmen Ofen parat halten. Sauce aufkochen lassen und mit Mehl, das mit etwas Wein glatt gerührt wurde, abbinden – mit Salz und Pfeffer abschmecken (ich gebe noch einen Schuss Essig dazu). Saumagen in Scheiben aufgeschnitten und mit etwas Sauce nappiert auftischen.
☐ Ich reiche nur einen Grünen Salat dazu, aber auch Bratkartoffeln passen ausgezeichnet.

Hinweis: Besonders liebe ich getrüffelten Saumagen, dafür einfach den Sellerie weglassen und durch 1 mittelgroße, gut gesäuberte und klein gewürfelte schwarze Trüffel ersetzen.

Gekochtes Schweinefleisch Triestiner Art

Für 8 Personen:

1 Bahn Schweinsrippchen
500 g geräucherter Bauchspeck (Pancetta), im Ganzen
500 g frisches Bauchfleisch
4 Krainer Würste
2 Cotechini (Schlackwürste), ca. 400–500 g
1,5 kg frische Schweinsschulter, in zwei Stücken
2 halbierte Schweinsschnauzen oder 4 Schweinszungen (gepökelt)
4–8 Wiener Würstchen

Außerdem:
Sauerkraut (sehr weich gekocht)
geröstete Kartoffeln
Senf, frisch gerissener Kren

Das in Triest beheimatete Buffet „da Pepi" ist berühmt für diese Spezialität. Das Besondere daran ist eigentlich nur, dass verschiedene Fleischteile gepökelt und ungepökelt zusammen mit Würsten gekocht werden. Dazu gibt es Sauerkraut, das mit der Kochbrühe vom Vortag zubereitet wurde, und geröstete Kartoffeln.

☐ In einem großen Topf Wasser aufkochen, dann Rippchen, Pancetta, Bauchfleisch und Krainer- Würste hinzufügen.
☐ Aufkochen lassen, dann Schweinsschulter, Cotechini und halbierte Schnauzen hineingeben.
☐ Alles auf kleinster Flamme ca. 2 Stunden köcheln lassen, bis alle Zutaten schön weich sind. Kurz vor Ende die Würstchen 5 Minuten mitgaren lassen.
☐ Alles Fleisch in Scheiben schneiden und mit Sauerkraut, Kartoffeln, Senf und Kren auftischen.

Gebackene Schweinsfledermaus

Pro Person:

2–3 Stück Schweinsfledermaus
1–2 Eier
1 guter Schuss Obers
Mehl zum Wenden
Semmelbrösel nach Bedarf
Muskatnuss, frisch gerieben
Pfeffer aus der Mühle
feines Meersalz

Butter– oder Schweineschmalz zum Ausbacken

Die „Fledermaus" ist ein besonders zartes und saftiges Teilstück vom Kreuzbein und bildet meiner Meinung nach – aufgrund dessen, dass es gut durchzogen ist – das beste Schweinsschnitzelfleisch, das man sich wünschen kann:

☐ Das Fleisch zart klopfen, dann mit Muskatnuss, Pfeffer und Salz würzen. Eier aufschlagen und mit etwas Obers verrühren.
☐ Das Fleisch beidseitig in Mehl wenden, überschüssiges Mehl abschütteln, dann die Fleischscheiben durch die Eier-Mischung ziehen und anschließend in den Semmelbröseln wenden.
☐ Schmalz erhitzen und die Schnitzel bei nicht zu starker Hitze beidseitig langsam goldbraun ausbacken.
☐ Auf Küchenpapier abtropfen lassen und mit einem Grünen Salat auftischen.

Gebackenes Schweinsschnitzel „Wiener Art"

Nirgendwo sonst gelangte das Schnitzel zu solch kulinarischen Ehren wie in Wien. Allerdings wurde und wird dieser Inkarnation des Ausbackens bis heute nahezu jeden Tag auf der ganzen Welt (ja, der ganzen, da nehme ich Wien nicht aus) auf zum Teil fürchterlichste Art und Weise Gewalt angetan, denn in viel zu vielen Lokalen wird der richtigen Zubereitung heute leider keine große Aufmerksamkeit mehr zuteil. Das arme Durchschnittsschnitzel wird im American-Fast-Food-Style ratzfatz zubereitet: eine Scheibe Fleisch wird möglichst platt geklopft (damit es nach mehr aussieht), mehliert, geeiert, gebröselt und dann geht's schon ab in das brodelnd heiße Fritter-Fett. Einmal wenden, kurz abtropfen lassen und zusammen mit Bergen von Pommes und Seen aus Ketchup raus zum Gast – sind wir bei MCSchnitzel oder was?
Schnitzel ist nicht gleich Schnitzel, das gilt für Schweinswiener genauso wie für die originalen vom Kalb. Doch dass es auch bei der Panier größere und kleinere Unterschiede gibt, das merkt nur ein eingefleischter Schnitzel-*Aficionado*! Wohlgeschmack, Qualität und Güte hängen nämlich nicht nur von der Fleischqualität, sondern auch vom Kunsthandwerk des „Schnitzelpanier- und Ausbackmeisters" ab. Dieser ist verantwortlich dafür, ob das Ganze wie ein trostloses, trauriges und vorher selbstverständlich gründlich zu Tode geklopftes Stück Fleisch in einem faltigen und unansehnlichen Fleischfutteral daherkommt, oder doch als ein kulinarischer Höhenflug aus saftig-zartem Fleisch in einer vollendet knusprig-soufflierten Panier.
Schnitzel ja, bitte(!), immer gerne – doch bitte nicht aus der Friteuse, wenn geht! Ein wohliges Bad aus samtigem Butter- oder Schweineschmalz muss es schon sein, und das zärtliche Schunkeln, als ob man eine Babywiege hin und her bewegt, sollte bei seiner Zubereitung auch nicht gefehlt haben. Pommes sind zu anderen Gerichten gut, Wiener Schnitzel bitte immer mit Erdäpfelsalat aus Kipflern oder einem Grünen Salat … und mit etwas gebackener Petersilie, einem Zitronenschnitz und einer in Sardellenringerl eingerollten Kaper, wenn's keine Mühen macht …!
Eines vorweg: Schnitzel werden in Ei gewendet, und zwar ausschließlich darin; so verlangt es das Schnitzel-Schulbuch, weil die Panier auf diese Weise besser souffliert. Wichtiger erscheinen mir aber die Proportionen zwischen Fleisch und Panier, denn wenn das Fleisch zu dünn geschnitten ist, wird die Panier geschmacklich zu dominant und man hat eine gefüllte Mehlspeise und kein Schnitzel vor sich.

Für 4 Portionen nehme man ca. 1 kg Schnitzelfleisch aus Nuss oder Schale (manche nehmen Karree, das ist aber zu mager und daher nicht schmackhaft)
3–4 Eier (von hoffentlich glücklichen Hühnern)
glattes Mehl
feinste Semmelbrösel (wenn geht, selbst gemahlene – und nicht zu fein mahlen, das macht die Panier hart und fest)
reichlich Schweine- oder Butterschmalz
Salz

☐ Die vorzugsweise aus der Nuss (meine Oma ihrerseits bevorzugte allerdings die Schale) halbfingerdick(!) geschnittenen Schnitzel werden nicht geklopft, sondern nur sanft mit dem Handballen plattiert (ACHTUNG: Optimal ist eine Fleischdicke von 0,8 cm) und anschließend leicht gesalzen. Übrigens: Perfekt ist, wer einen Schmetterlingsschnitt zustande bringt, d. h. die erste Tranche wird nicht vollends vom Fleischstück abgetrennt, sondern erst die zweite. Die zwei zusammenhängenden Fleischteile aufklappen, so erhält man ein doppeltes Schnitzel von rund 200–250 g.
☐ In drei tiefen Tellern oder Schüsseln bereitet man nun separat das Mehl, die mit einer Gabel leicht versprudelten Eier (nicht mit einem Schneebesen oder Mixer verquirlen, denn dadurch gelangt zu viel Luft ins Ei und das verhindert ein perfektes Soufflieren) sowie die Semmelbrösel vor.
☐ Währenddessen reichlich Schweineschmalz in einer ausreichend großen Pfanne erhitzen – und zwar so viel, dass das Schnitzel schwimmen kann (ist zu wenig Fett in der Pfanne, soufflieren die Schnitzel nicht richtig und saufen sich zudem mit Fett an).

□ Nun das erste Schnitzel nehmen und in Mehl wenden, überschüssiges Mehl abklopfen und das Schnitzel im versprudelten Ei rundherum anfeuchten. Mit einer Gabel herausheben und in die Semmelbrösel tauchen. Sorgfältig panieren, die Brösel aber nicht zu stark andrücken!

□ Das Schnitzel möglichst rasch ins Fettbad tauchen und unter sanftem Wiegen der Pfanne – das Schnitzel sollte in Bewegung bleiben – ausbacken. Dabei darf weder mit einer Gabel in das Fleisch gestochen werden, noch darf das Schnitzel den Pfannenrand oder ein anderes Schnitzel berühren. Wenn die Unterseite goldbraun gebacken ist, wird mit Hilfe zweier Holzlöffel gewendet und auch die zweite Seite goldbraun gebacken, dabei wird weiter geschwenkt, sodass das heiße Fett auch über die bereits gebackene Seite schwappt.

□ Die Hitze darf während des gesamten Vorganges niemals zu hoch steigen, sonst verbrennt die Panier oder das Fleisch wird nicht richtig gar; ist die Temperatur zu niedrig, wird die Panier fettig und labbrig. Im Idealfall wird die Panier goldbraun und knusprig und hebt sich stellenweise vom Fleisch ab – das nennt man „Fliegende Panier" (die Panier sollte sich aber nur stellenweise vom Fleisch lösen, nicht komplett, wie das in einer Friteuse meist der Fall ist).

□ Wenn man richtig gearbeitet hat, so wird man nun das erste goldbraun gebackene Kunstwerk aus der Pfanne heben können, welches man zunächst auf einem Gitter abtropfen lässt, danach mit Küchenkrepp oder Löschpapier abtupft.

□ Für das nächste Exemplar sollte man als Erstes das Schmalz wechseln. Jedes Schnitzel sollte nur im eigenen Backschmalz ausgebacken werden! Als Beilage eignet sich am besten ein Grüner Salat, zur Garnitur sollte man Zitronenschnitze, kurz im Schmalz frittierte Petersilie und eine in ein Sardellenfilet eingewickelte Kaper verwenden.

Hinweis: Neben dem Schweinswiener gibt es in Wien das sogenannte Surschnitzel, für welches das Fleisch zuvor in einer Pökellake mit Gewürzen (nach Belieben z. B. Knoblauch, Lorbeer, Wacholder, Piment etc.) gesurt wurde. Danach paniert man es wie oben beschrieben und bäckt es in heißem Schmalz aus.

Tipp: Wer ein besonders saftiges Stück Fleisch möchte, der schneide etwa 1–1,5 cm dicke Schnitzel vom Schopf (oder Surschopf), paniere diese und backe sie langsam in Schweineschmalz aus. Besonders köstlich werden diese Schopfschnitzel, wenn man sie vor dem Panieren mit zerdrücktem Knoblauch einreibt oder über Nacht mit Trüffel-Carpaccio (aus dem Glas) mariniert!

Variante: Manche Wiener mögen es, wenn man nach dem Wenden des Schnitzels ein Stück Butter zum Schmalz gibt, was der Panier einen angenehmen, leicht nussigen Geschmack verleiht. Natürlich muss auch hier bei jedem Schnitzel das Schmalz-Buttergemisch gewechselt werden. Für ein sogenanntes Bauern-Cordonbleu wird ein doppeltes Schnitzel mit Selchspeck (oder Selchschopf), geschnittenem Emmentaler, Zwiebeln und Paprikastreifen gefüllt – dann paniert und gebacken (Hinweis: Mitunter wird für ein Bauern-Cordonbleu auch faschiertes Schweinefleisch gewürzt, zu Laibchen geformt und mit Schinken und Käse gefüllt paniert).

DAS „GASTHAUS ZUR ALTEN MAUTH“ UND DER SAUTANZ

Heute ist er selten geworden, der Sautanz, denn auch im Burgenland feiert man kaum mehr das traditionelle Schachtfest, das in der pannonischen Region liebevoll „Sautanz" genannt wird. Dass dieses Fest „Sautanz" genannt wird, hat einen guten Grund: Fleischessen war für die Bauern früher keine alltägliche Sache und somit wurde der Schlachttag zum Festtag erkoren, an dem Musik aufspielte und nach der harten Arbeit getanzt und gefeiert wurde – also nicht der Tanz um das goldene Kalb, sondern um das wertvolle Schwein, dessen Schinken und Speck Kraft für die harte Feldarbeit im Sommer geben mussten.
Traditionell wurde in der kalten Jahreszeit geschlachtet, weil da die kühlen Temperaturen für eine problemlose Weiterverarbeitung und längere Haltbarkeit des Fleisches sorgten. Nieren, Herz und Lunge wurden meist zur Jause am Vormittag gleich genossen, dazu gab es das sogenannte „Bluttommerl" (auch „Blutsterz" genannt) aus dem restlichen Schweineblut, das man nicht für die Würste brauchte. Es wurden Breinwürste, Blutwürste, Leberwürste, Sulzen, Speck und Schinken hergestellt und die gesamte Nachbarschaft half mit. Und immer wieder gab es zwischendurch eine kräftigende Stärkung in Form von Schnaps, Bier, kleinen Schmankerln u. v. m. So ein Sautanz dauerte den ganzen Tag und nicht selten wurde bis tief in die Nacht gefeiert. Die sogenannte Bräsuppe – das ist die Brühe, welche beim Weichkochen der Schwarten (für die Sulz) und dem Garen der Blut- und Leberwürste entsteht – wurde schließlich an die Ärmsten im Dorf verschenkt, damit auch diese eine kräftigende Mahlzeit in der kalten Jahreszeit genießen konnten.

Heute wird der Sautanz nur mehr selten gefeiert. Schuld daran sind viele Umstände: Einerseits ist das deftige Essen nicht mehr modern, andererseits mussten viele Bauernhöfe aufgrund von gesetzlichen Vorschriften das Hausschlachten aufgeben. Daher kann man eigentlich nur mehr bei ganz wenigen Gastronomen und Direktvermarktern das Erlebnis „Sautanz" kennenlernen.
Küchenmeister Gerhard Windholz von der Alten Mauth in Neusiedl/See im schönen Burgenland ist so ein Traditionalist, der (auf Vorbestellung) gerne so ein Schlachtfest veranstaltet. Das Besondere daran ist, dass die Schweine für den Sautanz aus eigener Zucht stammen, denn Gerhard Windholz ist nicht nur Gastronom, sondern auch begeisterter Züchter von original pannonischen Mangalitzaschweinen. Somit hat der Gast hier die einmalige – um nicht zu sagen: einzigartige – Gelegenheit, nicht nur traditionelle Originalgerichte zu verkosten, sondern er kann sich auch noch den Wohlgeschmack des Pannonischen Mangalitzaschweins auf der Zunge zergehen lassen.
Gerhard Windholz war so freundlich und hat für uns – speziell für dieses Buch – einen solchen Sautanz organisiert und so bekamen wir Einblicke in die (seltene) Opulenz vergangener Tage. Ein solches Schlachtfest beginnt traditionell mit dem Blutsterz, gerösteter Leber (Stichleber), Nieren mit Hirn und/oder gerösteten Nieren, danach gibt es den gekochten Sauschädel (ich liebe den gekochten Saurüssel mit frisch gerissenem Kren ganz besonders!), Brat-, Blut- und Leberwürste, schließlich Sautanzsuppe mit Teigwaren, gekochte Ripperln mit Gemüse und Brioche-Serviettenknödeln und als krönenden Abschluss gebackene Mangalitza-Koteletts mit Wurstfülle (übrigens: Bis heute ist es auch bei burgenländischen Hochzeiten Brauch, etwas „Gekochtes" und etwas „Gebackenes" aufzutischen). Wer nach all der Völlerei noch Platz für etwas „Süßes" aufbringen kann, der labt sich noch an den Kardinalschnitten, denn auch für die ist die „Alte Mauth" weit über die Grenzen hinaus berühmt.

Hier nun eine kleine Auswahl an typischen Sautanz-Rezepten von Gerhard Windholz aus dem Gasthaus zur Alten Mauth – bei so einem Windholz'schen Sautanz gibt es übrigens nicht eine Auswahl der unten stehenden Rezepte, sondern ALLE DIESE und noch ein paar mehr, denn ein traditioneller Sautanz beginnt nicht mit dem Sauschädelessen, sondern, wie oben bereits angesprochen, mit einer Auswahl an frisch zubereiteten Innereien-Gerichten. Und natürlich sind folgenden Gerichte nicht ganz die, welche von den früheren Bauern gekocht wurden, sondern Interpretationen von Gerhard Windholz – dennoch handelt es sich um sehr regionaltypische Rezepte, die den echten pannonischen Geschmack vermitteln.

Gekochter Sauschädel mit Blut- und Leberwürsten aus dem Kessel

1 Mangalitza-Schauschädel, küchenfertig vorbereitet
einige hausgemachte Blutwürste
einige hausgemachte Leberwürste
einige hausgemachte Weiß- oder Bratwürste
reichlich frisch gerissener Kren
hausgemachter Senf
Salz
frisches Bauernbrot

Wie eingangs schon erwähnt, verarbeitet Gerhard Windholz ausschließlich seine eigenen Mangalitza-Schweine, aus denen er wunderbare Blut-, Leber-, Weiß- und Bratwürste herzustellen weiß. Eine besondere Delikatesse ist übrigens der Mangalitza-Leberkäse, aber das ist eine andere Geschichte. Gekochten Sauschädel isst man in weiten Teilen Österreichs und Deutschlands übrigens auch am Neujahrstag – als Glücksbringer für das neue Jahr und auch als „Katerkiller" nach der langen Silvesternacht (allerdings wird der Sauschädel dann mit Wurzelgemüse, Zwiebeln und Gewürzen gekocht).

Gerhard Windholz ist im Besitz eines alten pannonischen Dreifußes, so wie er früher von den Rinder- und Schweinehirten für die Zubereitung von „Gulasch" benutzt wurde. Dieser Dreifuß – im Hof des Gasthauses aufgestellt – sorgt nicht nur für Romantik und authentisches Flair, sondern auch für Geselligkeit und „Zusammensitzen" rund um eine Feuerstelle, so wie in vergangenen Tagen. Auch ein Erlebnis, das heute (leider) selten geworden ist.

☐ Zunächst wird der küchenfertig geputzte und evt. halbierte Sauschädel im Kessel mit reichlich zart gesalzenem Wasser weich gekocht, dann kommen – kurz bevor der Sauschädel gar ist – reichlich frisch zubereitete, hausgemachte Blut-, Leber- und Bratwürste (Brat=Wurstbrät) in den Kessel und werden mitsamt dem Kopf gekocht.
☐ Alles zusammen auf großen Platten angerichtet auftischen, dazu reicht man Schüsseln voll frisch geriebenem Kren, Senf, frisches Bauernbrot, Bier und evt. auch schon ein Schnäpschen.

Klachlsuppe • Schweinshax'n-Suppe

1,5–2 kg frische Schweinshaxen (vordere Füße, hintere Füße, vordere Stelzen und evt. auch hintere Stelze)

250 g Schweineschwarte ohne Fett

1,5–2 l Wasser

400 g Suppengemüse (Karotte, Sellerie, Petersilienwurzel)

1–2 große Zwiebeln

2 Knoblauchzehen, zerdrückt

2 Lorbeerblätter (nach Belieben)

1–2 TL Kümmelsamen, im Mörser zerstoßen

1 gute Prise Majoran

1 Krenwurzel

Essig

50–75 g Schweineschmalz

50 g Mehl

Salz und Pfeffer aus der Mühle

Dies ist einer der ganz großen Traditionsgerichte und vor allem typisch für die Steiermark, aber auch im Burgenland weit verbreite. Unter dem Begriff „Klachl" versteht man aber nicht, wie man glauben könnte, die Schweinsfüße oder –haxen aus der die Suppe zubereitet wird. Klachl bedeutet vielmehr soviel wie baumeln, schlenkern und klappern und unter einem Klachl wird neben dem Glockenschwengel, plumpen Menschen, einem schlechten Kerl oder auch dem Penis vor allem ein spezieller Sprudellöffel verstanden. Man findet dieses Traditionsgericht, das früher meist nur zu Schlachtfesten gereicht wurde, bis heute in fast allen guten Gasthäusern der Steiermark und des Burgenland – von ganz urigen Versionen bis hin zu eleganten Abwandlungen. Früher war die Beilage zur Klachlsuppe ein Kraft spendender Heidensterz (Buchweizensterz) , heute zieht man geröstetes Schwarz- oder Bauernbrot vor.

☐ Schweinsfüße und -haxen vom Fleischer in dicke Scheiben schneiden lassen. Fleisch kalt abspülen und gründlich von allen evt. vorhandenen Knochensplittern befreien.

☐ Einen Topf mit 1,5–2 Litern Wasser aufsetzen, Fleisch, grob zerteilte Schwarten, geputztes Suppengrün, geschälter und grob gehackter Zwiebel, Knoblauch, Lorbeerblättern und einer ordentlichen Prise Salz aufsetzen. Aufkochen lassen, Hitze zurücknehmen und das Fleisch bei milder Hitze in mindestens 2 Stunden weich kochen.

☐ Fleisch aus der Suppe nehmen und die Brühe durch ein Sieb seihen. Das Fleisch wieder in die Suppe geben, auf milder Flamme belassen und die Suppe mit Majoran, Kümmel, Pfeffer aus der Mühle und Salz würzen.

☐ Zwischenzeitlich aus Schmalz und Mehl eine helle Einbrenn herstellen, mit einigen Schöpflöffeln Suppen ablöschen und verkochen lassen.

☐ Das Fleisch in 6–8 Suppenteller verteilen, die verbliebene Brühe zur Suppe geben.

☐ Suppe noch 2 Minuten köcheln lassen, währenddessen das Fleisch mit Essig, Pfeffer, Salz und viel frisch gerissenem Kren würzen.

☐ Fleisch auftischen, die Suppe in einem großen Kessel extra dazu servieren.

☐ Dazu reicht man im Ofen geröstete Brotscheiben oder folgenden Sterz:

Variante: die fertige Suppe nicht mit einer Einbrenn, sondern mit 250 ml Sauerrahm, der mit 1–2 EL Mehr wurde vermischen und dann noch einige Minuten leise köcheln lassen, bis die Suppe schön gebunden ist

Ripperlsuppe mit Teigwaren

2–2,5 l Wasser
2 kg frische Mangalitza-Ripperln
500 g Petersilienwurzel, geputzt und grob geschnitten
500 g Karotten, geputzt und grob geschnitten
500 g Sellerieknolle, geputzt und grob geschnitten
3 scharfe Paprikaschoten
1 Zwiebel, geschält
2 Knoblauchzehen
½ TL Pfefferkörner
4 EL Salz

Außerdem:
250 g Teigwaren (am besten hausgemachte dünne Bandnudeln)

☐ Aus allen Zutaten auf Mittelhitze eine klare Suppe kochen, bis Fleisch und Gemüse gar sind.
☐ Beliebige Teigwaren (Nudeln) separat bissfest kochen und nur die klare Suppe (evt. mit etwas Gemüse) mit den Teigwaren als Einlage servieren.

Die Ripperln und das Gemüse isst man im Anschluss an die Suppe mit „Füllung" und Paradeissauce.

Gekochte Mangalitza-Ripperln mit Gemüse, Brioche-Serviettenknödeln, Paradeissauce und „Füllung"

Ripperln, aus welchen man die Suppe zubereitet hat
Gemüse, mit welchem die Suppe zubereitet wurde

Für die Paradeissauce:

2 kg schieres Fruchtfleisch von reifen Paradeisern
300 g Zwiebeln
150 g Karotten
150 g Sellerieknolle
3 Lorbeerblätter
300 g Paradeismark
100 ml Rapsöl (vorzugsweise burgenländisches)
Rindsuppe oder Gemüsefond nach Bedarf
10 Pfefferkörner
Zucker nach Geschmack
Salz und Pfeffer aus der Mühle
Stärkemehl zum Abbinden

Für die Brioche-Serviettenknödel:

150 g Brioche
2 frische Bio-Eier
2 hartgekochte Eier
1 kleine Zwiebel
30 g Pilze
30 g Petersilie, fein gehackt
Majoran
Salz und Pfeffer aus der Mühle

Für die Füllung:

3 Semmeln, altbacken
1 kleine Zwiebel
2 hartgekochte Eier
2 frische Eier
30 g Hühnerleber
30 g Pilze
50 g Petersilie, fein gehackt
Rapsöl
Majoran
Salz und Pfeffer aus der Mühle

Zubereitung der Paradeissauce:

☐ Paradeiser-Fruchtfleisch hacken und mit dem geputzten und grob geschnittenen Gemüse sowie Lorbeerblättern und Pfefferkörnern in Öl anrösten, dann das Paradeismark dazugeben, kurz mitrösten und alles mit Suppe aufgießen, bis es gut bedeckt ist. Sauce langsam einkochen lassen, bis sie dickflüssig ist. Lorbeerblätter und Pfefferkörner entfernen.

☐ Sauce durch die Flotte Lotte passieren, nochmals aufkochen, mit Zucker, Salz und Pfeffer abschmecken und mit etwas angerührter Stärke binden.

Zubereitung der Brioche-Serviettenknödel:

☐ Zwiebel fein hacken und im Rapsöl andünsten. Kleingeschnittene Pilze dazugeben, mitrösten, dann mit Majoran, Salz und Pfeffer würzen.

☐ Hartgekochte Eier fein hacken und die Brioche fein schneiden, beides in eine Schüssel geben und mit dem erkalteten Zwiebel-Pilz-Gemisch vermengen. Gehackte Petersilie untermengen und die frisch aufgeschlagenen Eier einarbeiten – ist die Masse zu fest, etwas Milch oder Obers dazugeben.

☐ Cellofanfolie mit Öl bestreichen, Knödelmasse darauf verteilen, zu einer Rolle formen, Enden gut abbinden und in siedendem Wasser gar ziehen lassen.

Zubereitung der „Füllung":

☐ Zwiebel fein hacken und in etwas Rapsöl andünsten, die klein geschnittene Leber und die gehackten Pilze dazugeben und mitrösten – mit Majoran, Salz und Pfeffer würzen und die gehackten hartgekochten Eier untermengen, dann auskühlen lassen.

☐ Semmeln fein schneiden, mit etwas Wasser befeuchten und mit dem kalten Ragout vermengen. Eier aufschlagen und unter die Masse mischen.

☐ Cellophanfolie mit Öl bestreichen, Füllung darauf verteilen, zu einer Rolle formen, Enden gut abbinden und in heißem Wasser gar ziehen lassen.

Auftischen:

Die fertig vorbereiteten Rippchen werden mit dem Gemüse auf Platten angerichtet aufgetischt, dazu reicht man die Paradeissauce in einer Extraschüssel, die Brioche-Serviettenknödel werden aufgeschnitten auf einer Platte serviert, ebenso die Füllung – und dann wird nach Herzenslust geschlemmt, was der Magen fassen kann!

Mit Wurstbrät gefüllte Mangalitza-Koteletts

8 Koteletts vom Mangalitza-Schwein

8 große EL Wurstbrät (man kann Bratwurstbrät, Weißwurstbrät oder auch Blutwurst nehmen)

Mehl zum Wenden

3–4 Eier

Semmelbrösel zum Panieren

reichlich Mangalitza-Schweineschmalz zum Ausbacken

☐ In die Koteletts von der Fleischseite her eine Tasche einschneiden und diese mit jeweils einem EL Wurstbrät füllen.

☐ Mit Zahnstochern verschließen, dann die Koteletts in Mehl wenden, durch verquirltes Ei ziehen und in den Semmelbröseln panieren.

☐ In reichlich Schweineschmalz schwimmend beidseitig goldbraun ausbacken;

☐ Koteletts auf Küchenpapier abtropfen lassen und auf einer Platte angerichtet auftischen.

SAUGUT: DIE GROSSEN BRATEN

Jungschweinsbraten mit Laugenfülle im Schweinsnetz

gut 1 kg Jungschweinsbraten
1 Schweinsnetz (in lauwarmem Wasser gewässert)
Knoblauch, gepresst
Kümmel, gemahlen
Pfeffer aus der Mühle
Salz
1 Flasche dunkles Bier
Schweineschmalz

Für die Fülle:

4 Laugenbrezeln
100 g Wurzelgemüse
200 ml Milch
6 Eier
Eierspeise (Rührei) aus 3 Eiern (sehr weich gehalten)
40 g Butter
2–3 EL Petersilie, gehackt
1 EL Rosmarin, gehackt
Kümmel
Pfeffer aus der Mühle
Salz

Beilage:

in Butter geschwenkte (vorgekochte) Kohlsprossen, mit Kümmel, Zucker und Salz gewürz

Unter Jungschweinernem versteht man kein Fleisch von „jungen Schweinen", sondern einen Karree-Braten mit Schwarte.
Dieses schöne Rezept stammt von Martin Mehler (Gasthaus Mehler Wien).

☐ Zunächst die Füllung vorbereiten: Dafür die Laugenbrezeln in 2 cm große Würfel schneiden; geputztes Wurzelgemüse in Streifen schneiden und in Butter dünsten, dann abkühlen lassen.

☐ 6 Eier öffnen und kräftig aufschlagen. Laugenbrezeln mit Milch, Gemüse, Eierspeise, Rosmarin, Petersilie, Kümmel, Pfeffer und Salz vermischen, dann das aufgeschlagene Ei vorsichtig einarbeiten.

☐ Das Fleisch der Länge nach aufschneiden und auf 1,5 cm Dicke ausklopfen, danach auf der Innenseite mit den Gewürzen einreiben. Fleisch mit der Schwarte nach unten auf das Schweinsnetz legen, die Füllung auf das untere Drittel aufbringen, danach fest einrollen.

☐ Braten im 180 °C heißen Rohr 1,5 Stunden braten, dann wenden und mit etwas Bier übergießen. Hitze zurücknehmen und bei 130 °C noch eine gute halbe Stunde fertig garen. Braten aus dem Rohr nehmen und rasten lassen.

☐ Für den Saft den Bratensatz mit Bier löschen, etwas Schweineschmalz dazugeben und aufkochen lassen – mit Wasser verdünnen und abschmecken.

☐ Braten aufschneiden und mit Saft sowie Kohlsprossen angerichtet auftischen.

Berner Schweinsbraten mit Safransauce

1,2–1,5 kg ausgelöste Schulter, Schopf oder Karreebraten (ich bevorzuge Schopf)
1 in Scheiben geschnittener Schweinsfuß
500 ml Schweinsbrühe (oder Rindsuppe)
300–400 g Suppengemüse (Karotte, Sellerie, Petersilienwurzel, Lauch)
1 große Zwiebel
2 Lorbeerblätter
3–4 Gewürznelken
1 Prise Safranfäden
1 EL fein gehackter Liebstöckel
Prise Zucker
1–2 TL Rotweinessig
125 g Crème fraîche
2–3 EL Butterschmalz
Salz und Pfeffer aus der Mühle

Im Kanton Wallis wird seit je her Safran von erlesener Qualität angebaut und geerntet, kein Wunder also, dass er hier auch in der Küche eine bedeutende Rolle spielt. Mit dem Safran muss man allerdings vorsichtig sein, denn nimmt man zu wenig, schmeckt er nach gar nichts, nimmt man jedoch zu viel, schmeckt er nach Medizin!

☐ Fleisch rundherum mit Salz und Pfeffer würzen, Gemüse putzen und grob hacken, Zwiebel schälen und mit Lorbeeren sowie Nelken spicken.
☐ Butterschmalz in einer Kasserolle erhitzen, das Fleisch darin rundherum anbraten, Schweinsfuß, Gemüse und Zwiebel dazugeben, alles durchrösten, dann mit der Hälfte der Brühe untergießen und im 220 °C heißen Ofen 15–20 Minuten braten. Dann Hitze auf 180 °C zurückdrehen und weitere 20 Minuten braten. Zwischenzeitlich die restliche Brühe aufkochen, vom Herd nehmen, mit Liebstöckel und Safran würzen und 15–20 Minuten ziehen lassen. Alles zum Braten gießen, Deckel auflegen und weitere 60 Minuten schmoren lassen.
☐ Fleisch aus dem Bräter nehmen und in Folie gewickelt 10 Minuten rasten lassen.
☐ Bratenfond durch ein Sieb seihen, entfetten und auf dem Herd etwas reduzieren.
☐ Dann Saft vom Herd nehmen und die Crème fraîche mit einem Schneebesen einarbeiten. Sauce mit Essig, Zucker, Salz und Pfeffer abschmecken.
☐ Braten in Scheiben schneiden und mit der Sauce überzogen auftischen. Böhmische Knödel oder Teigwaren passen gut dazu.

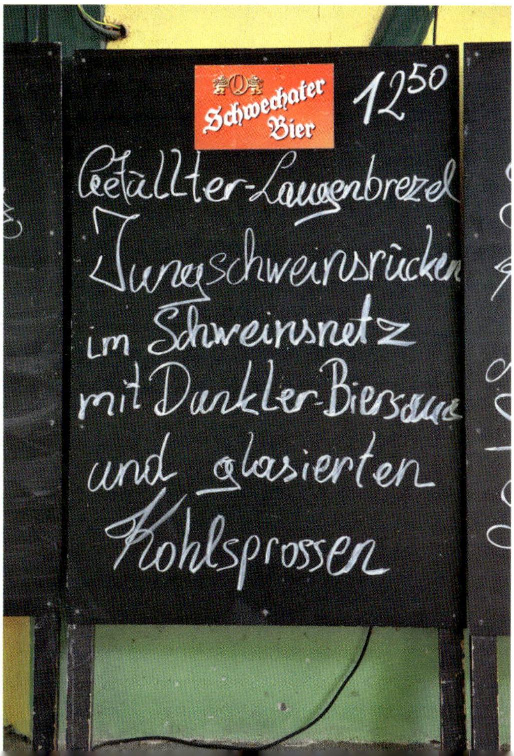

Kümmelbraten auf meine Art

Für 6–8 Personen:

2–2,5 kg schön gewachsenes Bauchfleisch (für weniger lohnt sich's nicht)

1,5–2 kg fleischige Schweinsknochen

2 Knollen(!) Knoblauch (eher mehr)

mindestens 12 Schalotten (ersatzweise 4–6 Zwiebeln)

5 Lorbeerblätter

500 g Schmalz

hochwertigster Weißwein-Essig (man kann auch einen sehr reschen Wein nehmen, doch ich habe mit Essig hervorragende Erfahrungen gemacht)

4–5 EL Kümmel

grobes und feines Meersalz

Für dieses Lieblingsessen vieler Wiener gibt es wahrscheinlich genauso viele Rezepturen wie Köche. Dabei stehen alle vor ein und demselben Problem: Wie bekomme ich einen saftigen, würzigen Braten und eine resche, knusprige Schwarte, die kracht!? Oftmals ist die Schwarte super knusprig, dafür aber der Braten trocken. Ein anderes Mal hat man zwar einen saftigen Braten, dafür aber eine gummiartige Schwarte. Ganz schlimm sind die Schwarten, welche steinhart sind und von denen gar nicht mehr abgebissen werden kann! Ein anderes Problem haben viele Hausfrauen (und Köche) damit, dass sie meist viel zu wenig Saft für die vorgesehenen Portionen haben und dann – oh Graus!!! – zur Industrieware greifen müssen und ihr Tagwerk mit einem Schlag vernichten!
Da ich glaube, einen ganz brauchbaren Schweinsbraten hinzukriegen – und das ohne modernen Schnickschnack wie Vakuumbeutel, Dampfgarer, Umluft-Firlefanz und sonstiges Pipapo, sondern mit ganz traditionellem Handwerk –, erlaube ich mir an dieser Stelle, meine Version des Kümmelbratens anzugeben. Der Braten wird zart und saftig sein, dazu eine mehr als überzeugende Schwarte aufweisen und man hat zusätzlich genügend aromatischen Saft – Genießerherz, was willst du mehr?

☐ Einen größeren Topf oder eine weite Bratpfanne (das Fleisch sollte flach aufliegen können) etwa 2–3 cm hoch mit Wasser füllen, dann Lorbeerblätter, etwas Essig, 6–8 grob gehackte Knoblauchzehen (geschält), 1 EL Kümmel und 1 EL grobes Meersalz hineingeben. Alles aufkochen lassen und 10 Minuten durchkochen. Das Fleisch mit der Schwarte nach unten in den aromatischen Sud geben und darin 20 Minuten dünsten lassen (aufpassen, dass es sich nicht anlegt). Fleisch aus der Pfanne heben, die Schwarte sollte nun so weich sein, dass sie leicht geschröpft (eingeschnitten) werden kann. Bitte sorgsam schröpfen, die Schwarte muss gut durchtrennt sein, das Fleisch sollte aber nicht verletzt werden.

☐ Das Fleisch rundherum kräftig mit feinem Meersalz, Kümmel und zerdrücktem Knoblauch einreiben – und ich meine ausschließlich das Fleisch, denn die Schwarte bleibt ungewürzt!!! Auf der Schwarte verbrennt der Knoblauch ohnehin nur, wird bitter und verhindert zudem eine perfekte Knusperkruste. Dafür wird die Schwarte mit feinem und grobem Meersalz gewürzt – und das nicht zu sparsam. Das Salz vor allem auch zwischen die Einschnitte drücken, denn nur Fett, Salz und entsprechende Hitze ergeben eine schöne Schwarte (also: keinen Knoblauch und keinen Kümmel auf die Schwarte).

☐ Eine ofenfeste Bratrein mit Schmalz ausstreichen und mit der Hälfte der Knochen auslegen. Das Fleisch auf die Knochen betten und gerade einmal so viel Wasser einfüllen, dass der Boden gut bedeckt ist, das Fleisch aber trocken bleibt. Jetzt den Kümmelbraten zunächst einmal 2,5–3 Stunden im Ofen bei 140 °C braten, dann Hitze höher drehen und fertig braten. Zum Überkrusten für eine schöne Schwarte braucht es mindesten 240 °C Oberhitze (ich arbeite mit 260–280 °C), aber aufpassen, dass die Schwarte nicht verbrennt (ein Schweinsbraten will und darf nie allein gelassen werden!) – wenn man alles richtig gemacht hat, so wird sich die goldgelbe Schwarte beim Überkrusten aufblähen, dabei aber weder aufplatzen, noch trocken oder gar steinhart werden.

☐ Inzwischen hat man die restlichen Knochen in einer großen und schweren Pfanne in reichlich Schmalz geröstet. Und ich meine wirklich geröstet und nicht verbrannt (bis die Knochen auf guter Hitze fertig sind, das dauert schon so seine guten 20 Minuten). Nun kommen geschälte und grob gehackte Schalotten (bzw. Zwiebeln) dazu und werden ebenfalls braun geröstet (hier meine ich langsam braun geröstet und ebenfalls nicht verbrannt oder geschwärzt!). Noch Kümmel und reichlich grob gehackten Knoblauch dazugeben, nur ein-, zweimal kurz durchschwenken (damit der Knoblauch nicht bitter wird) und dann mit dem durchpassierten Sud (von der Schwarte) aufgießen und – je nach Intensität des Sudes – vielleicht auch noch mit ein wenig Essig. Man wird sicherlich noch Wasser hinzugeben müssen, dann lässt man das Ganze auf kleiner Flamme vor sich hinköcheln. Wenn die Bratenrein im Ofen Flüssigkeit braucht, gießt man einfach von dem Fond aus der Pfanne etwas in die Bratrein (auch das muss ständig kontrolliert werden).

☐ Wenn der Kümmelbraten seine letzte Ehrung – also das Überkrusten – erfährt, wird er auf einen Gitterrost gelegt und – wie oben beschrieben – bei extrem starker Hitze überkrustet, bis die Schwarte kracht (Achtung: Die Schwarte braucht etwa 10–20 Minuten, bis sie knusprig-knackig ist, danach verbrennt sie aber sehr schnell!); erst danach mit gehacktem frischem Knoblauch und grob gehacktem Kümmelsamen bestreuen.

☐ Den Inhalt aus der Bratenrein mit dem restlichen Pfannen-Inhalt vermischen, frisches Wasser dazugeben und aufkochen lassen. Mit 1–2 EL Schmalz anreichern und kräftig einkochen. Alles durch ein Spitzsieb passieren, Knochen, Zwiebeln und Knoblauch dabei kräftig auspressen, damit keine wertvollen Aromen verloren gehen (die super-saftig-aromatischen Knochen dürfen ausschließlich vom Koch abgenagt werden!). Den Saft mit einem Schuss Essig (nur wenn notwendig), Salz und evt. Pfeffer abschmecken.

☐ Kümmelbraten in nicht zu dünne Tranchen schneiden und auf Tellern oder Platten angerichtet mit dem perfekt zubereiteten Saft servieren. Dazu reiche ich einen warmen Grammel-Krautsalat oder kalten Speck-Krautsalat und leicht gebähtes Schwarzbrot (der Saft ist derart pipifein, dass ich ihn lieber mit Brot denn mit irgendwelchen Knödeln – die natürlich auch passen würden – aufdippe).

Tipp: Wer eine gebundene Sauce bevorzugt, kann den Saft mit etwas angerührter Stärke abbinden, auch eine Kugel aus mit Mehl verknetetem Schmalz, welche man im Saft verkochen lässt, kann verwendet werden. Ich bevorzuge aber das feine Natursafterl!

Hinweis: Man muss bei dieser Zubereitung wirklich sorgsam arbeiten, sonst wird das nichts! Fehler können zum Beispiel beim Anrösten der Zwiebeln passieren, welche nicht verbrennen dürfen, da sie sonst bitter schmecken. Dafür müssen die Knochen gut durchgebraten sein, sonst hat man keinen aromatischen Bratensaft. Aber wenn Sie dem Rezept folgen, kann eigentlich nicht viel schiefgehen – Guten Appetit!

Gepökelter Schinken

1 gepökelter Schinken im Ganzen (ca. 8 kg) oder 3 kg Pökelschinken-Braten am Stück

250–300 g frisches Wiesenheu oder 3 l trockener Cidre

1 Bouquet garni (Lorbeer, Petersilie, Thymian)

12 Wacholderbeeren (nach Belieben)

Außerdem:

300 g Semmelbrösel

75 g Rohrzucker

1,5 EL Dijon-Senf

½ TL Nelkenpulver oder Thymian

Im Grunde genommen kann man hierfür jeden gepökelten (aber nicht geräucherten) Schinken nehmen, am besten überhaupt einen selbst gepökelten (siehe Anhang). Seit dem 17. Jahrhundert wird empfohlen, den Schinken mit Heu zu garen, weil ihn dies besonders zart machen würde. Diese These lässt sich zwar nicht beweisen, aber Tatsache ist, dass das Heu dem Schinken eine besondere geschmackliche Note verleiht. Alternativ kann man den Schinken auch in Cidre oder Wein kochen.

Ich habe eine ganz eigene Rezeptur, denn ich koche den gepökelten Schinken zusammen mit getrockneten Feigen und Lorbeerblättern (je 6–8 Feigen und 6–8 Lorbeerblätter pro Kilogramm Fleisch), das gibt ihm ein ganz spezielles Aroma. Der fertig gekochte Schinken wird dann entschwartet, die Fettschicht rautenförmig eingeschnitten, gesalzen und mit Honig bestrichen und anschließend im Ofen überkrustet.

Den fertig gegarten Schinken kann man ebenfalls mannigfaltig weiterverarbeiten. Klassisch wäre es z. B., den gekochten Schinken zu entschwarten, in Semmelbröseln zu wälzen, aufzuschneiden und zusammen mit einer Madeirasauce und glasiertem Gemüse aufzutischen – das macht man z. B. mit dem berühmten York-Schinken so.

Soll der Schinken kalt serviert werden, so lässt man ihn in der Kochflüssigkeit abkühlen und schneidet ihn dann direkt (wie Beinschinken) vom Knochen.

Ich überkruste den gekochten Schinken gerne mit Honig, Senf und Kräutern. Im Übrigen ist es vorteilhaft, den Schinken im Ganzen zu kochen (ohne Beckenknochen), man kann aber auch große Bratenstücke so zubereiten.

- Den Schinken über Nacht in kaltem Wasser wässern, Wasser zweimal tauschen, wenn möglich. Dann den Schinken in einen ausreichend großen Topf geben, mit Wasser bedecken, aufkochen und anschließend das gesamte Wasser abgießen.
- Aromen hinzufügen und wieder mit frischem Wasser bedecken, aufkochen lassen, Hitze zurücknehmen und den Schinken bei 80–85 °C Wassertemperatur gar ziehen lassen (Dauer mit Knochen 20–25 Minuten pro 500 g Fleisch, ohne Knochen ca. 15 Minuten pro 500 g Fleisch).
- Das fertige Fleisch in der Brühe leicht abkühlen lassen, dann herausnehmen und nur die Schwarte (nicht das Fett) entfernen. Fett vorsichtig rautenförmig einschneiden und mit Senf bestreichen. Semmelbrösel mit Nelke oder Thymian und Zucker vermengen, dann das komplette Fett damit überziehen.
- Schinken im 180 °C heißen Rohr etwa 30 Minuten braten, bis er goldbraun ist. Heiß oder kalt auftischen.

Variante: Für traditionellen York-Schinken einfach den Schinken (im Ganzen) in Wasser gar ziehen lassen, entschwarten, in Semmelbröseln wälzen und mit Madeirasauce (Sauce Demi-Glace mit reichlich Madeira verfeinert) auftischen – in Butter glasiertes Gemüse als Beilage reichen.

Gebratenes Schweinsbrüsterl mit Semmelfülle

1,5–2 kg Schweinsbrust oder Bauchfleisch
5–6 Semmeln
4–5 Eier
wenig Milch
60–75 g Butter
70 g Fett
gehackte Petersilie
Kümmel
Salz und Pfeffer aus der Mühle
Brühe

☐ Eine Tasche in die Schweinsbrust einarbeiten und die Schwarte schröpfen, das Fleisch gut salzen.
☐ Semmeln in Würfel schneiden, mit wenig Milch übergießen und mit der zerlassenen Butter, Eiern, gehackter Petersilie, Salz und Pfeffer vermischen, evt. etwas gemahlenen Kümmel oder Majoran dazugeben.
☐ Die Fülle in die vorbereitete Tasche einfüllen, Öffnung mit Küchengarn zunähen.
☐ Schweinsbrüsterl in eine gefettete Bratform mit etwas Brühe setzen und mit Kümmel bestreuen. Im heißen Rohr unter Begießen braten. Die letzte halbe Stunde die Schwarte bei Oberhitze knusprig braun werden lassen.
☐ Schweinsbrust aufgeschnitten mit eingebranntem Sauerkraut, Paradeiskraut, Paprikakraut oder Speck-Krautsalat auftischen.

Variante: Man kann das Schweinsbrüstl auch auf reichlich geschnittenes Gemüse (Zwiebeln, Karotten, Gelbe Rüben, Sellerie, Petersilienwurzel, Knoblauchzehen) setzen, 500 ml Weißbier angießen, das Fleisch bei 120–140 °C 4 Stunden vorgaren und anschließend überkrusten – so erhält man eine schmackhafte Gemüsebeilage.

Hinweis: In weiten Teilen Österreichs werden mit der oben angegebenen Semmelfülle (mitunter durch Speckwürfel, Schweinsleber, Faschiertes, Wurstbrät, Obers, Knoblauch, frisch gehackte Kräuter u. a. m. angereichert) ganze Spanferkel oder auch Spanferkelhälften gefüllt und in großen Öfen (meist Brotbacköfen) zu herrlichen **„Gefüllten Spanferkeln"** gebraten.

Rezeptfoto: siehe Coverbild

Schinken im Brotteig

1,5–2 kg Beinschinken, gepökelter Schopfbraten oder Teilsames (vom Schlögel), vorgekocht und ausgekühlt
500–600 g frischer Brotteig vom Bäcker (vorzugsweise Roggen-Weizen-Mischung aus Sauerteig)
2 Eier
Honig
Kümmel
Anis
Fenchelsamen

☐ Den Brotteig zu einer ovalen Platte ausrollen, mit Honig bestreichen und mit Kümmel, Anis und Fenchel bestreuen. Eier verquirlen, den Schinken damit rundherum einstreichen, auf die Brotplatte setzen und mit dem Teig umhüllen.
☐ Mit der Naht nach unten auf ein mit Papier ausgelegtes Blech legen, danach auf unterster Schiene bei 180 °C etwa 40–50 Minuten backen; währenddessen öfter mit Wasser bestreichen.

Hinweis: Wenn man eine Tasse Wasser mit ins Rohr stellt, so verhindert der Wasserdampf, dass die Kruste zu hart wird.

Variante: Auch eine gepökelte und vorgekochte Wildschweinkeule kann man auf diese Art zubereiten.

Traditioneller Schopfbraten

2–3 kg Schopfbraten
1–1,5 kg Schweinsknochen
15–20 Knoblauchzehen (ja, und nicht weniger!)
Kümmel (reichlich)
125 g Schmalz
2 gewürfelte Karotten
4 geschälte und geviertelte Zwiebeln
250 ml Weißwein oder Weißbier
Rindsuppe nach Bedarf
Salz

Es hat wenig Sinn, einen Schweinsbraten aus weniger als 2–3 kg Fleisch zuzubereiten, er wird nicht richtig saftig und g'schmackig, wie es sich gehört. Auch sollte man mindestens 1 kg Schweinsknochen mitbraten, damit hinterher genügend Saft vorhanden ist.

☐ Den Schweinsbraten mit Salz, 8–10 zerdrückten Knoblauchzehen und reichlich Kümmel einreiben – dann 30–45 Minuten im Kühlschrank ruhen lassen.
☐ Fett in einer ofenfesten Kasserolle erhitzen, den Braten rundherum anrösten, dann herausheben.
☐ Nun die Knochen anbraten, restliche (ganze) Knoblauchzehen, geviertelte Zwiebeln sowie die Karotten hineingeben. Wenn auch das Gemüse gut gebräunt ist, wird mit Weißwein abgelöscht, der Braten auf die Knochen gebettet, ein Deckel aufgelegt und langsam im Ofen bei 160 °C gebraten. Immer wieder mit eigenem Saft begießen, bei Bedarf Rindsuppe nachgeben.
☐ Ist der Braten nach guten 3 Stunden fertig, so wird der Bratensaft abgegossen und nach Wunsch etwas entfettet. Saft mit etwas Rindsuppe vermischen, einmal aufkochen lassen und abschmecken.
☐ Schweinsbraten in Scheiben aufgeschnitten auf Tellern oder einer warmen Platte anrichten und mit dem Saft, Erdäpfel- oder Semmelknödeln und Krautsalat oder mit warmem Speckkrautsalat auftischen. Sehr gut passen auch Paprikakraut, Tomatenkraut oder Saure Rüben dazu (siehe Anhang).

Tipp: Man kann den Saft auch mit etwas angerührter Stärke leicht binden.

Hinweis: In früheren Zeiten wurden neben Knödeln und Kraut auch noch Erdäpfel zum Schweinsbraten serviert.

Variante: Für einen Josefibraten, den in Scheiben geschnittenen Schopf auf großen Kartoffelpuffern anrichten und mit Bratenfett nappiert auftischen – dazu reicht man Krautsalat.

Knuspriger Schweinsbauch mit Gemüse

Für 4–6 Personen:

1,5–2 kg Schweinebauch (natürlich mit Schwarte)
5–6 Zwiebeln, geschält und in Spalten geschnitten
6–8 Knoblauchzehen, geschält
6 Karotten, geputzt und grob gewürfelt
4–6 Stück Rote Beete, geschält und in Spalten geschnitten
6 Kartoffeln, geschält und in Spalten geschnitten
8–12 Salbeiblätter
Meersalz und Pfeffer aus der Mühle
1 EL Schmalz

Das Besondere an diesem Gericht ist nicht nur das lange Schmoren des Bratens, sondern auch des Gemüses, das hier vor allem durch die erdige Rote Beete eine sensationelle Geschmackrichtung ins Spiel bringt – weitere Beilagen braucht es nicht!

□ Die Schwarte vom Schweinebauch mit einem scharfen Messer in gleichmäßigen Abständen (nicht zu tief) einschneiden (schröpfen) – das kann man auch vom Fleischer erledigen lassen. Fleisch trocken tupfen und rundherum kräftig salzen.

□ Einen großen, flachen Bräter mit Schmalz ausstreichen, das Gemüse zusammen mit dem Salbei hineingeben, salzen und pfeffern – wer mag, gibt 300 ml Weißbier oder einen Schuss Bieressig dazu. Den Schweinebauch mit der Schwarte nach oben darauflegen und im Ofen etwa 1 Stunde bei 170 °C braten.

□ Hitze auf 150 °C herunterdrehen und das Fleisch weitere 4,5–5 Stunden braten, dabei aufpassen, dass der Bratensaft nicht anlegt (bei Bedarf immer wieder mit wenig Wasser oder Bier ablöschen) – aber Achtung: Es sollte sich nicht zu viel Flüssigkeit im Bräter befinden, sonst „kocht" das Gemüse und brät nicht.

□ Schließlich die Temperatur auf 180–200 °C erhöhen und alles noch weitere 30–40 Minuten braten, bis die Schwarte schön knusprig ist. Fleisch aus dem Bräter nehmen und abgedeckt 15–30 Minuten rasten lassen.

□ Das Gemüse aus dem Bratenfond heben und das überschüssige Fett abschöpfen. Mit Salz und Pfeffer abschmecken, auf einer Platte anrichten und mit dem aufgeschnittenen Fleisch belegt auftischen.

Geselchter Surschopfbraten

1 geselchter Schopfbraten (ca. 2–3 kg)
ca. 1 kg Knochen
3–4 EL Schweineschmalz
250 ml Sauerrahm
1 EL Mehl

Außerdem:
eingebranntes Sauerkraut
Grießknödel

☐ Das Selchkarree im Ganzen wird samt den Knochen in einer großen Kasserolle in heißem Schmalz angebraten, danach unter öfterem Begießen mit Wasser etwa 2,5 Stunden unter Wenden gebraten, bis es gar und rundherum schön gebräunt ist. Fleisch in Alufolie wickeln und warm rasten lassen.
☐ Den Bratensaft weitestgehend entfetten (nicht sämtliches Fett entfernen, sondern nur überschüssiges), dann den Sauerrahm mit Mehl möglichst glatt verrühren und durch ein Sieb in den Bratensaft streichen.
☐ Saft aufkochen lassen, dabei mit dem Schneebesen glatt rühren; ist der Saft zu dick, mit etwas Wasser verdünnen.
☐ Das Fleisch tranchiert auf einer Platte anrichten und mit dem abgeschmeckten Saft überzogen auftischen.

Variante: Auf die gleiche Weise kann man einen geselchten Karreebraten zubereiten.

Schweinshaxe mit knuspriger Salz-Schwarte

2 hintere Schweinestelzen
6 Lorbeerblätter
6 Knoblauchzehen
4 Pimentkörner
grobes Meersalz (Sizilien)
feines Meersalz

☐ Einen großen Kessel mit gut gesalzenem Wasser (grobes Salz nehmen) aufsetzen und die Stelzen darin mit den Aromen 90 Minuten vorkochen (alternativ kann man die gut gesalzenen Stelzen auch 90 Minuten mit 500 ml Wasser im Druckdampfgarer vorkochen).
☐ Die Stelzen etwas abkühlen lassen, dann die Schwarte ringsherum vier- bis fünfmal schröpfen (einschneiden). Die Schwarte kräftig mit feinem Meersalz einreiben, dann mit grobem Meersalz bestreuen und die Stelzen 30 Minuten ziehen lassen. Ofen auf 220–240 °C vorheizen.
☐ Die Stelzen darin 45–60 Minuten knusprig braun braten, bis die Schwarte kracht (die Schwarte sollte Blasen werfen).

Variante: Für Grillstelzen das Fleisch 30 Minuten kochen, ringsherum schröpfen, salzen und bei 140 °C langsam 3 Stunden am Drehspieß grillen, dann Hitze erhöhen, die Stelzen mit reichlich gehacktem Knoblauch und Kümmel einreiben und krustig werden lassen.

Schwedischer Weihnachtsschinken

Für ein Buffet von 12–15 Personen:

- 3–3,5 kg roher, gepökelter Schinken, entbeint und gerollt (vom Metzger vorbereiten lassen)
- 500 ml Wasser oder Schweinsbrühe

Für die Glasur:

- 200 g grober Senf
- 100 g brauner Zucker
- 75 g Semmelbrösel
- 2–3 Eigelbe
- etwas Melasse
- geschroteter schwarzer Pfeffer

Außerdem:

- Salzheringe
- Kartoffelsalat (mit Mayonnaise)
- Rote-Beete-Salat
- hart gekochte Eier
- Schwarzbrot

Dieser Schinken wird traditionell entweder warm am Heiligabend (zusammen mit Kartoffelsalat, Brot und in Scheiben geschnittenem Käse) aufgetischt oder ist Teil eines Buffets, das am 1. Weihnachtsfeiertag aufgebaut wird:

☐ Den Schinken in einer großen Schüssel 12 Stunden in kaltem Wasser wässern. Am Tag der Zubereitung das Fleisch trocknen, in einen Bräter legen und das Wasser angießen. Bei 130–140 °C etwa 3,5–4 Stunden schmoren lassen (die Kerntemperatur sollte 75–80 °C haben).

☐ Zutaten für die Glasur verrühren. Schinken aus dem Ofen nehmen und leicht abkühlen lassen. Ofen auf 220–240 °C aufheizen.

☐ Schwarte rautenförmig einschneiden und den Schinken mit der Glasur bestreichen. 10–12 Minuten im Ofen goldbraun werden lassen. Schinken über Nacht auskühlen lassen.

☐ Am nächsten Tag im Rahmen eines Buffets mit Heringen, Salaten, Eiern und Schwarzbrot auftischen.

Schweinsschulter in Obers geschmort

- 1,5–2 kg Schweineschulter, ausgelöst, gerollt und gebunden (evt. vorbereiten lassen)
- 500 ml Obers
- 500 ml Vollmilch
- 8 Zwiebeln, geschält und geviertelt
- 8–12 Knoblauchzehen, geschält und angedrückt
- 2 Karotten, geputzt und grob gewürfelt
- 2 Stangen Staudensellerie, geputzt und in 10 cm lange Stücke geschnitten
- 4–6 Lorbeerblätter
- 2–3 Stängel frischer Rosmarin (oder auch Oregano)
- 3–4 Zweiglein Thymian
- abgeriebene Schale einer unbehandelten Zitrone
- Meersalz und Pfeffer aus der Mühle

Hier trifft köstlich zart geschmorte und überaus saftige Schweinsschulter auf ein herzhaftes Gemüse – eine verführerische Kombination!

☐ Milch mit Obers aufkochen lassen, dann alle Zutaten in den Topf füllen und diesen mit einem Deckel verschließen.

☐ 1 Stunde bei 170–180 °C im Ofen backen, dann Hitze zurücknehmen und noch weitere 1–1,5 Stunden schmoren lassen. Das zarte geschmorte Fleisch mit dem Gemüse anrichten, mit Salz und Pfeffer bestreuen und servieren.

☐ Dazu passen in Butter geschwenkte Teigwaren.

Tipp: Etwas im Mörser gestoßener Kreuzkümmel gibt dem Ganzen eine exotische Note.

Schweinerücken in Milch

1,5 kg Schweinerücken, ausgelöst
1,5 l Vollmilch
2 große Zwiebeln
2 Karotten
2 Stangen Staudensellerie
8–12 Wacholderbeeren
etwas Nelkenpulver
1 Prise gemahlener Piment
250 ml Weißwein
125 g Butter
Salz und Pfeffer aus der Mühle

☐ Fleisch mit Garn binden, damit es die Form behält, und würzen. Gemüse putzen und fein würfeln, danach in einem großen Schmortopf in der Butter andünsten lassen. Wacholder, Nelkenpulver und Piment zugeben, das Fleisch einlegen und 30–45 Minuten bei milder Hitze garen, dabei immer wieder mit Wein ablöschen.
☐ Wenn die Flüssigkeit fast verkocht ist, die Milch zugeben und einen Deckel auflegen. Bei 160 °C im Ofen 1,5 Stunden schmoren lassen. Fleisch aus der Kasserolle heben, in Folie wickeln und warm stellen. Die Sauce durch ein Sieb streichen, abschmecken.
☐ Fleisch auf einer Platte anrichten und mit etwas Sauce nappiert auftischen. Restliche Sauce extra dazu reichen.
☐ Teigwaren oder süßsauer eingelegte Zwiebeln sind geeignete Beilagen.

Variante: Das Fleisch nur mit Zwiebeln (ohne Gemüse) im Ofen schmoren, bis fast keine Flüssigkeit mehr vorhanden ist und sich nur mehr haselnussbraune Milchreste im Topf befinden, mit denen man das aufgeschnittene Fleisch dekoriert.

Kassler aus der Folie

1,2–1,5 kg Kassler (am besten Karree oder Karreefilet)
6–8 Knoblauchzehen
guter Cognac

Unter Kassler versteht man ein gepökeltes und zart geräuchertes Schweinefleisch, meist Karree, aber auch Rippchen, Filet, Karree-Filet (ausgelöste Koteletts) oder (selten) Schopf. Meist wird das Fleisch gekocht und mit Sauerkraut serviert – ich gare es lieber in Folie, so geht das feine Aroma nicht verloren.

☐ Alufolie in zwei Bahnen ausbreiten, das Fleisch darauf betten und an mehreren Stellen mit einer Nadel einstechen.
☐ Das Fleisch mit Cognac beträufeln und mit den ungeschälten Knoblauchzehen umlegen. Alles gut in die Folie einpacken (Ränder müssen gut verschlossen sein!), dann im Ofen 1,5–2 Stunden bei 180–200 °C backen. Ist das Fleisch danach noch nicht knusprig gebraten, weitere 15 Minuten geöffnet braten.
☐ Mit einem Grünen Salat, Krautsalat oder auch einem beliebigen Gemüse auftischen.

Schweinekeule in Milch• Arrosto di maiale al latte

1–1,5 kg Schweinekeule
2–6 Knoblauchzehen (je nach Gusto)
1–3 Rosmarinzweige (je nach Gusto)
500 ml trockener Weißwein
750–800 ml Vollmilch
etwas Weizenmehl
75–100 g Butter
Salz und Pfeffer aus der Mühle

Eine einfache Variante aus Italien, die ihr bezauberndes Aroma nur von Fleisch, Milch, Knoblauch und Rosmarin erhält.

☐ Das Fleisch mit geschältem und zerdrücktem Knoblauch und Wein in eine Schüssel geben, zudecken und 2 Tage kühl marinieren lassen.
☐ Keule aus der Marinade heben, abtrocknen und rundherum mit Mehl stauben. Butter in einer Kasserolle erhitzen, das Fleisch und den Rosmarin dazugeben, bei niedrigster Hitze rundherum bräunen.
☐ Milch angießen, salzen und pfeffern, Deckel auflegen und 2 Stunden sanft schmoren, bis das Fleisch weich ist. Fleisch in Folie gewickelt 20 Minuten warm rasten lassen, zwischenzeitlich den Sud einkochen, bis er cremig ist.
☐ Fleisch in Scheiben schneiden, mit Sauce überziehen, pfeffern und heiß servieren.

Karreebraten mit Ingwer und Knoblauch aus der Salzkruste

Für ca. 6 Personen:

1 Schweinskarree mit Knochen ohne Schwarte (ca. 6–8 Koteletts groß)
125 g frische Ingwerwurzel
12 Knoblauchzehen
1 Bund Petersilie
1 rote Chilischote (nach Belieben)
etwas Olivenöl
2,5–3 kg grobes Meersalz

Natürlich können Sie statt Ingwer und Knoblauch auch jede andere x-beliebige Würze, die gefällt, nehmen. Ich bereite das Fleisch z. B. auch gerne mit zerdrückten Salzzitronen zu oder mit einer Würzpaste aus Knoblauch, gehackten Rosmarinnadeln und Fenchel oder auch mit Honig und Lavendel. Der Phantasie sind hier kaum Grenzen gesetzt.

☐ Am Vortag Ingwer und Knoblauch schälen und zusammen mit Petersilie fein hacken.
☐ Mit Öl zu einer homogenen Paste verrühren, die man mit gehackter Chilischote schärfen kann.
☐ Das Karree am Rippenknochen leicht einschneiden und mit der Paste einreiben. In Frischhaltefolie wickeln und mindestens 24 Stunden im Kühlschrank marinieren lassen.
☐ Den Boden einer geeigneten Ofenform mit Salz ausstreuen, das Fleisch aus der Folie nehmen und daraufsetzen. Mit so viel Salz bestreuen, dass das Fleisch vollständig bedeckt ist (man kann das Salz auch mit Eiweiß oder Wasser anfeuchten, dann haftet es etwas besser). Im Ofen bei 160 °C je nach Größe des Fleisches 90–120 Minuten garen.
☐ Die Kruste erst bei Tisch aufbrechen, damit der austretende Duft die Gäste betört. Dass Fleisch aus der Salzkruste lösen, auf einem Brett tranchieren und servieren.

Spießbraten „Idar Oberstein"

3 kg Schweinefleisch aus Schulter, Nacken, Keule oder Bauch, das etwa 2 cm dick zu einer großen Platte aufgeschnitten wurde (evt. vom Fleischer vorbereiten lassen)
200–300 g grüner Speck in feine Streifen oder Würfel geschnitten
12 große Zwiebeln
6–8 Knoblauchzehen, fein gehackt
scharfer Senf
Paprika süß und scharf
Thymian
Salz und Pfeffer

☐ Zwiebeln schälen und in Ringe schneiden. Fleisch zu einer großen Platte ausklappen, leicht klopfen, dann rundherum mit Salz und Pfeffer würzen.
☐ Fleisch ausbreiten, zart mit Senf bestreichen und mit gehacktem Knoblauch bestreuen.
☐ Die Hälfte der Zwiebelringe mit Paprikapulver und Thymian vermischen, salzen und auf dem Fleisch verteilen.
☐ Speck daraufstreuen, dann alles fest zu einem Rollbraten zusammenschnüren. Fleisch mit den restlichen Zwiebelringen bedeckt einige Stunden rasten lassen.
☐ Danach auf einen Drehspieß stecken und über sanfter Glut langsam braten, bis es rundherum knusprig ist.

Hinweis: Jeder würzt seinen Braten anders, aber Zwiebeln müssen (!) immer dabei sein.

Badisches Schäufele auf traditionelle Art

Für 6–8 Personen:

1 gepökelte und geräucherte Schweinsschulter im Ganzen
1 Karotte
1 Zwiebel
1 Stück Knollensellerie
200 ml trockener Badischer Wein
Salz und Pfeffer

Außerdem:
hausgemachte Spätzle
Kartoffelsalat
eingebranntes Weinsauerkraut

☐ Das Schäufele salzen und pfeffern, dann mit der Schwarte (nicht geschröpft) nach oben zusammen mit dem grob geschnittenen Wurzelgemüse in eine Kasserolle geben.
☐ Etwa 2 Finger breit Wasser angießen, dann bei 200 °C 2,5 Stunden unter häufigem Begießen braten.
☐ Dann den Wein angießen und das Fleisch noch weiter 15 Minuten garen.
☐ Mit in Butter geschwenkten Spätzle, Kartoffelsalat und Kraut auftischen.

Salzburger Braten

1,5–2 kg untergriffene Schweinsbrust oder Bauch mit rautenförmig geschröpfter Schwarte (ohne Knochen)
1,5 kg Schweinsknochen
750 ml Schweinsbrühe oder Rindsuppe
Mehl zum Stauben

Füllung:
500 g Bratwurstfülle (vom Metzger)
100–125 g Speckwürfel
100–125 g Schinkenwürfel
100–125 g gekochte Pökelzunge, gewürfelt
Knoblauch nach Geschmack
Kümmel, geschrotet
evt. Salz

Unter dem Ausdruck „Untergreifen" versteht man, dass in ein größeres Bratenstück eine Tasche eingearbeitet worden ist. Wer sich das nicht selbst zutraut, lässt dies einfach von seinem Metzger vorbereiten. Auch das Schröpfen der Schwarte wird der Metzger gerne für sie durchführen.

☐ Wurstbrät mit allen vorgesehenen Zutaten vermischen und in die Fleischtasche füllen, dann die Öffnung vernähen. Fleischseite mit zerdrücktem Knoblauch einreiben, Schwarte kräftig salzen.
☐ Bratrein mit Knochen auslegen, Fleisch mit der Schwarte nach oben darauf betten und in den 240–260 °C heißen Ofen schieben. Nach 15–20 Minuten auf 220–240 °C heruntergehen, nach weiteren 15–20 Minuten auf 180–200 °C und nach einer Stunde auf 140 °C – nun noch 1–1,5 Stunden weiterbraten lassen.
☐ Fleisch aus der Rein heben und im warmen Ofen nachziehen lassen. Bratenrückstand in der Rein mit 1–2 EL Mehl stauben, kurz durchrösten, dann mit Brühe oder Rindsuppe ablöschen und verkochen lassen.
☐ Durch ein Sieb seihen, abschmecken und zum Braten reichen.
☐ Dazu passen Kraut und Knödel aller Art.

Variante: Man kann in der Füllung Knoblauch und Kümmel weglassen und stattdessen geschälte Pistazien und Trüffelwürfel dazugeben.

Porchetta

Für 6–8 Personen:

ca. 2 kg Bauchfleisch
2 kleinere Schweinefilets oder 500 g Spanferkelleber
2 Handvoll Knoblauchzehen
3–6 TL getrocknete Fenchelblüten (ersatzweise Rosmarinnadeln nehmen)
geschroteter Pfeffer

Außerdem:
2 kg Schweinsknochen
1 Flasche Weißwein

In der Toskana wird dieses Traditionsgericht von vielen Fleischern zubereitet und ofenfrisch den hungrigen Gästen angeboten. Am besten schmeckt die Porchetta aus jungen Schweinen, die entbeint, mit ihren Innereien und Gewürzen gefüllt und anschließend im Ganzen langsam im Holzofen gebraten wurden. Für den heimischen Ofen ist ein Spanferkel zu groß (außer es handelt sich um ein nur wenige Wochen altes Saugferkel – aber das lehne ich ab). Ich habe daher einen Schweinerollbraten entwickelt, der den Geschmack von Porchetta wiedergibt und trotzdem leicht im heimischen Herd zuzubereiten ist – noch besser: den Braten in einem mit Holzkohle befeuerten Kugelgrill garen!

Variante 1 auf Toskana-Art

☐ Die Schwarte des Bauchfleischs nach Belieben in 1 cm Abständen schröpfen oder ungeschröpft lassen. Bauchfleisch mit der Schwarte nach unten auf ein Brett legen und die Innenseite kräftig mit Salz, Pfeffer, zerdrücktem Knoblauch und Fenchelpollen würzen.
☐ Dann die beiden Filets (mit dem dicken Ende jeweils nach außen zeigend) mittig auf das Fleisch legen; nimmt man Leber, so wird diese grob gewürfelt auf dem Fleisch verteilt. Den Braten zusammenrollen und mit Garn in gleichmäßigen Abständen binden. Schwarte kräftig salzen.
☐ Braten in eine mit Knochen ausgelegte Bratform legen und den Wein angießen (der Wein soll das Fleisch nicht berühren). Dann den Braten mit Folie abdecken und im Ofen 2–3 Stunden bei 140–160 °C garen.
☐ Braten aus dem Ofen nehmen, etwas abkühlen lassen, die Folie entfernen und die Schwarte abtrocknen – neu salzen. Ofen auf 240–260 °C aufheizen und den Braten überkrusten, bis die Schwarte resch und knusprig ist.
☐ Braten im Ganzen servieren und vor den Gästen aufschneiden, dazu passen in Scheiben geschnittene Tomaten, ungesalzenes toskanisches Brot und Rosmarinkartoffeln, die mit dem Bratenfond nappiert wurden.

Tipp: Gut schmeckt der Braten auch mit einer Kräutermischung aus Rosmarin, Thymian, Oregano, Salbei und Fenchel.

Für 12–20 Personen:

1 Schweinsbraten; ganze Bauchseite vom Rippenbogen beginnend ausgelöst, mindestens 3–4 kg schwer

ca. 1 kg faschiertes, fettes Schweinefleisch

300–400 g Trüffelcarpaccio (oder frisch gehackte Norcia-Trüffel, wenn erhältlich)

12–20 Knoblauchzehen

1 EL Thymian

1 EL Fenchelpollen

1 kräftiger Schuss Cognac

Salz und schwarzer Pfeffer aus der Mühle

Variante 2 auf meine Art

☐ Das Faschierte mit Trüffelcarpaccio, 6 zerdrückten Knoblauchzehen , Thymian, Fenchel, Cognac, Salz und Pfeffer würzen – man kann auch etwas Muskatnuss und/oder einige gehackte Sardellen dazugeben. Das Faschierte in Folie wickeln und einige Stunden marinieren lassen.

☐ Die Lende (vom Fleisch auslösen und gegen die Faser schröpfen lassen) innen mit dem restlichen Knoblauch einstreichen, salzen und pfeffern (ich bestreiche sie zusätzlich mit ein wenig Trüffelpaste). Die Füllung zu einer gleichmäßigen Wurst formen und längs auf das Fleisch legen.

☐ Lende um die Füllung aufrollen und mit Küchengarn in gleichmäßigen Abständen binden.

☐ Weitere Zubereitung s. o.

Eminger
WEIN

Wildschweinbraten

2–3 kg Wildschweinfleisch aus Schulter oder Keule (im Ganzen), wahlweise mit oder ohne Knochen
250–300 g durchwachsener Speck, gewürfelt
500–750 g Suppengrün (Karotte, Sellerie, Lauch, Petersilienwurzel)
4 Zwiebeln, grob gehackt
4–6 Lorbeerblätter
4–6 Wacholderbeeren
8–12 Nelken
6–8 Pimentkörner
1 kleine Zimtstange (fakultativ)
1 unbehandelte Zitrone, in Scheiben geschnitten
500 ml Rotweinessig
400–500 ml kräftiger Rotwein
2 EL Butterschmalz
3–4 EL geriebenes, alt-backenes Schwarzbrot (oder Lebkuchen)
1–2 EL Zucker
Salz und Pfeffer aus der Mühle

Beilagen:
Rotkohl/Rotkraut
Kartoffelpüree oder abgeschmalzte Nudeln oder Schupfnudeln (oder auch Spätzle)
Semmelknödel, Kartoffelknödel oder Böhmische Knödel

Ich bereite auf diese Weise gerne eine Wildschweinschulter (wie gewachsen) zu – kleiner Tipp: Statt des geriebenen Schwarzbrots einen geriebenen Pfeffer- oder Lebkuchen nehmen. Wer mag, kann die Sauce zusätzlich mit einem kleinen Stück Bitterschokolade verfeinern.

☐ Das Fleisch waschen, trocken tupfen und kräftig mit Salz und Pfeffer würzen. Das Suppengemüse putzen und grob gewürfelt zusammen mit den Zwiebeln, Lorbeerblättern, Wacholderbeeren, Nelken, Pimentkörnern, evt. einer kleinen Zimtstange, Zitronenscheiben, Zucker und Essig in einen Topf geben, einmal kräftig aufkochen, dann abkühlen lassen.
☐ Das Fleisch in eine Schüssel legen, die nicht sehr viel größer ist, mit der Marinade übergießen und zugedeckt 2 Tage im Kühlschrank marinieren lassen – ab und zu wenden.
☐ Am Tag der Zubereitung das Fleisch aus der Marinade heben, abtropfen und gut abtrocknen. Den Speck in einer Kasserolle im Butterschmalz auslassen, dann das Fleisch darin von allen Seiten scharf anbraten. Danach das Suppengemüse aus der Marinade fischen und ebenfalls anrösten.
☐ Schließlich alles mit Marinade und Rotwein auffüllen und zugedeckt bei kleiner Hitze ca. 2 Stunden schmoren lassen. Nach Ende der Garzeit den Braten in Folie gewickelt warm stellen. Sauce durch ein Sieb seihen, aufkochen lassen und mit Brotbröseln (oder Lebkuchenbröseln) binden – ich schmecke noch mit Schokolade und Honig ab.
☐ Braten aufschneiden und mit Sauce sowie den vorgesehenen Beilagen auftischen.

Variante: den Wildschweinbraten mit Mostarda di frutta (eingelegten Senffrüchten) und (Tiroler) Speckknödeln auftischen.

Frischlingsrollbraten mit Preiselbeeren

1,2–1,5 kg Frischlingsrollbraten (Schulter oder Keule)
500 g Preiselbeeren
2 Zwiebeln
2–3 Knoblauchzehen
2 Lorbeerblätter
1–2 Zweige Thymian
400 ml trockener Weißwein (z. B. Riesling)
50 g Mehlbutter (Butter und Mehl zu gleichen Teilen verknetet und kalt gestellt)
6 EL Zucker
50 g Butterschmalz
Salz und Pfeffer aus der Mühle

Natürlich kann man auch einen „ungerollten" Frischlingsbraten so zubereiten – gerollt gart er nur gleichmäßiger.

☐ Das Fleisch in den Weißwein legen, in Ringe geschnittene Zwiebeln, geschälte Knoblauchzehen, Lorbeer, Thymian, Pfeffer und Salz dazugeben.
☐ 12–24 Stunden marinieren lassen – von Zeit zu Zeit umdrehen.
☐ Das Fleisch und die Zwiebeln sorgfältig abtrocknen, in Butterschmalz anbraten, Marinade dazugießen und im Ofen bei guter Mittelhitze 45–50 Minuten braten, dabei immer wieder mit Marinade begießen oder das Fleisch mehrmals wenden.
☐ Fleisch in Folie gewickelt warm rasten lassen. Sauce durchpassieren, die Mehlbutter einarbeiten und 10–15 Minuten im Ofen nachgaren lassen – ab und an mit dem Schneebesen durchrühren.
☐ Zwischenzeitlich die verlesenen und gewaschenen Preiselbeeren mit Zucker und wenig Wasser aufkochen und mit einer kleinen Prise Salz abschmecken. Fleisch aufschneiden, auf einer Platte anrichten, mit etwas Sauce nappieren (restliche Sauce extra reichen) und von den Preiselbeeren umgeben auftischen. Dazu passen Schupfnudeln, Spätzle oder Serviettenknödel.

Sardisches Spanferkel

1 junges Ferkel (nicht schwerer als 12 kg, in Sardinien bevorzugt man 6–8 kg)
Meersalz
reichlich Myrtenzweige

Die sardische Küche verwendet Myrte so exzessiv wie sonst keine auf der Welt. Vor allem Schweinefleisch und Huhn werden mit Myrte aromatisiert.

☐ Das Ferkel (nicht schwerer als 12 kg) wird ausgenommen, aufgeklappt, kräftig gesalzen und auf einem Spieß nahe der Glut bei nicht zu großer Hitze langsam gegrillt (herabtropfenden Saft auffangen), bis es eine resche Kruste hat; das Feuer dabei immer wieder mit Myrtenzweigen anreichern und das Ferkel mit zerlassenem Schmalz bestreichen.
☐ Fertiges Spanferkel in Stücke schneiden und angerichtet auf einer mit Myrtenzweigen ausgelegten Platte auftischen.
☐ Weißbrot und den aufgefangenen Bratensaft dazu reichen.

DAS FEINE SCHWEIN, MODERN & LEICHT

Filet-Tascherln mit Schwammerlfülle in Brandy-Rahm

800 g Schweinsfilet
Mehl zum Wenden
Butterschmalz zum Braten
Salz und Pfeffer aus der Mühle

Fülle:

150 g frische Eierschwammerln (oder Steinpilze)
100 g Schalotten
100 g fein gehackter Bauchspeck
4 Knoblauchzehen
1 EL gehackter Majoran (frisch)
1–2 EL gehackte Petersilie
Zitronensaft oder Essig
1 EL Butter
1 EL Öl
Salz und Pfeffer aus der Mühle

Außerdem:

6–8 cl guter Brandy (Weinbrand)
250 ml Obers
1 EL Fleischglace (oder Demi-Glace)
1 EL kalte Butter
Salz und Pfeffer

Beilagen–Empfehlung:

Champignonreis
Risotto
Butternudeln oder Spätzle
Karottengemüse u. v. m.

☐ Zuerst die Füllung vorbereiten: Hierfür Öl und Butter in einer weiten Pfanne erhitzen, den fein gewürfelten Speck darin auf Mittelhitze auslassen, dann die fein gewiegten Zwiebeln dazugeben und glasig dünsten.

☐ Schließlich auch die geputzten und grob gehackten Pilze hinzufügen und alles dünsten, bis keine Flüssigkeit mehr in der Pfanne zu sehen ist. Vom Herd nehmen und mit den angegebenen Aromen abschmecken.

☐ Das Fleisch in ca. 1 cm dicke Scheiben schneiden und zwischen zwei Lagen Folie sanft klopfen, bis die Scheiben recht dünn sind; würzen. Einen knappen EL Füllung auf jede Fleischscheibe legen, zusammenklappen und die Ränder mit der gezackten Seite des Fleischklopfers zusammenklopfen. Fleischtaschen in Mehl wenden, in einer großen Pfanne in heißem Butterschmalz beidseitig bräunen, dann zugedeckt warm stellen.

☐ Bratensatz mit Brandy löschen, Obers und Glace dazugeben, kurz verkochen und abschmecken – Sauce mit kalter Butter verfeinern.

☐ Fleisch mit Sauce und einer Beilage nach Wahl anrichten.

Varianten: Das Fleisch mit Wurstbrät füllen oder auch wie ein Schnitzel panieren und ausbacken.

Schweineschwarten-Roulade
Braciole di cotica di maiale

750 g frische Schweineschwarte
3–6 Knoblauchzehen
125 g Rosinen und Pinienkerne (gemischt)
gehackte Petersilie (oder gehackte Kräuter gemischt) nach Bedarf

Außerdem für die Tomatensauce:
500 g reife San-Marzano-Tomaten (ersatzweise aus der Dose)
Basilikum
Olivenöl extravergine
1 gute Prise Zucker
1 gute Prise Meersalz

Das Gericht klingt eigenartig und übermodern. Tatsächlich ist es aber ein ganz traditionelles Rezept, das aus dem mittelalterlichen Neapel stammt.

☐ Zuerst die Sauce vorbereiten: Tomaten waschen, der Länge nach halbieren und zusammen mit Basilikum, Zucker und Salz in einem geschlossenen Topf zum Kochen bringen.
☐ Sobald die Tomaten zerkocht sind, die Flamme herunterdrehen, den Deckel abnehmen und die Sauce weiterköcheln lassen, bis die gesamte Flüssigkeit verdunstet ist. Mit einem Passiergerät das gesamte Kochgut durchtreiben.
☐ Für die Rouladen: Knoblauch und Petersilie feinst hacken. Die Schwarte kurz in kochend heißes Wasser legen, dann trocknen und abkühlen lassen.
☐ Schwarte in mittelgroße Rechtecke (etwa die Größe eines Schnitzels) schneiden und auf jedes Stück Rosinen, Pinienkerne, gehackten Knoblauch und Petersilie geben. Salzen, zusammenrollen und die Enden mit Küchengarn zusammenbinden.
☐ Die Schwarteröllchen in die Tomatensauce legen und bei milder Hitze mehrere Stunden zugedeckt garen (bei Bedarf etwas Wasser nachgeben), bis sie ganz weich und zart sind. Sauce abschmecken und das Gericht sehr heiß auftischen.

Aromatisches Schweinefilet mit Wermut-Zabaione

Für 4–6 Personen:
12 Scheiben Schweinefilet zu je 75 g
600 ml Fleischbrühe (siehe Anhang)
500 ml trockener Weißwein
500 ml weißer Wermut bester Qualität (ich nehmen Noilly Prat)
Olivenöl
Salz und weißer Pfeffer aus der Mühle

Für die Wermut–Zabaione:
300 ml weißer Wermut (Noilly Prat)
350 ml trockener Weißwein
12 Eidotter
1 Schalotte, fein gehackt
1 EL Schnittlauchröllchen oder gehackte Estragonblätter
Salz und weißer Pfeffer aus der Mühle

Zabaione kennt man aus der italienischen Küche als einen (leicht süßlichen) Schaum mit Marsala oder Weißwein. Ich habe mir die Technik der Zabaione zunutze gemacht, um zum saftigen Schweinefilet eine schaumig aufgeschlagene Sauce servieren zu können.

☐ Das Fleisch salzen, pfeffern und in einer Pfanne mit etwas Olivenöl bei guter Hitze auf beiden Seiten kräftig anbraten. 500 ml Brühe mit Weißwein und Wermut aufkochen lassen.
☐ Das Fleisch in eine feuerfeste Form geben, mit der Courtbouillon aufgießen und anschließend im auf 200 °C vorgeheizten Ofen 6–8 Minuten garen. Fleisch herausnehmen und warm halten.
☐ Zwischenzeitlich hat man für die Zabaione die gehackte Schalotte mit Wermut und Weißwein einkochen lassen. Vom Herd nehmen und in eine Rührschüssel füllen. Restliche Brühe und Eidotter dazugeben und über Wasserdampf mit dem Schneebesen kräftig zu einer luftigen Creme aufschlagen.
☐ Die fertige Sauce mit Schnittlauch, Salz und Pfeffer abschmecken.
☐ Die noch heißen Filetscheiben dekorativ aufschneiden, etwas abtropfen und auf warme Teller platzieren.
☐ Mit der Zabaione übergießen und mit Schnittlauch, Estragon oder Kerbel ausgarniert auftischen.

Minutensteaks mit Grünspargel und Parmesan

8–12 dünnere Scheiben vom Karree (ohne Schwarte und Knochen), jeweils ca. 75 g

2 Handvoll dünne grüne Spargelstangen (oder Thai-Spargel oder auch Wild-Spargel)

2 Handvoll Parmesan, in Blättchen geschnitten (am besten Grana Padano)

Olivenöl extravergine

Muskatnuss, frisch gerieben (nach Belieben)

schwarzer Pfeffer aus der Mühle

feines Meersalz

☐ Das Fleisch (es sollte unbedingt Zimmertemperatur haben) zart salzen und anschließend sofort auf einem Grillrost über heißer Glut oder in einer Grillpfanne beidseitig bei möglichst starker Hitze grillieren, danach in Folie wickeln und 5–10 Minuten rasten lassen.

☐ In der Zwischenzeit den küchenfertig geputzten Spargel in einer Pfanne in etwas Olivenöl rösten und leicht dünsten, bis das Gemüse al dente ist – danach mit Salz, Pfeffer und evt. Muskatnuss würzen.

☐ Spargel zusammen mit dem Fleisch anrichten und mit dem Parmesan ausgarnieren. Olivenöl darüberträufeln, pfeffern und servieren.

Hinweis: Man kann das fertige Gericht auch noch mit frisch abgeriebener Zitronenschale (unbehandelt) bestreuen.

Confiertes Schweinefilet mit karamellisierten Schalotten

2 Schweinefilets (ca. 800–1000 g)
einige Knoblauchzehen
Koriandersamen, grob gestoßen
½ TL Pfefferkörner, grob gestoßen
grobes Meersalz

Weiters:
12 große (violette) Schalotten
2–3 Lorbeerblätter
2–3 Zweige Thymian
750 ml Enten- oder Schweinefett

Für die Schalotten zusätzlich:
2 EL Zucker

Beilage:
sehr buttriges Kartoffelpüree

☐ Das Fleisch mehrfach mit einem spitzen Messer einstechen und mit Knoblauchscheibchen spicken. Koriander mit Pfeffer und Salz vermengen, Fleisch damit einreiben und über Nacht im Kühlschrank marinieren lassen.
☐ Fleisch abwaschen, zusammen mit den geschälten Schalotten in einen Topf geben, das Fett und die Kräuter zufügen und alles erhitzen – wenn das Fett das Fleisch nicht komplett bedeckt, noch etwas Fett nachgeben. Bei schwacher Hitze etwa 1,5 Stunden garen lassen.
☐ Schalotten aus dem Topf nehmen und in einer Pfanne vorsichtig anbraten, dabei mit Zucker bestreuen und diesen karamellisieren lassen – bei Bedarf etwas Fett vom Fleisch dazugeben.
☐ Mit einer Prise Salz abschmecken (man kann auch einen Schuss alten Balsamessig oder Verjus dazugeben).
☐ Fleisch in dicke Scheiben schneiden und auf einem Sockel von Kartoffelpüree anrichten. Schalotten dazulegen und servieren.

Wildschweinfilet mit Trauben und karamellisiertem Rettich

Für 6 Personen:

1,2 kg Wildschweinfilet
1–1,5 kg weiße Trauben
3–4 kleinere schwarze Rettiche
1–2 TL Zucker
250 ml edelsüßer Muskat-Wein (oder ein anderer edler Süßwein)
75 g Butter
Sonnenblumenöl
Salz und Pfeffer aus der Mühle

Ein feines und delikates Gericht, das seinen besonderen Geschmack einerseits vom Kontrast der Trauben zum Rettich, andererseits vom edlen Muskat-Wein erhält. Wichtig: Die Filets sollten nicht durchgegart, sondern innen schön rosa sein.

☐ Die Rettiche waschen, schälen und in Scheiben schneiden, die Trauben halbieren. Den Rettich mit Zucker und ½ EL Butter in einen Topf geben, mit Wasser bedecken und zum Kochen bringen; auf kleiner Flamme köcheln, bis die Flüssigkeit verdampft und der Rettich karamellisiert ist.
☐ Das Wildschweinfilet würzen, in Sonnenblumenöl rundherum anbraten, dann die Trauben dazugeben und 2 Minuten sautieren – alles mit dem Wein ablöschen und diesen leicht reduzieren.
☐ Fertige Filets aus der Pfanne nehmen und in Folie gewickelt warm stellen. Auf kleiner Flamme die restliche (möglichst kalte) Butter in Flocken unter die Sauce mischen.
☐ Filet schräg in hauchdünne Scheiben aufschneiden, mit Rettich, Trauben und Muskat-Sauce anrichten.

Pochiertes Filet und Röllchen von der Schwarte mit Buttersauce und Albatrüffel

2 Schweinefilets (Mittelstück)
200 g Schweineschwarte (ohne Fett)
500 g Knochen
1 Bund Suppengemüse (Karotte, Stangensellerie, Lauch)
1 große Zwiebel, geschält
2 Knoblauchzehen, geschält
1 Bund Petersilie
3–4 Wacholderbeeren
2–3 Lorbeerblätter
3–4 Nelken
1 TL Pfefferkörner, Salz

Für die Reis–Buttersauce:
weiße Alba-Trüffel (ersatzweise schwarze Perigord-Trüffel) – so viel, wie man sich leisten kann/will
150 g Arborio-Reis
1,5 l Kochfond von der Schweineschwarte
100 ml Prosecco
1 Knoblauchzehe
100 g Butter
125 g geriebener Reggiano (oder Grana Padano)
Muskatnuss
3–4 EL erstklassiges Olivenöl extravergine
Meersalz und weißer Pfeffer aus der Mühle
Kerbel

Ein edles Schweinfleisch-Rezept, wie ich es gern hab: mit edler Albatrüffel und cremiger Buttersauce.

☐ Knochen und Schwarte unter kaltem Wasser abspülen. Die Knochen in einen Topf geben, mit 4 l Wasser bedecken, aufkochen lassen, abgießen und erneut mit frischem Wasser aufsetzen.
☐ Aufkochen lassen, Hitze zurücknehmen und 4–5 Stunden sanft simmern lassen. Knochen aus dem Fond nehmen und den Sud durch ein feines Sieb seihen.
☐ Den Sud salzen, erneut aufkochen lassen und die Aromen (ohne Gemüse und Zwiebel) hinzugeben.
☐ Das Gemüse grob würfeln und zusammen mit der Schwarte in den Sud geben, eine Stunde kochen, bis die Schwarte weich und gar (aber nicht verkocht!) ist. Schwarte aus dem Sud nehmen und in gleichmäßige, etwa 3–4 cm dicke und 12–15 cm lange Streifen schneiden. Diese Streifen zusammenrollen und mit einem Zahnstocher fixieren. Schwartenröllchen in etwas heißem Sud warm halten.
☐ Zwischenzeitlich mit der Sauce beginnen: Feinst gehackte Knoblauchzehe in 50 g Butter anschwitzen, mit Prosecco ablöschen und zu 2/3 einkochen lassen. Etwa 1,5 l Fleischbrühe dazugeben (hat man bei den Schwarten nicht genug Brühe, dann nur so viel Fleischbrühe nehmen, wie man entbehren kann, und die restliche Flüssigkeit durch Hühnerbrühe ersetzen), aufkochen lassen und, sobald die Brühe kocht, den Reis dazugeben und sehr weich kochen. Den weichen Reis in der Brühe mit einem Stabmixer pürieren, bis man eine schwere, dicke Creme erhalten hat. Ganz vorsichtig mit einem Schneebesen (oder einem Mixer mit niedrigster Einstellung) das Öl, den Käse und zum Schluss die Butter in Flocken einarbeiten.
☐ Sauce mit Salz, Muskat und weißem Pfeffer dezent abschmecken; die fertige Sauce in einem Wasserbad warm halten.
☐ Inzwischen hat man die verbliebene Brühe aufkochen lassen und die Schweinefilets hineingelegt, die Hitze auf kleinste Stufe gestellt (wer das Fleisch rosa will, nimmt den Topf überhaupt vom Herd) und das Fleisch – je nach Größe – 15–20 Minuten pochiert.
☐ Die zart-rosa gegarten Filets aus dem Wasser nehmen, 5 Minuten rasten lassen, dann in 2–3 cm dicke Scheiben schneiden und zusammen mit den Schwartenröllchen anrichten. Alles großzügig mit der dicken Buttersauce überziehen und mit reichlich Trüffel bestreuen – je mehr, desto besser. Einige frische Kerbelblätter für Duft und Auge anlegen, dann sofort auftischen.

Hinweis: Wer auf eine Beilage nicht verzichten möchte, serviert dazu ein cremiges Kartoffelpüree, das mit Trüffelsaft oder frisch gehackten Trüffelspänen verfeinert wurde.

Glasiertes Rippenstück mit Wirsing und Mostarda di frutta

Für 6 Personen:

1,2 kg ausgelöstes Schweinerippenstück oder Wildschweinrippenstück im Ganzen
2–3 Knoblauchzehen
2 Rosmarinzweige
100 g Butter
500 ml trockener Weißwein
4–5 EL Honig
¼ EL rote Pfefferbeeren
¼ EL Fenchelsamen, im Mörser zerstoßen
¼ EL Koriandersamen, im Mörser zerstoßen
4–5 Wacholderbeeren, im Mörser zerstoßen
2 EL Dijon-Senf
2 EL guter Brandy

Für das Wirsing–Gemüse:
1 mittlerer Wirsing
einige Wacholderbeeren
150 g Butter
2–3 EL Zucker
Salz und Pfeffer aus der Mühle

Außerdem:
400 g Mostarda di frutta

Mostarda di frutta sind in Sirup eingekochte italienische Senffrüchte, die es in unterschiedlichen Formen gibt, die aber immer pikant-süßlich schmecken. Sie harmonieren wunderbar mit Schweinefleisch, noch besser aber mit Wildschwein.

☐ Für das Wirsinggemüse den Strunk entfernen und den Kohl raspeln oder fein schneiden. Butter in einer Kasserolle erhitzen, Wirsing darin andünsten, Zucker, Salz, Wacholder und Pfeffer dazugeben und den Wirsing auf kleiner Flamme im eigenen Saft etwa 1 Stunde gar schmoren lassen.
☐ Rippenstück in einer ausreichend großen Pfanne bei milder Hitze zusammen mit Knoblauch und Rosmarin in Butter anbraten, bis das Fleisch Farbe hat, dann mit dem Weißwein ablöschen und diesen verkochen lassen.
☐ Honig, Gewürze, Senf und Brandy in einer Schüssel verrühren, das Fleisch damit bestreichen. Im vorgeheizten Ofen bei 180 °C etwa 40–45 Minuten garen, dabei immer wieder mit der Kochflüssigkeit übergießen bzw. einpinseln, damit das Fleisch eine schöne Glasur bekommt.
☐ Wirsing auf einer großen Platte anrichten und das Fleisch im Ganzen oder in Scheiben geschnitten darauf anrichten.
☐ Auftischen und die Senffrüchte in einer Schale extra dazu reichen.

Lauwarmes Schweinefilet auf Wurzeln und kandierten Früchten

400 g Schweinefilet, am besten vom Waldschwein (vorzugsweise ein schönes Mittelstück)
200 g italienischer Rohschinken (am besten Parma oder San Daniele)
2 Lorbeerblätter, gemahlen (oder Lorbeerpulver)
4 Gewürznelken
½ Schweinsnetz
Meersalz

Außerdem:
2 Karotten
2 Stück Stangensellerie
4 Lauchstangen
150–180 g Zitronat und Orangeat
45 g Pinienkerne
8 im Ofen geröstete Maronen, geschält und gehackt (wenn erhältlich, sonst kandierte nehmen)
50 g Sultaninen
etwas echter alter Aceto balsamico „traditionale"
knapp 100 ml Olivenöl extravergine der besten Qualität
Fleur de sel oder Maldon-Salz

Ein sehr schönes Rezept, das beweist, wie vielseitig das Schwein einsetzbar ist:

☐ Karotten, Sellerie und Lauch küchenfertig putzen, dann in einen Dämpfeinsatz geben und über leicht gesalzenem Wasser bissfest(!) dämpfen.
☐ Das Filet zuerst mit pulverisiertem Lorbeer, Nelkenpulver und Salz würzen, danach mit den Schinkenscheiben umwickeln und anschließend das Ganze in das Schweinsnetz einpacken.
☐ In eine Bratrein geben und bei 220 °C 7–8 Minuten unter Wenden und Begießen im Ofen braten; herausnehmen und warm rasten lassen.
☐ Pinienkerne in einer Pfanne trocken rösten, bis sie eine leichte Farbe haben.
☐ Das Öl in einem Töpfchen auf 40 °C erwärmen. Das gedämpfte Gemüse gleichmäßig auf 4 vorgewärmte Teller verteilen und mit Pinienkernen, gehackten kandierten Früchten, gehackten Maronen und den Sultaninen bestreuen.
☐ Fleisch in 1–2 cm dünne Scheiben aufschneiden und auf dem Gemüse-Bett anrichten.
☐ Einen schönen Schuss alten Balsamico daraufträufeln und alles mit dem warmen Öl überglänzen – ein paar Flocken Fleur de sel oder Maldon-Salz daraufgeben und servieren.

Tipp: Das schmeckt auch hervorragend mit Karree oder Filet vom Wildschwein!

Saumaisen auf meine Art

1–2 Schweinsnetze
300 g mageres Schweinehackfleisch
100 g fettes Schweinehackfleisch
250 g Schweineleber, gehackt
2 Schweinshirne
3 Eier
½ EL fein gehackte Wacholderbeeren (oder 1 EL gehackte schwarze Trüffel)
1 kleine Prise Zimt
eine starke Prise Muskatnuss, frisch gerieben
2–3 EL geriebener Grana Padano
Salz und Pfeffer aus der Mühle
Schmalz

Bei den Saumaisen handelt es sich eigentlich um eine österreichische Spezialität, bei der eher fettes Selchfleisch faschiert und gewürzt und anschließend zu Bällchen geformt in ein Schweinsnetz eingeschlagen wird (siehe hierzu auch Woachfleisch). In Italien hingegen, wo der Ursprung der Zubereitung liegen dürfte, gibt es sogenannte „Marcundele", die den Maisen von der Form her ähnlich sind, aber nicht aus Selchfleisch bestehen und auch nicht geräuchert werden. Ich habe mein eigenes Rezept dafür:

☐ Aus allen Zutaten (bis auf das Schweinsnetz) in einer großen Schüssel eine homogene Masse herstellen, die mit Zimt, Muskat, Salz und Pfeffer gut abgeschmeckt wird.
☐ Aus dem Schweinsnetz kleine Quadrate von maximal 10 cm Kantenlänge schneiden und auf diese jeweils einen kleinen Esslöffel Füllung setzen; zu Päckchen verschließen und in eine mit Schmalz ausgestrichene Form legen.
☐ Bei 180 °C ca. 15 Minuten backen.
☐ Dazu serviere ich gebratene Polenta (die mit geriebenem Käse und Muskat verfeinert wurde) sowie in Schmalz frittierte Zwiebelringe.

Schweinefleisch mit Paprikaschoten
Maiale con le „papaccelle"

4 Schweinskoteletts oder 12 Steaks vom Schweinefilet
3–6 in Essig eingelegte Paprikaschoten
Butter
Pfeffer
Salz

Für die Friarielli:
1,5 kg Friarielli
2–4 Knoblauchzehen
1–2 scharfe Chilischoten (nach Belieben auch weglassen)
100–125 ml Olivenöl oder Schweineschmalz
Salz

Ein Klassiker aus der Küche Neapels, der vor allem an heißen Sommertagen vorzüglich mundet. Unter „Friarielli" versteht man im Italienischen „Cima di rapa", was bei uns als Rübstiel bekannt ist, auch als „Wilder Brokkoli" bezeichnet. Rübstiel ist mit Senf, Rettich, Kresse und Kohl verwandt und hat einen fein-säuerlichen Geschmack. Für gewöhnlich gibt man ihn herzhaften Eintöpfen bei, in Neapel wird er auch gedünstet. Das Gemüse harmoniert ganz ausgezeichnet mit der leicht säuerlichen Sauce, die vom eingelegten Paprika eine ganz besondere Note erhält.

□ Zuerst das Gemüse vorbereiten: Das geputzte, gewaschene und abgetrocknete Gemüse wird in einen Topf mit heißem Olivenöl, in dem zuvor Knoblauch und Chili angedünstet wurden, gegeben, leicht gesalzen und erhitzt. Bei schwacher Temperatur zugedeckt im eigenen Saft köcheln lassen, von Zeit zu Zeit umrühren. Wenn das Gemüse fast gar ist, den Deckel abnehmen und die Flüssigkeit verdunsten lassen.
□ Das Fleisch in einer Pfanne mit Butter braten (aufpassen, dass die Butter nicht verbrennt). Zwischenzeitlich die Paprikaschoten aus dem Essig nehmen und in Streifen schneiden.
□ Wenn das Fleisch gewendet wurde, den Paprika dazugeben und das Fleisch fertig garen.
□ Kurz vor dem Servieren mit Salz und Pfeffer abschmecken. Zusammen mit den Friarielli auftischen.

Hinweis: In neuerer Zeit (und insbesondere an Wintertagen) wird das Fleisch mit etwas Mehl gestaubt, bevor es angebraten wird – dadurch wird die Sauce molliger.

Röllchen vom Schweinefilet mit Steinpilzen
Involtini di maiale con le funghi porcini

Für 6 Personen:

1,2 kg Schweinefilet – 3 Mittelstücke zu 400 g
21 dünne Scheiben geräucherter Bauchspeck
200 g frische Steinpilze, zusätzlich 6 besonders schöne Exemplare als Garnitur
4 Knoblauchzehen
1 Bund glatte Petersilie
100 g Butter
Olivenöl
Salz und frisch gemahlener Pfeffer

Wenn im Spätsommer in der Toskana die Natur sich von der Hitze erholt, dann kommen die ersten frischen Steinpilze ans Tageslicht und es beginnt die Zeit der sogenannten „braunen Speisen" – d. h. Pilzgerichte, Braungeschmortes, Braungebratenes u. Ä. dominieren den Speiseplan. Und Schweinefleisch mit Pilzen ist einer der ganz großen Klassiker. Sollte man ein Wildschweinfilet bekommen, dann wird das Ganze zur außergewöhnlichen Delikatesse.

☐ Die Filets mit einem scharfen Messer der Länge nach möglichst dünn aufschneiden, damit man sie zu einer Platte ausklappen kann. Den geschälten Knoblauch mit der Petersilie möglichst fein hacken, auch die 200 g Steinpilze (geputzt) fein hacken.
☐ Die gehackten Pilze mit der Hälfte der Knoblauch-Petersilienmischung vermengen und in wenig Butter sautieren.
☐ Schweinefleischplatten mit Salz und Pfeffer würzen, dann mit der Pilzmischung bestreichen, zusammenrollen und mit jeweils 7 Speckscheiben umwickeln. Das Fleisch in einer Pfanne mit etwas Butter bei Mittelhitze ca. 15 Minuten rundherum braten, regelmäßig wenden.
☐ Zwischenzeitlich etwas Butter aufschäumen, die restliche Knoblauch-Petersilienmischung dazugeben und die schönen Steinpilze darin braten – sie sollten aber nicht matschig werden. Das fertige Fleisch aus der Pfanne nehmen und in jeweils 6 Scheiben schneiden. Auf jedem Teller einen Steinpilz mit drei Scheiben Filet anrichten.
☐ Den Bratenfond vom Fleisch mit der Bratbutter der Steinpilze vermengen, salzen und alles damit nappieren.

In Rotwein geschmorte Fledermaus

8 Stück Fledermaus oder Schopf–Koteletts
200–300 ml Brühe (Menge nach Bedarf; am besten aus Schweinsknochen gekocht)
600–750 ml kräftiger Rotwein
4–5 EL Strattù
1–2 EL gehackte Petersilie, Oregano oder Basilikum
2 EL Schweineschmalz
Salz und Pfeffer aus der Mühle
Olivenöl und grobes Meersalz

Am besten nimmt man hierfür die Fledermaus (Fleischstück vom Kreuzbein) von Wild-, Mangalitza- oder auch Hausschwein – in Ermangelung der Fledermaus kann man auch Nacken- oder Schopfsteaks nehmen, sofern die gut durchwachsen sind, damit sie nicht austrocknen. Beim im Rezept verwendeten Strattù handelt es sich um ein dick eingekochtes, mit Zwiebel und Basilikum gewürztes Tomatenmark – ersatzweise kann man fein gehackte Zwiebel in etwas Schmalz hellgelb rösten und 4 EL dreifach konzentriertes Tomatenmark dazugeben und in den Zwiebeln rösten, bis es sehr dunkel ist).

☐ Das Fleisch mit Salz und Pfeffer gewürzt in eine weite Pfanne schichten und zerlassenes Schmalz dazu geben.
☐ Nun so viel Brühe angießen, dass das Fleisch fast bedeckt ist. Auf mittlerer Flamme köcheln, bis die Flüssigkeit verdampft ist – ab und an wenden.
☐ Rotwein angießen und Strattù hinzugeben. Alles köcheln, bis man eine sämige Sauce erhalten hat und das Fleisch sehr weich ist – Achtung: Der Garprozess sollte langsam ablaufen, damit das Fleisch von der Sauce durchzogen werden kann.
☐ Fleisch auf Tellern anrichten, mit Olivenöl, Kräutern und grobem Salz bestreut auftischen. Dazu passen gebratene Polentascheiben.

Filet-Kotelett mit Johannisbeer-Sauce und Backpflaumen • *Noisette de porc aux pruneaux*

800 g ausgelöstes Kotelett ohne Fettrand (wenn möglich, aus dem mittleren Kotelettstrang geschnitten)
36 Backpflaumen
300 ml Vouvray (oder anderer guter Weißwein)
400–500 ml Obers
Mehl nach Bedarf
1 großer EL echtes rotes Johannisbeergelee
75 g Butter
Salz und weißer Pfeffer aus der Mühle

Hier bilden die Backpflaumen eine außergewöhnliche Beilage zu feinen Schweins-Schnitzelchen in einer sahnigen Johannisbeer-Creme. Ein Klassiker der französischen Küche, den ich persönlich immer wieder gerne esse:

☐ Die Backpflaumen über Nacht in den Weißwein einlegen, am nächsten Tag Pflaumen und Wein leicht aufkochen lassen, Hitze zurücknehmen und 30–40 Minuten garen.
☐ Das Fleisch in 1 cm dünne Scheiben schneiden und beidseitig in Mehl wenden. Butter in einer großen Pfanne erhitzen und das Fleisch auf beiden Seiten darin goldbraun braten – Hitze mäßig halten, damit die Butter nicht verbrennt. Fertige Fleischscheiben auf eine Servierplatte geben und warm halten (z. B. im Ofen).
☐ Wenn alle Fleischscheiben gebraten und auf der Platte angerichtet sind, werden die Backpflaumen rundherum angerichtet.
☐ Bratensatz mit einem Schuss Wein (von den Backpflaumen) ablöschen und loskochen, dann die restliche Kochflüssigkeit dazugeben und bei starker Hitze einkochen. Sahne und Johannisbeergelee dazugeben und so weit reduzieren, dass die Sauce sämig ist; abschmecken.
☐ Das Fleisch salzen und pfeffern, mit der Sauce überziehen und alles auftischen.

Langsam geschmorte Grappa-Stelzen

Für 6–8 Personen:

4 große hintere Schweinshaxen
1,5–2 l Grappa (vorzugsweise 52 % Alkohol und aus dem Friaul)
Lorbeerblätter
Schmalz
grobes Meersalz

☐ Die Stelzen mit einer Handvoll Lorbeerblättern und 1 EL Salz pro Liter Wasser (die Stelzen sollten bedeckt sein) in einen Topf geben, aufkochen lassen und 30 Minuten kochen.

☐ Dann abtropfen lassen (Sud auffangen und filtern), in möglichst zwei gleich große Hälften teilen und die Schwarte schröpfen. Ein Backblech mit Schmalz einfetten, mit Lorbeerblättern auslegen und die Stelzen mit der Fleischseite nach unten darauf betten.

☐ 500 ml Grappa mit 500 ml Sud vermischen und über die Stelzen gießen, mit Alufolie abdecken. Bei 100–120 °C schmoren, bis keine Flüssigkeit mehr vorhanden ist, dann erneut mit 500 ml Grappa und 500 ml Sud übergießen und abdecken. Wieder schmoren lassen, bis keine Flüssigkeit mehr vorhanden ist. Danach ein drittes Mal mit Grappa und Sud übergießen.

☐ Hitze auf 80–100 °C zurücknehmen und das Fleisch im eigenen Saft 4 Stunden schmoren lassen, dabei die Schwarte ab und zu nur mit Grappa beträufeln. Nach insgesamt 6–7 Stunden wird die Alufolie entfernt und das Fleisch gesalzen und noch weitere 1,5–2 Stunden offen gebraten.

☐ Nach mittlerweile 8–10 Stunden sind die Stelzen tief rostbraun und servierbereit – das Fleisch wurde durch den Grappa sehr mürbe und ist fast karamellisiert (wer mag, kann die Schwarte nachsalzen und kurz unter dem Grill überkrusten). Stelzen mit Natursaft auf einer großen Platte anrichten.

☐ Dazu reiche ich in Saba eingelegte Perlzwiebeln, weiche Polenta (mit viel Butter und Montasio-Käse verfeinert) sowie einen trockenen friulanischen Weißwein.

Vakuumgegarter Schweinebauch mit Essig-Linsen und geliertem Sauerkrautsaft

800 g durchwachsener Schweinebauch vom Bio-Landschwein (mit Schwarte und Knochen)
4 Knoblauchzehen, grob gehackt
einige Pfefferkörner
ein paar Nelken
grobes Meersalz
Steirisches Kürbiskernöl g.g.A.

Für den gelierten Sauerkrautsaft:
400 ml Sauerkrautsaft (wenn möglich, frisch vom Fass)
25 g Zucker
10 gestrichene Portionslöffel Agazoon

Für das frittierte Sauerkraut:
3–4 EL Sauerkraut, grob gehackt
Schweineschmalz zum Frittieren
Salz

Warum den Sauerkrautsaft gelieren? Diese Frage wird sich hier manch einer stellen. Nun, die Antwort liegt auf der Hand: Gelierter Sauerkrautsaft lässt sich leichter mit der Gabel aufnehmen als flüssiger Saft und ermöglicht so ein komplexes *mouthfeeling* mit dem Schweinefleisch. Man kann hier aber leider kein gewöhnliches Aspik nehmen, da dies unter dem heißen Fleisch schmelzen würde. Agazoon (wird aus Rotalgen und Seegras gewonnen) ist ein spezielles Geliermittel, das auch bei höheren Temperaturen stabil bleibt.

☐ Den Sauerkrautsaft mit Zucker und Agazoon verrühren, einmal aufkochen lassen, dann abschäumen. Nun den Sauerkrautsaft etwa 1 cm hoch in 6 ofenfeste Schälchen von 12 cm Durchmesser füllen, 2 Stunden kalt stellen (restlichen Sauerkrautsaft in eine Schale füllen und ebenfalls kalt stellen).
☐ Den Schweinebauch in 2 gleich große Stücke schneiden, von allen Seiten zart mit grobem Meersalz einreiben, dann zusammen mit den vorgesehenen Aromen vakuumieren und im Wasserbad bei 65 °C gut 24 Stunden garen lassen. Schweinebauch aus dem Beutel nehmen, den Fond dabei auffangen.
☐ Alternativ hierzu das Fleisch im Ganzen in einen Topf geben, der es vollkommen fassen kann, aber nicht wesentlich größer ist. 2–3 l Wasser angießen, Aromen dazugeben, alles zum Kochen bringen, dann pro Liter Wasser einen gehäuften EL Salz hinzufügen. Den Schweinebauch ohne Deckel ca. 100 Minuten leise kochen lassen, bis er vollkommen durchgegart und sehr zart und weich ist (bei Bedarf etwas Wasser nachfüllen).
☐ Das Fleisch in appetitliche Scheiben oder Portionsstücke schneiden und in der Salzlake warm halten.
☐ Die Sauerkraut-Scheiben aus den Schälchen lösen und auf einer ofenfesten Platte im 80–90 °C warmen Ofen kurz erwärmen. Dann die Sauerkraut-Scheiben auf vorgewärmten Tellern anrichten und jeweils eine Portion Schweinebauch daraufsetzen.
☐ 8 EL Steirisches Kürbiskernöl mit 4 EL Kochsud verrühren und auf den Teller sprenkeln. Als Garnitur Sauerkraut kurz in Schweineschmalz goldbraun frittieren, abtropfen lassen, salzen und auf das Fleisch legen.

Dazu passen Essiglinsen: 60 g Belugalinsen 30 Minuten in reichlich Wasser kochen. Inzwischen 1 Knoblauchzehe schälen und fein hacken, in eine heiße Pfanne geben, mit 1 TL Zucker bestreuen und in der Pfanne wenden, bis der Zucker am Knoblauch haftet. 2 EL neutrales Öl dazugeben, Knoblauch goldgelb werden lassen, mit 4 EL gutem Weinessig ablöschen. Aufkochen lassen, dann zur Seite nehmen. Die fertigen Linsen abseihen, in eine Schüssel geben und die Sauce durch ein Sieb darüber passieren, nach Geschmack salzen. Linsen am Teller mit anrichten.

Variante: Den vakuumgegarten Schweinebauch auskühlen lassen und vor dem Servieren mit der Schwarte nach unten in reichlich heißem Schmalz frittieren, bis die Schwarte knusprig ist – dazu serviere ich dann gerne Mischgemüse aus weißen und grünen Spargelspitzen, kleinen Karotten und Morcheln (das Gemüse wird blanchiert und vor dem Servieren in Butter sautiert).

Gebratener Schweinebauch mit orientalischen Aromen

Für 6 Personen:
6 Scheiben frischer, durchwachsener Schweinebauch (je ca. 200–250 g)
4–6 Knoblauchzehen
1 l trockener Weißwein
1 EL Fleischglace (oder Instant-Kalbsfond)
1 TL Currypulver (vorzugsweise Madras)
1 TL Ingwer, gemahlen
1 TL Kreuzkümmelsamen, frisch gemahlen
1 TL Paprikapulver edelsüß
1 TL Safranfäden
½ TL Kardamom, gemahlen
½ TL Cayennepfeffer
2–3 EL brauner Zucker
Salz
Öl zum Braten

☐ In einer ausreichend großen, ofenfesten Bratpfanne das Fleisch in etwas Öl von beiden Seiten braun anbraten. Mit dem Weißwein ablöschen und den Bratensatz am Pfannenboden loskochen.

☐ 1 l Wasser zum Kochen bringen, Fleischglace (oder Kalbsfond), zerdrückten oder gehackten Knoblauch, Gewürze, Zucker und Salz mit einem Schneebesen einarbeiten.

☐ Die Würzlake über das Fleisch gießen, dann ab in den Ofen und dort bei 160–180 °C unter mehrmaligem Wenden und Begießen schmoren, bis die Flüssigkeit vollständig verdampft ist – wenn das Fleisch noch nicht vollständig gegart und von einem karamellartigen Überzug umgeben ist, noch etwas Wasser dazugeben und die Garzeit entsprechend verlängern.

☐ Ich serviere dazu einen normalen Couscous, den ich mit frisch gehackter Minze und etwas frischer Butter verfeinert habe. Es passen aber auch Reis, Kartoffeln u. v. m.

Wildschweinkotelett mit gebratenen Orangen
Arista di cinghiale con arance fritte

4 dickere Wildschweinkoteletts (mit oder ohne Knochen)
2 unbehandelte Orangen
1 kleine rote Chilischote (entkernt)
etwas Trüffelessig (noch besser: Safranessig)
Olivenöl nach Bedarf
Salz und Pfeffer aus der Mühle

☐ Die Koteletts mit dem Handballen etwas dünner drücken und beidseitig mit Salz und Pfeffer würzen.

☐ Die Chilischote feinst hacken. Die Orangen abwaschen, abreiben und mit einem Ziseliermesser die Schale in feinen Streifen herunterschaben (ACHTUNG: nur die Schale, nicht die darunter befindlichen weißen Bestandteile!). Dann die weiße Schale von den Orangen herunterschneiden und eine Orange in Scheiben schneiden, die andere zu Saft pressen.

☐ In einer großen Pfanne Olivenöl erhitzen, die Wildschweinkoteletts darin beidseitig maximal 2 Minuten scharf anbraten. Chili dazugeben, Hitze herunterfahren und das Fleisch 10–15, maximal jedoch 20 Minuten sanft fertig garen. Danach die Orangenscheiben und -zesten in die Pfanne geben und alles mit dem Orangensaft ablöschen.

☐ 2–3 Minuten durchschwenken, Fleisch auf Teller verteilen, den Bratensatz mit einigen Tropfen Trüffel- oder Safranessig loskochen, über die Koteletts gießen und auftischen.

TIPP: Dieses Gericht schmeckt auch mit eher fetten Schweinskoteletts ausgezeichnet.

Variante: Statt des Essigs einen EL feinst gehackte Rosmarinnadeln (zusammen mit den Orangenzesten) nehmen und den Bratensatz mit einem Schuss Grappa oder Gin löschen.

Schweinesteaks mit Röstgemüse „Provence"

8 Schweinesteaks von je 80–100 g (vorzugsweise vom Schopf)
2 Zucchini
2 grüne Paprikaschoten
2 rote Paprikaschoten
1 orange Paprikaschote
1 Zwiebel, geschält und gehackt
2–4 Knoblauchzehen, geschält und gehackt
125 g Champignons
1–2 EL Kräuter der Provence
½ EL Rosmarinnadeln, frisch gehackt
1 TL gehackte Petersilie
Olivenöl extravergine
Pfeffer aus der Mühle
Salz

☐ Das Fleisch (es sollte sich 1–2 Stunden bei Zimmertemperatur akklimatisiert haben) salzen und in einer Grillpfanne bei sehr starker Hitze beidseitig bräunen, dann in Folie wickeln und einige Minuten ziehen lassen.

☐ Das küchenfertig geputzte Gemüse (Paprikaschoten von Samen und weißen Adern befreien!) in gröbere Stücke schneiden. Olivenöl in einer schweren Pfanne erhitzen, bis es raucht, danach das Gemüse hineingeben und 2–3 Minuten bei sehr starker Hitze braten, dabei ständig wenden.

☐ Hitze zurücknehmen, salzen, pfeffern, Kräuter hinzugeben und einige Minuten dünsten, bis das Gemüse bissfest gegart ist. Danach mit gehackter Petersilie verfeinern und abschmecken.

☐ Das Fleisch mit dem Gemüse anrichten und gut pfeffern. Noch etwas Olivenöl darüberträufeln, dann servieren.

Ibérico Secreto

1 Secreto vom Iberico-Schwein
2–3 EL Olivenöl
Olivenöl extra (vorzugsweise Picual aus Spanien)
feines Steinsalz

Beim sogenannten Secreto – dem „geheimen Filet" – handelt es sich um ein Schweinefleisch nach dem spanischen Schnitt, das vom Bauchlappen stammt und besonders gut durchzogen ist.
In den meisten Fällen wird dieses wunderbare Stück Fleisch aber im wahrsten Sinne des Wortes „zu Tode gegart" – lange Garzeiten haben etwas für sich, sind aber für das Secreto meines Erachtens nicht von Vorteil. Daher wird es bei mir nur ganz kurz gebraten (oder auch gegrillt) und anschließend (nach einer entsprechenden Ruhephase) aufgeschnitten; es ist dann innen sehr rosa und hat ein tolles Aroma.

Zubereitung Grill:

☐ Das Fleisch 1–2 Stunden vor der Zubereitung aus dem Kühlschrank nehmen und Zimmertemperatur annehmen lassen – gewürzt wird das Fleisch jetzt noch nicht! Den Grill (am besten Holzkohle, aber auch ein Gasgrill leistet gute Dienste) sehr heiß werden lassen und das Fleisch auf beiden Seiten jeweils 1 Minute grillen (größere Stücke 1,5 Minuten).
☐ Fleisch vom Grill nehmen, 5–10 Minuten in Folie eingeschlagen rasten lassen, dann aufschneiden, leicht salzen und mit hochwertigem Olivenöl beträufelt auftischen.

Zubereitung Pfanne:

☐ Einige EL Olivenöl (oder noch besser: Schweineschmalz!) in einer gusseisernen Pfanne erhitzen, bis das Öl raucht. Das ungewürzte Fleisch (es sollte Zimmertemperatur haben) darin 1,5 Minuten bei starker Hitze anbraten, dann wenden und auch die zweite Seite 1,5 Minuten braten.
☐ Fleisch aus der Pfanne nehmen, in Folie einschlagen, 5–10 Minuten an einem warmen Ort rasten lassen, aufschneiden und mit Olivenöl beträufelt auftischen.
☐ Erst kurz vor dem Genuss mit etwas Salz nachwürzen.

Schulter vom Iberico-Schwein mit Gartengemüse-Reis • *Ibérico Presa con arroz de la huerta*

1 mittelgroßes Stück Ibérico Presa (ca. 500–600 g)
feines Meersalz (Guerande)
2 EL geklärte Butter oder Schweineschmalz (vorzugsweise vom Iberico- oder Mangalitza-Schwein)

Für den Gemüsereis:
200 g spanischer Calasparra-Reis (ersatzweise italienischer Mittelkornreis)
1 Fleischtomate, gehäutet
250 g dicke Bohnen, enthülst
200 g grüne Bohnen, geputzt
½ Blumenkohl, in Röschen zerteilt
2–3 junge Artischocken
4 Knoblauchzehen, fein gehackt
1 getrocknete rote Paprikaschote
4–5 EL sehr gutes spanisches Olivenöl
Salz und Pfeffer aus der Mühle

Auch die Schulter vom Iberico-Schwein liebe ich geschmacklich sehr und bereite sie daher so einfach und puristisch wie möglich zu.

☐ Das Fleisch salzen und 1 Stunde ziehen lassen. Butterschmalz in einer Pfanne erhitzen, das Fleisch 5–6 Minuten lang unter gelegentlichem Wenden rundherum anbraten, dabei auch immer wieder mit dem eigenen Bratenfett übergießen.
☐ Dann das Fleisch in den 120 °C heißen Ofen (unterste Schiene – KEINE UMLUFT!!!) geben und dort maximal 30 Minuten nachgaren lassen. Fleisch aus dem Ofen nehmen, Ofen ausschalten, Fleisch in Alufolie wickeln und im warmen (stark abgekühlten) Ofen 20 Minuten rasten lassen.
☐ Die Köstlichkeit in 3–4 cm dicke Scheiben aufschneiden und mit einem feinen Gemüsereis auftischen.
☐ Für den Reis in einer flachen Pfanne mit hohem Rand (vorzugsweise in einer Paella-Pfanne) den Knoblauch in Olivenöl auf Mittelhitze leicht Farbe nehmen lassen, dann das küchenfertig zugeputzte Gemüse dazugeben und unter Rühren kurz anbraten.
☐ Den Reis daruntermischen, kurz wenden und alles mit 500 ml Wasser aufgießen.
☐ Die Paprikaschote im Mörser zerstampfen, zum Reis geben, salzen, pfeffern und etwa 20 Minuten garen – zum Schluss noch einen Schuss Olivenöl dazugeben.

Variante: Statt des Gemüsereises kann man auch ein Safran- oder ein Trüffelrisotto dazu reichen, auch ein mit gerösteten Mandeln verfeinertes Kartoffelpüree oder ein mit orientalischen Aromen verfeinertes Kichererbsenpüree passen gut dazu.

Schweinshaxe in der Folie gegart

Für 4–8 Personen:

4 hintere Schweinshaxen ohne Schwarte
250 ml kräftiger Rotwein
8 Knoblauchzehen (wer Knoblauch nicht liebt, nimmt die Hälfte)
4 Lorbeerblätter oder 4 Rosmarinzweige (man kann auch Salbei nehmen)
Olivenöl
Salz und Pfeffer aus der Mühle

Wenn man die Haxe von Schwarte und überschüssigem Fett befreit, ergibt sie ein leichtes und durchaus auch den modernen Essgewohnheiten zugängliches Mahl. Der Rotwein sorgt für leichte Säure und Frische, das Olivenöl für ein mediterranes Flair. Eine Stelze ist ein Essen für ein gestandenes Mannsbild, Frauen und Kinder dürfen teilen.

☐ Das Fleisch mit einem Tuch abreiben, Knoblauch schälen und in feine Stifte schneiden, dann die Stelzen damit spicken. Fleisch mit reichlich Salz und Pfeffer einreiben.
☐ Vier große Stücke Alufolie auf einer Arbeitsfläche ausbreiten und jeweils ein großes Stück Backpapier darauflegen. Die Stelzen mittig daraufsetzen und mit Olivenöl beträufeln sowie Lorbeerblätter dazugeben.
☐ Die Folie über den Stelzen zusammenschlagen (noch nicht verschließen), den Wein durch die Öffnung angießen, dann alle 4 Päckchen fest verschließen. Die Stelzen auf ein Backblech setzen und im 200 °C heißen Ofen 1 Stunde garen. Danach die Hitze auf 140–160 °C reduzieren und die Stelzen 3–4 weitere Stunden schmoren lassen.
☐ Stelzen auf vier Tellern anrichten und mit ihrem Bratensaft beträufelt auftischen. Ich serviere dazu nur einen frischen, knackigen Salat aus grob gewürfelten Tomaten, Gurken, Selleriestangen, Zwiebeln, Knoblauchzehen, Anchovis, Oliven und Brotwürfeln (mit Rotweinessig, Olivenöl, Oregano und Salz angemacht).

Variante: Statt des Rotweins pro Stelze eine zerhackte Salzzitrone nehmen und das Fleisch mit Knoblauch, Kreuzkümmel und gehackter Chilischote würzen.

Gebackene Trüffelschnitzel

Pro Person:

1 dickeres Schopfschnitzel oder 2 Wildschweinschnitzel aus Rücken oder Keule
1 EL Trüffel-Carpaccio (aus dem Glas)
1 zerdrückte Knoblauchzehe
Mehl zum Wenden
1 mit 2 EL Obers/Sahne verquirltes Ei
Semmelbrösel
Butterschmalz zum Ausbacken
Meersalz und Pfeffer aus der Mühle

☐ Das Fleisch klopfen, mit Salz und Pfeffer würzen, dann rundherum mit zerdrücktem Knoblauch einreiben.
☐ Das Fleisch auf einen Teller legen, beidseitig mit dem fein gehackten Trüffel-Carpaccio bestreichen und mit Frischhaltefolie abgedeckt 2 Stunden marinieren lassen.
☐ Das Fleisch (möglichst viel vom Trüffel-Carpaccio anhaften lassen) in Mehl wenden, durch verklopftes Ei ziehen und in Semmelbröseln panieren.
☐ In nicht zu heißem Butterschmalz beidseitig goldbraun ausbacken, abtropfen lassen und mit einem grünen Salat (der vorzugsweise mit einer Trüffel-Vinaigrette angemacht ist) auftischen.

Wildschweinschnitzel im Kürbiskernmantel mit Vogelbeeren-Kompott

8 etwa 0,5 cm dicke Wildschweinschnitzel aus Keule oder vom Karree (jeweils 80–100 g schwer)

Mehl zum Wenden

2–3 Eier

Semmelbrösel und gehackte Kürbiskerne, 50:50 gemischt

Butterschmalz zum Ausbacken

Salz und Pfeffer aus der Mühle

Außerdem:

1 Orange

krause Petersilie, kurz in heißem Öl frittiert

Vogelbeeren-Kompott oder Preiselbeeren-Kompott

Wenn man keine Wildschweinschnitzel aus Keule oder Karree erhält, so kann man diese Köstlichkeit auch leicht mit „normalen" Schweinsschnitzeln (am besten vom Mangalitza-, Turopolje- oder Piétrain-Schwein) zubereiten.

☐ Das Fleisch wenn nötig noch ein wenig zuputzen und zart klopfen, leicht salzen und – wenn gewünscht – auch leicht mit Pfeffer aus der Mühle würzen.
☐ Die geriebenen oder gehackten Kürbiskerne mit den Semmelbröseln vermischen, dann die Schnitzel hintereinander zuerst in Mehl, dann in locker verschlagenem Ei und zuletzt in den Kürbiskernbröseln panieren. Die Brösel mit den Kürbiskernen leicht andrücken, dann die Schnitzel hochheben und leicht schütteln, damit die überschüssigen Semmelbrösel abfallen können.
☐ In einer Pfanne reichlich Butterschmalz erhitzen (auf etwa 150–160 °C) und die Schnitzel beidseitig langsam goldgelb ausbacken. Auf Küchenpapier abtropfen lassen und mit Orangenscheiben, Vogelbeeren-Kompott und frittierter Petersilie anrichten.
☐ Dazu passen Petersil- oder Buttererdäpfel und verschiedene Blattsalate.

Variante: Alternativ kann man die Kürbiskerne auch weglassen und das Wildschwein mit etwas Gin einreiben oder mit gemahlenem Wacholder oder auch gehacktem Rosmarin würzen, salzen, pfeffern und wie ein „normales" Schnitzel in Mehl, Ei und Semmelbröseln paniert ausbacken.

AMARANTIS

Geschmortes Bio-Schweinsbackerl mit Erdäpfel-Kohlrabigemüse und Morcheln

Für die Schweinsbackerln:

1 kg Schweinsbackerln, pariert und zugeschnitten
200 g Zwiebeln, grob gewürfelt
150 g Karotten, grob gewürfelt
100 g Knollensellerie, geschält und grob gewürfelt
150 g Staudensellerie, grob gewürfelt
150 g Petersilienwurzeln, geschält und grob gewürfelt
150 g Gelbe Rüben, geputzt und grob gewürfelt
5 Champignons
2 Knoblauchzehen, geschält und in Scheiben geschnitten
¼ l Portwein rot
1/2 l Rotwein
1/8 l Madeira
1 Dose geschälte Tomaten (etwa 250 g)
5 vollreife Tomaten, klein geschnitten
2–3 l Wasser (oder besser Schweinsfond oder Grandjus)
je 1 Zweig Thymian und Rosmarin
2 Lorbeerblätter
1 TL Senfkörner
etwas Kümmel
Salz und Pfeffer aus der Mühle
Öl zum Anbraten
glattes Mehl

Für das Gemüse:

3 mittelgroße Kohlrabis
2 mittelgroße Erdäpfel, fest kochend
1 großer Esslöffel Schalotten, fein gewürfelt
1 kleiner Bund Schnittlauch, geschnitten
etwas Butter
Zitronensaft
Muskat
Salz

Für die Morcheln:

200 g Morcheln, geputzt
100 ml trockener Sherry
1 Esslöffel Schalotten, fein gewürfelt
Butter
Salz und Pfeffer

Ein Rezept von Thomas Wohlfarter, Küchenchef im AMARANTIS Wien.

Schweinsbackerln:

☐ Die Schweinsbackerln mit Salz und Pfeffer würzen, leicht mehlieren und im heißen Öl anbraten. Zwiebeln, die gesamten Rüben und Knoblauch hinzufügen und mitrösten. Mit Wein, Portwein und Madeira ablöschen, die gesamte Flüssigkeit reduzieren.

☐ Dosentomaten samt Flüssigkeit dazugeben und alles knapp mit Wasser (oder besser: Schweins-, Kalbs- oder Grandjus) bedecken. Die gesamten Gewürze hinzugeben und langsam zum Kochen bringen. Die Schweinsbackerln abdecken und bei 200 °C im Backrohr 90–120 Minuten sanft schmoren.

☐ Wenn das Fleisch weich ist, die Backerln aus dem Ansatz herausnehmen und warm stellen. Die Sauce durch ein Sieb passieren. Auf etwa die Hälfte reduzieren, abschmecken, eventuell noch leicht mit Maizena binden sowie mit etwas Butter montieren.

Gemüse:

☐ Kohlrabis und Erdäpfel schälen und in etwa 1 cm große Würfel schneiden. Die Butter schmelzen, Schalotten farblos andünsten, Erdäpfel und Kohlrabis dazugeben, leicht salzen und mit einem hellen Fond (Schwein, Geflügel oder Gemüse) knapp bedecken.

☐ Zugedeckt etwa fünf Minuten bei moderater Hitze dünsten, bis die Würfel weich sind. Schließlich mit Muskat und Zitronensaft abschmecken und mit Schnittlauch vollenden.

Morcheln:

☐ Die Schalotten in etwas Butter farblos andünsten, Morcheln hinzugeben, mit Salz und Pfeffer würzen, anschließend mit dem Sherry ablöschen und leicht einkochen, bis die Morcheln gar sind.

☐ Alles auf vorgewärmten Tellern anrichten und sofort servieren.

Gepökelte Schweinsbäckchen mit cremigem Kartoffelpüree und gemalzter Gerste

4 frische Schweinsbäckchen
20–25 g Pökelsalz
10 g Zucker
2 geschälte und in dicke Scheiben geschnittene Knoblauchzehen
4–6 gestoßene Wacholderbeeren
12 gestoßene Pfefferkörner
3–4 grob zerbröselte Lorbeerblätter
1 TL Kümmel- oder Kreuzkümmelsamen

Für das Püree:
500 g Kartoffeln, mehlig kochend
500 ml Milch
3–4 EL Crème fraîche
2–3 EL Butter
Meersalz und weißer Pfeffer aus der Mühle

Für die Gerste:
1 große Handvoll Rollgerste
1 EL Pflanzenöl
1 EL Butter
Salz

Außerdem:
12 Honig-Schalotten (s. o.)
1 EL Zucker
1 EL Butter
etwas aufgelöste, mit Butter verfeinerte Fleischglace (siehe Anhang) oder auch etwas „schneller Jus"
frische Kräuter und/oder hausgemachte Kartoffelchips zur Dekoration

Selbst gepökelt schmeckt das Gericht am besten, wer sich die Arbeit sparen will, bestellt beim Metzger „gepökelte Schweinsbäckchen".
Auch die Honig-Schalotten sind leicht herzustellen: Schalotten schälen, in einen Topf geben, mit Wasser nicht ganz bedecken, 2–3 EL Honig, einen Schuss Essig und etwas Salz dazugeben, aufkochen, danach dünsten, bis die Schalotten bissfest weich (ca. 20 Minuten) und nur noch von einem dicken Sirup überzogen sind – in ein großes Glas füllen und 24 Stunden marinieren lassen.

☐ Die sauber ausgelösten Backerln mit den vorgesehenen Gewürzen einreiben, in ein gut schließendes Gefäß füllen, einen Schluck Wasser dazugeben und verschlossen 2 Tage pökeln. Gut durchschütteln, danach nochmals 2–3 Tage pökeln. Schließlich die Backerln mit 1 l kaltem Wasser (oder Fleischbrühe) aufsetzen, aufkochen lassen, Hitze zurücknehmen und 1,5 Stunden gar ziehen lassen; fertige Backerln im Sud warm halten.
☐ Zwischenzeitlich das Püree herstellen. Geschälte Kartoffeln in der Milch kochen, bis sie fast zerfallen, danach mit einer Schaumkelle herausnehmen und in einer Schüssel unter Zugabe von Kochflüssigkeit und Butter zu einem Püree stampfen – das Püree mit Crème fraîche verfeinern (es sollte sehr cremig sein). Kartoffelpüree mit etwas Salz und Pfeffer abschmecken.
☐ Die Rollgerste in Öl rösten, bis sie nach Malz duftet und eine schöne Farbe hat, dann salzen und mit ein wenig Butter verfeinern; warm stellen.
Für die Schalotten etwas Zucker in Butter karamellisieren und diese darin wälzen – mit etwas Einlegeflüssigkeit begießen und schmoren, bis sie glänzen sowie durchgewärmt und von einem dicken Sirup überzogen sind.

Anrichten:

☐ Kartoffelpüree mit Hilfe eines Anrichteringes mittig auf vier Teller streichen.
☐ Die geröstete Rollgerste auf das Püree verteilen und darauf jeweils ein Backerl setzen.
☐ Pro Teller drei Schalotten anrichten und alles mit etwas Fleischglace, Jus oder auch nur Sirup von den Zwiebeln umkränzen. Nach Belieben dekoriert auftischen.

DAS GEFEUERTE SCHWEIN: BARBECUE & GRILL

Hausgemachte grobe Schweinsbratwürste

☐ Für grobe Schweinsbratwürste gibt es wahrscheinlich so viele Rezepte wie Länder, Regionen und Köche – jeder hat da seine „geheime" Spezialrezeptur.
☐ Ich persönlich esse am liebsten Salsiccie (die ich mir auch mit Fenchel und Peperoncino würze) oder aromatische Wildschweinbratwürste mit spezieller Wildwürze.

Aber ACHTUNG: Frisch zubereitete Würste sollten am Tag der Herstellung verbraucht werden!

Im Folgenden 2 Beispiele:

Salsiccie auf meine Art

1 kg Schweinebauch, ohne Knochen und abgeschwartet

1 kg mageres Schweinefleisch aus der Keule, ohne Knochen und abgeschwartet

500 g Schweinefleisch aus der Schulter, ohne Knochen und abgeschwartet

125 g Lardo oder Grüner Speck

150–200 ml trockener Weißwein (man kann auch Rotwein nehmen)

5–6 Knoblauchzehen, zerdrückt

1–2 EL Fenchelsamen, im Mörser zerstoßen

5 g Pfeffer, frisch gemahlen

5 g Pökelsalz

30 g Meersalz

1–2 EL im Mörser zerstoßene Peperoncini, wenn es pikant werden soll

☐ Das gesamte Fleischmaterial wird gewürfelt und durch die mittlere oder grobe Lochung des Fleischwolfs gedreht (üblich ist die 5-mm- oder 8-mm-Lochung).
☐ Danach die Fleischmasse mit den Händen gut verkneten und dabei die Gewürze einarbeiten.
☐ Es empfiehlt sich, aus der Masse eine kleine Boulette zu formen, diese in einer Pfanne zu braten und zu kosten, ob die Gewürzmischung passt.
☐ Wurstmasse mit einer Wurstspritze in gewässerte Därme (Kaliber 28/30) füllen, zu gleichmäßigen Würsten abdrehen.

Salsiccie di cinghiale

1,5 kg Wildschweinbauch, entschwartet
1,5 kg Wildschweinnacken, entschwartet
1 kg Lardo (ersatzweise grüner Speck)
300 ml Rotwein
5 EL Fenchelsamen
6–8 Knoblauchzehen
4 EL schwarze Pfefferkörner
2 EL Pimentkörner
2 EL Wacholderkörner
1 EL Lorbeerpulver (oder 6 im Mörser zerstoßene Lorbeerblätter)
4 getrocknete Peperoncini
2–3 Rosmarinzweige
abgeriebene Schale von 2 unbehandelten Zitronen
40–50 g Meersalz
Schweinsdärme (Kaliber 28/30)

☐ Wenn man Gewürze vor der Verwendung trocken röstet, werden sie intensiver: Fenchel, Pfeffer, Piment und Wacholder daher trocken rösten, bis sie duften.
☐ Dann zusammen mit Lorbeer, Peperoncini und Salz in einem Mörser zerstampfen. Abgezupfte und kleinst gehackte Rosmarinnadeln dazugeben. Lardo entschwarten und in kleine Würfel schneiden.
☐ Das Wildschweinfleisch grob würfeln, mit der Gewürzmischung, den geschälten und gehackten Knoblauchzehen sowie der Zitronenschale durch den Fleischwolf (grobe Lochung) drehen.
☐ Dann ein Drittel der Wurstmasse abmessen und dieses nochmals durchdrehen.
☐ Fleischmasse mit Speckwürfeln und Wein gut mit den Händen verkneten, dann mit einer Wurstspritze in Därme füllen und zu Würsten abdrehen.

Griechische Schweinefleischspieße • Suwlákia

1 kg gut durchwachsenes Schweinefleisch von Schulter oder Bauch
75 ml gutes Olivenöl
Zitronensaft, frisch gepresst
1 Handvoll getrockneter Oregano
frische Zitronenviertel zum Garnieren
Salz und Pfeffer aus der Mühle

☐ Das Fleisch in möglichst gleichmäßige, 2,5–3 cm große Würfel schneiden und in einer Schüssel mit Olivenöl, Zitronensaft (von 1–2 Zitronen), Oregano, Pfeffer aus der Mühle und Salz vermengen.
☐ Die Fleischwürfel einige Stunden (am besten über Nacht) darin marinieren lassen, dann jeweils 5 Stück auf einen Holz- oder Metallspieß stecken und über mäßig heißer Holzkohlenglut unter mehrmaligem Wenden grillen.
☐ Jeweils 2–3 Spieße pro Portion anrichten, mit frischem Oregano bestreuen und mit Zitronenvierteln garniert auftischen.

TIPP: Dazu schmeckt ein griechischer Bauernsalat, für den man 3 Fleischtomaten sowie 1–2 Salatgurken würfelt und in einer Schüssel mit 1–2 in Ringe geschnittenen Zwiebeln, 2 hellen, grünen, in Ringe geschnittenen Spitzpaprikaschoten, einigen schwarzen Oliven, einigen gewaschenen Salzkapern und evt. etwas gewürfeltem Schafkäse vermengt – darüber gießt man eine Marinade aus Olivenöl, rotem Weinessig, Oregano, Pfeffer aus der Mühle und Salz.

Variante: Dieses Gericht schmeckt auch mit Schweinsleber oder gemischt (Fleisch und Leber 50:50) ausgezeichnet.

Gegrilltes Schweinefleisch nach Gyros-Art

500 g Schweinebauch ohne Schwarte
500 g Schweinefleisch vom Nacken
500 g mageres Schnitzelfleisch
3–4 Knoblauchzehen, gehackt oder zerdrückt (oder in diesem Fall auch Knoblauchpulver)
1–2 EL griechischer Oregano (getrocknet)
1–2 EL Kreuzkümmel, im Mörser zerstoßen
1–2 TL Paprikapulver
1 EL schwarzer Pfeffer, geschrotet
Meersalz
Olivenö

Beinahe jeder liebt das würzige Schweinefleisch vom griechischen Drehspieß, doch die wenigsten haben einen Drehspieß daheim. Daher hier einen Variante, wie man das aromatische Gyros auch ohne Drehspieß genießen kann.

☐ Das Fleisch in möglichst gleichmäßige, etwa 1 cm dicke Scheiben schneiden und mit den Gewürzen rundherum einreiben. In eine Schüssel füllen, etwa 125 ml Olivenöl dazugeben und alles mindestens 24 Stunden zugedeckt marinieren lassen – ab und zu wenden.
☐ Das Fleisch über mäßig heißer Holzkohlenglut sehr langsam grillen, damit es Aroma aufnehmen kann – während des Grillens mit etwas Marinade bestreichen.
☐ Dann das Fleisch in Streifen schneiden und die Fleischsorten vermischen.
☐ Mit Weißbrot und Zaziki auftischen.

Original Zaziki:

1 Salatgurke raspeln, salzen und kurze Zeit ziehen lassen, dann leicht ausdrücken. 500 g griechischen Joghurt mit den Gurkenraspeln vermischen, 3–5 Knoblauchzehen dazupressen, danach 2 EL gehackte frische Minze, 3–4 EL bestes Olivenöl (unbedingt griechisches nehmen), 1–2 EL Weinessig und eine ordentliche Prise Salz hinzufügen. Gut vermischen und bis zum Verzehr mindestens 60 Minuten im Kühlschrank ziehen lassen. Vor dem Servieren mit etwas Minze garnieren.

Currywurst auf meine Art

Für 4 Portionen:

4 Paar dünne Salsiccie piccante (oder hausgemachte dünne Bratwürste mit viel Chili gewürzt s. o.)

Für die Sauce:

400 ml Polpa di pomodoro (1 Dose)

2 Knoblauchzehen

2–3 EL scharfes Madras-Currypulver

1 EL zerbröselte getrocknete Chilischote

1 Schuss guter Weinessig

1 EL Schmalz oder 4 EL Olivenöl

Prise Zucker

Meersalz

☐ Zuerst die Sauce vorbereiten: Gepressten Knoblauch im Fett hellbraun rösten, mit Essig ablöschen, diesen einkochen lassen, dann die Tomatenpolpe und Chili dazugeben, leicht salzen und zuckern und 40–45 Minuten auf milder Flamme einkochen lassen.

☐ Mit Currypulver, Essig und Salz würzig abschmecken.

☐ Die Würste auf dem Grill beidseitig knusprig braten, dann jeweils ein Paar auf einem Teller anrichten und mit etwas Sauce nappieren; restliche Sauce extra dazu servieren.

☐ Dazu schmeckt geröstetes Ciabatta-Brot.

Mediterrane Grillkoteletts auf meine Art

4–6 schöne, dicke Koteletts mit schönem Fettrand (mindestens 1 cm breit)
Meersalz

Marinade:
250 g Butter
12–16 Knoblauchzehen
2–3 Lorbeerblätter
2–3 EL frische Thymianblätter
3–4 EL frische Rosmarinnadeln
2 EL frisches Fenchelgrün (oder ½ EL gestoßener Fenchelsamen)
½ EL Lavendel (nach Belieben)
Salz

Hier wird das Fleisch nicht vor dem Grillen, sondern erst nachher mariniert – das hat den Vorteil, dass die Marinade nicht in die Glut abtropfen kann.

☐ Den Fettrand der Koteletts mehrfach einschneiden, das Fleisch dabei möglichst nicht verletzen. Fleisch zart salzen, dann über sehr heißer Glut beidseitig scharf grillen.
☐ Zwischenzeitlich die Butter in einer großen Pfanne aufschäumen lassen, den geschälten und in Scheiben geschnittenen Knoblauch zusammen mit den Lorbeerblättern auf Mittelhitze 2 Minuten dünsten, danach Thymian, gehackte Rosmarinnadeln und das Fenchelgrün dazugeben – zart salzen und warm halten.
☐ Die knusprig gegrillten und deutlich gebräunten Koteletts in eine Auflaufform legen und mit der heißen Kräuterbutter begießen. An einem warmen Ort neben dem Grill nachziehen lassen, so dass das Fleisch etwas nachgaren, sich aber gleichzeitig entspannen und die Kräuteraromen aufnehmen kann.
☐ Die gut lauwarmen Koteletts zusammen mit knusprig gebackenem Ciabatta-Brot, einem säurebetonten Weißwein und folgendem Okragemüse auftischen:

Okragemüse:
☐ 500 g kleine, frische Okraschoten waschen, Stiele bis zum Kappenansatz wegschneiden, die Früchte waschen und abtropfen lassen.
☐ In eine Schüssel geben, mit 125 ml rotem Weinessig übergießen und 30 Minuten ziehen lassen. 125 ml Olivenöl in einer großen Pfanne erhitzen, 2 fein gehackte Zwiebeln darin andünsten, die abgegossenen Okraschoten dazugeben und unter ständigem Rühren anbraten.
☐ 4 EL Tomatenpolpe sowie 1 TL Zucker dazugeben, dann mit Salz und Pfeffer würzen (ich gebe noch eine Prise Kreuzkümmel dazu).
☐ Auf schwacher Hitze 30–40 Minuten schmoren lassen, dann mit Asafoetida verfeinern und erkalten lassen. Lauwarm oder kalt zum Grillfleisch servieren.

Nackensteaks mit Ahornsirup

6 schöne, ca. 2–3 cm dicke Schweinenackensteaks (Schopfsteaks)
3 EL Ahornsirup
3 EL Maiskeimöl
2 EL gemahlene Haselnüsse
1 EL weißer Portwein
Salz

Gegrillte Nackensteaks werden meist aus vormariniertem Fleisch hergestellt – das ist nicht meine Sache. Ich mariniere lieber selber, dann kann ich sowohl die Fleischqualität besser steuern als auch den Geschmack der Marinade, denn von Glutamat verseuchte Fertigmarinaden lassen dem Fleisch kaum einen Spielraum für Eigengeschmack.

□ Das Fleisch rundherum mit der Marinade bepinseln und zugedeckt 24 Stunden marinieren lassen – ab und an wenden und mit Marinade bestreichen.
□ Dann das Fleisch über nicht zu heißer Glut auf einer Alu-Grilltasse auf jeder Seite etwa 5–6 Minuten grillen – dabei mit der restlichen Marinade bestreichen.
□ Das Fleisch in Folie gewickelt 5 Minuten rasten lassen, dann erst servieren. Dazu reiche ich Wedges aus Süßkartoffeln.

Im Smoker gegarte Schweineschulter
Memphis Style Pulled Pork

Fleisch:

3 kg Schweinenacken oder -schulter, ohne Knochen und abgeschwartet

Memphis-Rub:

2–3 EL Paprikapulver, edelsüß

2 EL Cayennepfeffer oder Chilipulver

2 EL schwarzer Pfeffer, frisch gemahlen

1 EL Zwiebelpulver

1–2 EL Salz

Memphis-BBQ-Sauce:

400–500 ml Ketchup

3–4 große Zwiebeln, fein gehackt

3–4 Knoblauchzehen, zerdrückt

200 ml Rotweinessig

3–4 EL englischer Senf

1–2 EL Melasse

3–4 EL brauner Zucker

3–4 TL Tabasco

1 TL Worcestershiresauce

½ TL liquid smoke (wenn erhältlich)

1 TL Salz

1–2 EL Butter (nach Belieben)

Außerdem:

Krautsalat

Burger-Buns

Es gibt Dinge in Amerika, die Europäer nur schwer verstehen werden, und das, obwohl sie diese Dinge maßgeblich mit beeinflusst haben: so auch das echte BBQ aus dem Smoker, bei dem das Fleisch stunden- bis tagelang im Rauch bei niedrigen Temperaturen gart, bis es nach Gewürzen und Rauch schmeckt. Tatsächlich ist BBQ nichts anderes als eine Weiterentwicklung oder Abart unseres Räucherns.
Beim sogenannten „Pullen" wird das Schweinefleisch so lange bei niedriger Temperatur im Smoker gegart, bis es quasi von alleine auseinanderfällt, so dass man es mit den Händen auseinanderzupfen *(pullen)* kann. Der Sinn des Ganzen besteht darin, dass das innere Fleisch sehr saftig und weich ist, während das äußere Fleisch kross, würzig und rauchig schmeckt – die verschiedenen Texturen ergeben dann den Reiz des Gerichtes. Wichtiger Bestandteil des *„Pulled Pork"* ist neben dem Fleisch die Sauce, denn das zerpflückte Fleisch wird mit ihr vermischt, bevor es serviert wird. Kenner genießen das *„Pulled Pork"* mit Krautsalat in einem Hamburger-Bun:

☐ Am Vortag des BBQ den Memphis-Rub mischen und das Fleisch mit der Hälfte der Gewürzmischung einreiben – Gewürze leicht ins Fleisch einmassieren. Das Fleisch in Frischhaltefolie wickeln und über Nacht im Kühlschrank ziehen lassen.

☐ Das Fleisch 4 Stunden vor Beginn des BBQ aus dem Kühlschrank nehmen, bei Zimmertemperatur akklimatisieren lassen und anschließend mit der zweiten Hälfte der Gewürzmischung einreiben.

☐ Smoker (oder Kugelgrill) auf 100 °C vorheizen, das Fleisch in den Smoker legen und bis zu einer Kerntemperatur von 95 °C garen – das dauert ca. 16–20 Stunden! Die Temperatur darf dabei niemals höher als 100 °C sein!!!

☐ In der Zwischenzeit die Zutaten für die BBQ-Sauce in einem Topf vermischen und so lange köcheln lassen, bis die Zwiebeln weich sind – alles passieren und abkühlen lassen.

☐ Das fertige Fleisch in Alufolie wickeln und 30 Minuten rasten lassen, danach pullen und mit Sauce vermischen. Mit Krautsalat in Burger füllen und auftischen.

Mixed Grill „alles ist gut vom Schwein"
Mixed-Grill „tout es bon dans l'cochon"

Für 8–10 Personen:

Mindestens 100 küchenfertige kleine Weinbergschnecken „Petits–gris" (samt Häusern) – beim Züchter bestellen

4 vorgekochte und erkaltete halbierte Schweinsfüße

4 vorgekochte und erkaltete Schweinsohren

6 vorgekochte und erkaltete Schweineschwänze

½–1 Schweinsleber, in dickere Scheiben geschnitten

8 frische grobe Bratwürste (vorzugsweise mit Fenchelaroma) – siehe hausgemachte Würste

Olivenöl

Kräuter der Provence

Für das Senf-Aioli:

2 Eidotter

6–12 Knoblauchzehen (so viel, wie sie wollen!)

Saft einer halben Zitrone

1–2 TL Dijon-Senf

250 ml Sonnenblumenöl

75–100 ml Olivenöl extravergine

2 EL Créme fraîche oder Sauerrahm

Prise Cayennepfeffer

Meersalz (ca. 1/8 Teelöffel)

Die Idee zu diesem Rezept kam mir während der Recherchen zu meinem Schneckenkochbuch in Südfrankreich. Dort wird im Frühjahr eine sogenannte *„Cargolade"* abgehalten, ein spezielles Grillfest, bei dem vor allem Hunderte von Schnecken am Grill landen, dazu gibt es alle möglichen Würste, Lammkoteletts und natürlich auch Innereien vom Grill. Eine *Cargolade* für weniger als 12 Leute zu veranstalten, gilt als Sakrileg, denn es handelt sich hierbei nicht um ein Rezept, sondern um ein Fest.
Ich habe nun die Inspiration mitgenommen und für dieses Buch meine Version – natürlich auch mit Schnecken (wie könnte das bei mir als Schneckenkochbuch-Autor auch anders sein) – entwickelt.

Hinweis: Man kann zuweilen vorgekochte Füße, Ohren und Schwänze kaufen – fragen sie den Metzger ihres Vertrauens!

□ Für die Sauce zuerst Eidotter in ein hohes Gefäß füllen, dann Senf, Zitronensaft, Salz und geschälten, grob gehackten Knoblauch dazugeben. Mit Sonnenblumenöl (oder Distelöl) aufgießen, dann mit einem Stabmixer vom Boden beginnend und langsam nach oben fahrend zu einer Mayonnaise mixen.
□ Wenn die Masse gut emulgiert ist, mit Olivenöl, Crème fraîche, Cayennepfeffer und evt. noch einer Prise Meersalz verrühren. Kalt durchziehen lassen.
□ Küchenfertige Schnecken in die Häuser füllen, mit Kräutern und Olivenöl würzen, dann mit der Öffnung nach oben dicht an dicht auf einen Grillrost setzen. Rundherum die in Kräutern gewendeten Fleischteile und die Würste legen und alles über sanfter Glut garen, bis die Fleischteile goldbraun sind.
□ Alles auf zwei großen Platten anrichten und mit Aioli und ofenfrischem Weißbrot auftischen.
□ Einen eisgekühlten Roséwein oder einen leichten Rotwein aus Südfrankreich dazu servieren. Welch ein Schmaus, welch ein Fest!

Filetspieß vom Grill • Lombello Arrosto

18 Scheiben Schweinefilet von ca. 1–2 cm Dicke
24 Scheiben Baguette (ca. 2 cm dick)
24 nicht zu dünne Stücke Parmaschinken (vom gleichen Durchmesser wie die Filets)
75 g Schweineschmalz
Salz und Pfeffer aus der Mühle

Die Sarden sind wahre Meister im Umgang mit Feuer, Glut und Drehspießen. Und so stammt auch dieses Rezept von der Trauminsel im Mittelmeer. Ich habe es bei einem Hoffest eines Künstlers (auf das ich zufällig geraten bin) kennengelernt. Den Namen des Künstlers habe ich leider vergessen, das Rezept jedoch nicht:

☐ Auf einem langen Spieß eine Scheibe Brot, dann eine Scheibe Schinken, eine Scheibe Filet und wieder eine Scheibe Schinken aufspießen. Dann wieder mit Brot beginnen, danach Schinken, Filet und wieder Schinken – so fortfahren, bis alle Zutaten verbraucht sind.
☐ Das Schmalz zerlassen und den Spieß rundherum damit einpinseln. Alles salzen und pfeffern, dann über glühender Holzkohle grillen, dabei den Spieß ständig drehen und von Zeit zu Zeit mit verbliebenem Schmalz bestreichen.
☐ Nach 30 Minuten sollte das Brot schön goldbraun geröstet und knusprig sein – der Spieß ist dann fertig und wird sofort serviert.

Hinweis: Hat man keinen so großen Spieß zur Hand und auch nicht eine geeignete Feuerstelle zur Verfügung, so verteilt man die Zutaten auf 6 kleinere Spieße.

Tipp: Ich stecke zusätzlich einige getrocknete Tomaten mit auf den Spieß.

Spareribs „Jerk-Style"

Für 6–8 Bahnen Spareribs

12 ganze rote Chilischoten (ohne Stiele)
6–8 große Knoblauchzehen
100 g Schnittlauch in Röllchen
1,5–2 EL Piment (unbedingt jamaikanischen nehmen)
½–1 EL Muskatnuss
1,5 TL Zimt
½ TL Nelkenpulver
400 ml Malzessig
250 ml Sojasauce
2 EL weißer Rum
2 EL brauner Rum
2–3 EL Salz

Der Name *jerk* leitet sich vom spanischen *charqui"* ab, denn so nannten die Spanier die Methode der Indianer, Rindfleisch durch Trocknen an der Sonne haltbar zu machen. *Charqui* wurde dann mit *jirk* ins damalige Englisch übersetzt, woraus schließlich das heutige *jerk* entstand. Jerk ist nun die Bezeichnung für eine besondere Art, Fleisch (aber auch Fisch & Meeresfrüchte) zu würzen. Die wichtigste Zutat ist dabei eine Marinade aus Chili, Knoblauch und Piment, die man in größeren Mengen vorbereiten kann. Jerk wird nicht nur als Marinade, sondern auch als eine Art Chilisauce zum Würzen verwendet.

☐ Alle Zutaten in einen Mixer geben und so lange mixen, bis alles fein püriert ist und man über eine homogene Sauce verfügt; diese in Gläser füllen und vor Gebrauch mindestens 1–2 Tage ziehen lassen.

Verwendung als Marinade: Fleisch (vorzugsweise Spareribs) damit bestreichen und 3–6 Stunden (oder besser über Nacht) marinieren lassen.
Das marinierte Fleisch wird original auf einem Rost über nicht zu heißer Holzkohlenglut langsam gegrillt, bis es gar und knusprig ist (ich gare das Fleisch lieber im geschlossenen Kugelgrill bei mäßiger Hitze ca. 90 Minuten auf einer Grilltasse, wende ab und zu und bestreiche zwei- bis dreimal mit Marinade).

Verwendung als Sauce: Oben angegebene Zutaten mit weiteren 400 ml Essig in einem Töpfchen aufkochen lassen, einige Minuten köcheln, in Gläser füllen und vor Gebrauch 3 Tage im Kühlschrank ziehen lassen; bei Bedarf als Würzsauce reichen.

Spareribs natur

ca. 2 kg Rippe vom Landschwein im Ganzen (ich nehme die als Spareribs vom Schwäbisch-Hällischen Eichelmastschwein verkauften Rippchen – die sind nicht durchtrennt)
feines Steinsalz (z. B. Luisenhaller)

Man kann dieses Gericht mit einem Holzkohlengrill zubereiten, aber auch im Ofen. Das Fleisch sollte jedoch beim Grillen nicht über der Glut liegen (und auch nicht – wie z. B. in einem Smoker – im Rauch garen), sondern einfach neben der Glut auf einem Rost (oder aufgestellt) unter ständigem Wenden in der abgestrahlten Hitze garen (das dauert dann zwar einige Stunden, bis das Fleisch gar ist, schmeckt aber sensationell). Hier aber die einfachere Variante aus dem Ofen (wenn der Ofen zu klein für einen ganzen Rippenbogen ist, dann kann man diesen auch halbieren):

☐ Das Fleisch salzen, 1 Stunde ziehen lassen, danach langsam über eher kalter Glut (am besten in einem Kugelgrill von ca. 100–120 °C Hitze) 3–4 Stunden grillen – immer wieder wenden und immer wieder mit Schmalz einstreichen.
☐ Ich nehme für diese Rippchen auch gerne einen Gasgriller, wo sie bei geringer Temperatur 4–6 Stunden garen – während dieser Zeit die Rippchen alle 20–30 Minuten wenden und mit zerlassenem Schweineschmalz (vorzugsweise von der gleichen Schweinerasse) bestreichen.

Zubereitung im Ofen:

☐ Die Rippchen rundherum salzen und 2 Stunden ziehen lassen. Den Ofen auf ca. 120 °C vorheizen, dann das Fleisch auf einem Rost liegend (Abtropfpfanne darunterlegen) in den Ofen schieben und langsam, unter ständigem Begießen mit dem eigenen heruntertropfenden Fett und unter ständigem Wenden (je nach Größe und Bauart des Ofens dauert das 3–6 Stunden) braten, bis die Rippchen rundherum gleichmäßig braun sind (die letzten 30–45 Minuten nicht mehr übergießen).
☐ Wenn man sorgfältig gearbeitet hat, sind die Rippchen nun außen leicht knusprig und innen wunderbar saftig und schmecken hervorragend nach dem, was sie sind: bestes Schweinefleisch!

Texas-Style beer-mopped BBQ-Ribs

4 Bahnen Rippchen; vorzugsweise „St. Louis-Cut", sonst normale Spareribs (größere Exemplare auswählen) – ich nehme Rippchen vom Schwäbisch-Hällischen Eichelmastschwein

Für den Dry–Rub:

½ Tasse schwarzer Pfeffer, frisch gemahlen
3 EL Paprikapulver edelsüß
1–2 EL Chilipulver
2 EL Zucker
1 EL Knoblauchpulver
1–2 TL Zwiebelpulver
1 EL Salz

Für den Beer–Rub:

400–500 ml Bier (vorzugsweise amerikanisches Budweiser)
250–300 ml Apfelessig
100–125 ml Wasser
100 ml Olivenöl
1 kleine Zwiebel, feinst gehackt
2–3 Knollen Knoblauch, feinst gehackt oder zerdrückt
1–2 EL Worcestersauce
1 EL Dry-Rub
1 TL Salz

Im Unterschied zu den klebrigen, mit übermäßig Sauce überzogenen BBQ-Rips bleiben diese Texanischen Rippchen trocken. Nichtsdestotrotz sind sie saftig und würzig und für mich die besten Rippchen überhaupt. Wenn man Fleisch im sogenannten „St. Louis Cut" erhalten kann, so sollte man diesem unbedingt den Vorzug vor unseren handelsüblichen Spareribs (im amerikanischen *Baby-Back-Ribs* genannt) geben.
Die sogenannten *moppig-sauces* der Texaner sind spezielle Würzsaucen, die während des Garens auf das Fleisch getupft werden. Früher hat man das mit einem Baumwoll-Mopp gemacht, daher der Name.

☐ Von den Rippchen die am Knochenstrang befindliche Membran entfernen (die kann man leicht mit einem kräftigen Zug abziehen).
☐ Den Dry-Rub mischen, einen großen EL davon für den Beer-Rub beiseite geben, dann mit der Hälfte des verbliebenen Rub die Rippchen einreiben, in Folie wickeln und über Nacht kalt stellen (ich vakuumiere die Rippchen, so marinieren sie noch intensiver).
☐ Drei Stunden vor der Zubereitung die Rippchen aus dem Kühlschrank nehmen und mit der zweiten Hälfte der Gewürzmischung einreiben.
☐ Den Beer-Rub mischen.
☐ Die Rippchen im Smoker oder Kugelgrill bei 100–110 °C etwa 6 Stunden smoken, dabei etwa einmal pro Stunde kräftig mit dem Beer-Rub betupfen. Die Rippchen sind fertig, wenn das Fleisch fast schon von allein vom Knochen fällt.

Gegrillte Schälrippchen „Barbecue Style"

Für 8 Personen:

ca. 3 kg fleischige Schälrippe
300 g bestes Ketchup
6 Knoblauchzehen, fein gehackt
3 EL Maggi
3 EL Sojasauce
3–4 EL Honig
2 EL Bourbon Whiskey
3–4 EL Öl
1,5 TL schwarzer Pfeffer, grob geschrotet
1 TL Rauchsalz

Normalerweise bin ich kein Freund von Maggi & Co – aber hier passt es ausnahmsweise einmal.

☐ Die Rippchen so in Scheiben schneiden, dass jedes Stück genau einen Rippenknochen aufweist – dann die Rippchen in kochendem Salzwasser 45 Minuten garen. Alle Zutaten für die Marinade verrühren.
☐ Die fertig gekochten Rippchen abspülen, abtrocknen und in die Marinade legen – mindestens 24 Stunden darin ziehen lassen.
☐ Am Tag der Zubereitung die Rippchen von allen Seiten grillen und währenddessen mit Marinade bestreichen, bis sie goldbraun, knusprig und schön karamellartig glasiert sind.

South Cackalacky Barbecue

Für 6–8 Personen:

1 kg Schälrippe
1 kg Spareribs
1 kg Schweinebauch in Scheiben
3 TL brauner Rohrzucker
2–3 TL Cayennepfeffer
2 TL Kreuzkümmelsamen, im Mörser zerstoßen
3 TL schwarzer Pfeffer, geschrotet
3 TL Meersalz

South Cackalacky Mustard Barbecue Sauce:

300 ml frisch zubereiteter Senf (ersatzweise Englischen Senf nehmen)
75–100 ml Apfelessig
75–100 ml Melasse
75 ml Honig
3 Esslöffel brauner Rohrzucker
etwas Sonnenblumenöl
½ TL Oregano, feinst gerieben (oder gemörsert)
½ TL Thymian, feinst gerieben (oder gemörsert)
½–1 TL Cayennepfeffer
Meersalz nach Geschmack

Ich habe mir an dieser Stelle gedacht, dass die ewig gleichen und ewig selbigen Barbecue-Ribs langsam so bekannt sind, dass man sie nicht noch einmal erwähnen muss. Außerdem habe ich ja bereits eines dieser Rezepte angeführt. Doch dann sind mir die göttlich guten Rippchen und Bauchfleischstücke eingefallen, welche ich seinerzeit in South Carolina verkosten durfte. Denn hier werden die Fleischstücke nicht in der ewig selben Tomaten-Honig-Gewürze-Sauce ertränkt, sondern mit einer köstlichen Senf-Sauce aufgetischt – diese Form des Barbecue ist so saugut, dass ich sie hier nicht vergessen durfte. Am besten schmeckt die Sauce übrigens mit frisch angerührtem Senf aus Senfpulver (im Handel z. B. von Colman's erhältlich).
Ach übrigens: Wer sich über den Namen wundert, dem sei gesagt, dass „Cackalacky" keine Kakerlaken beschreibt, sondern nichts anderes ist als der örtliche Dialektausdruck für „South Carolina".

☐ Alle Zutaten für die Senf-Sauce in ein verschließbares Gefäß füllen, gut verschließen und einfach schütteln, bis alles gut vermengt ist – danach kalt stellen. Alle Würzzutaten für das Fleisch in eine verschließbare Schüssel geben und ebenfalls durchschütteln und vermischen.
☐ Das Fleisch rundherum mit der Gewürzmischung einreiben und zugedeckt 4–6 Stunden im Kühlschrank marinieren lassen.
☐ Nun arbeitet man mit sogenannter indirekter Hitze. Das geschieht am besten in einem Kugelgrill, weil hier die Hitze gleichmäßig auf das Fleisch einwirken kann – um den Effekt besonders gut zu nutzen, legt man noch eine Grillschale mit Wasser unter das Fleisch (verhindert ein frühzeitiges Austrocknen). Die Glut wird rund um die Wasserschale verteilt und wirkt so nicht direkt auf das Fleisch – alternativ kann man die Glut auch auf einer Seite des Grills platzieren und das Fleisch auf der anderen, nicht befeuerten Seite garen. Das hat den Vorteil, dass man das Fleisch noch kurz über direkter Flamme überkrusten kann, nachdem es fertig gegart ist.
☐ Das Fleisch wird also bei indirekter, eher mäßiger Hitze in einem Grill gut 2 Stunden gegart, bis es so weich ist, dass es fast von selbst vom Knochen fällt. Das Bauchfleisch hingegen sollte eher knusprig und gut ausgebraten sein. Das Fleisch mit Sauce bestreichen und noch 5 Minuten weitergaren oder – wenn gewünscht – das Fleisch nun kurz auf die direkte Glut legen, um ihm eine schmackhafte Kruste zu verpassen.
☐ Das Fleisch auf einer großen Platte anrichten und mit etwas Sauce übergossen auftischen – restliche Sauce dazu extra reichen –, das ist echt saulecker!

Der erstklassige Bayou Schweinefleisch-Burger
The most famous Bayou Pork Burger

Für 20 kleinere Burger:

1 kg eher fettes Schweinehackfleisch
1 kg eher mageres Schweinehackfleisch
1 großes oder 2 kleine Eier
Semmelbrösel nach Bedarf (ca. ½ Tasse)
1 weiße Zwiebel
1 große rote Chilischote, fein gehackt (original „red bell pepper")
2–3 Knoblauchzehen
etwas Olivenöl oder Schweineschmalz

Außerdem:

20 Slider Buns (kleine Hamburger-Brötchen)
250 ml hausgemachte Mayonnaise (siehe Anhang)
Saft von 1 Zitrone
1 Bund Schnittlauch
Original Bayou Seasoning

Das Rezept für diesen Burger habe ich von einer kleinen Burger-Bude, auf welche ich unweit der Metropole New Orleans an einer abseits gelegenen Landstraße in der Nähe des Mississippi stieß. Der Laden lockte mich mit genau dem oben beschriebenen Titel an und neugierig, wie ich nun mal bin, musste ich den Super-Burger kosten – und was soll ich sagen? Es war zweifelsohne der beste Schweinefleischburger, den ich jemals irgendwo verkostet habe.

Das Geheimnis sei die spezielle Gewürzmischung, verriet mir der freundliche Koch auf meine Frage und erklärte mir, wie man das echte *Bayou-Seasoning* (eine spezielle kreolische Gewürzmischung) herstellt: 6 EL Paprikapulver mit 5 EL Knoblauchpulver, 4 EL Zwiebelpulver, 2–3 EL Chilipulver, 2 EL zerriebenem getrocknetem Oregano, 2 EL zerriebenem getrocknetem Thymian, 1 EL frisch gestoßenem Kreuzkümmel, 1 EL frisch gestoßenem schwarzem Pfeffer, 1 EL Selleriesalz, 1 EL Salz (vorzugsweise Meersalz) und einer guten Prise Rauchsalz sorgfältig vermischen, in ein gut verschließbares Glas füllen und einige Tage durchziehen lassen.

☐ Die gehackte Zwiebel zusammen mit dem gehackten Knoblauch und der gehackten Chilischote (ohne Kerne wird es milder) in Fett anrösten, dann 2 EL „Bayou-Seasoning" dazugeben und 6–8 Minuten weiterdünsten, bis alles appetitlich duftet; abkühlen lassen.

☐ Die beiden Fleischsorten, das Angeröstete, Ei und Semmelbrösel in einer großen Schüssel gründlich mit den Händen vermengen und verkneten. Aus der Masse 20 gleich große Bällchen formen, diese zu Burger-Patties flach drücken (die Patties sollten vom Durchmesser etwas größer als die Buns sein).

☐ Burger in Frischhaltefolie wickeln und 1 Stunde bei Zimmertemperatur marinieren lassen.

☐ Zwischenzeitlich einen Holzkohlengrill oder eine Grillplatte aufheizen – Mittelhitze wäre perfekt – und die Bayou-Mayonnaise zubereiten: Hierfür die hausgemachte Mayonnaise mit 1–2 EL Bayou-Seasoning, 1–2 EL feinst gehacktem Schnittlauch, Zitronensaft und einer Prise Salz verrühren.

☐ Die Burger auf jeder Seite maximal 3–4 Minuten grillen; sie sollten nur leicht gebräunt und innen nicht gänzlich durchgebraten sein.

☐ Die gegrillten Burger auf die Unterhälften der Buns legen, mit einem ordentlichen Löffel Bayou-Mayonnaise bedecken, Oberhälften aufsetzen und entweder heiß oder auch etwas abgekühlt servieren.

Hot-Brown Sugar-Rubbed Ribs

2–3 kg fleischige Country-Style Ribs oder 3 kg Spareribs
50–100 g brauner Rohrzucker
1–2 TL Kreuzkümmelsamen, im Mörser zerstoßen
2–3 TL Paprikapulver
1 TL Meersalz
schwarzer Pfeffer aus der Mühle

☐ Die Haut auf der Innenseite der Rippchen abziehen. Gewürze (außer Pfeffer) miteinander vermischen und die Rippchen mit der Hälfte der Gewürzmischung einreiben; in einen Plastikbeutel geben und 24 Stunden im Kühlschrank marinieren lassen.

☐ Dann die Rippchen herausnehmen, mit der zweiten Hälfte der Gewürzmischung einreiben und auf zwei Portionen in doppelt gelegte Alufolie einschlagen.

☐ 3 Stunden im 140–160 °C heißen Ofen garen, bis das Fleisch so weich ist, dass es vom Knochen fällt. Die Folie öffnen, den Saft auffangen und die Rippchen weitere 15 Minuten bei 200–220 °C überkrusten.

☐ Rippchen zerteilen, Saft darübergießen und auftischen.

MIT DEM SCHWEIN UM DIE WELT – ASIEN & ETHNO-KÜCHE

Pfannengerührtes Schweinefleisch mit Ingwerstreifen

China

300 g Schweinefilet, in Scheiben geschnitten
125 g Ingwer, geschält und in Streifen geschnitten
1–2 rote Chilischoten, grob gehackt (entkernt)
1–2 TL Sojasauce
3 EL Öl
¼ TL Salz

Nirgendwo auf der Welt liebt man frisches Schweinefleisch so sehr wie in China (wenn wir an dieser Stelle einmal Dänemark außen vor lassen). Und naturgemäß kennt man in dem Riesenland unzählige verschiedenste Regionalgerichte vom Schwein, die mengenmäßig allein schon für mehrere Bücher ausreichen würden. Ich habe daher hier eine Auswahl an Gerichten getroffen, durch welche einerseits die Vielfalt verkörpert wird, die jedoch andererseits bei uns (noch) nicht so bekannt (wie z. B. Schweinefleisch süß-sauer) und zudem nachkochbar sind.
Den Beginn machen soll der Klassiker „Schweinefleisch mit Ingwer", denn kaum ein Gewürz harmoniert besser mit Schweinefleisch als Ingwerwurzel:

- Öl in einem Wok erhitzen, die Schweinefleischscheiben bei möglichst starker Hitze 1 Minute pfannenrühren.
- Sojasauce, Salz, Ingwerstreifen und Chili dazugeben, noch eine Minute rührbraten und sofort servieren (wenn man zu lange wartet, liegt das Fleisch in gezogenem Ingwersaft).

Weißes Schweinefleisch mit gehacktem Knoblauch

China

300–400 g Schweinebauch ohne Schwarte
3 Scheiben Ingwer, geschält
2 Frühlingszwiebeln in Stücken
Korianderblätter zum Verzieren

Sauce:
2–4 EL Knoblauch, fein gehackt
2–3 EL dicke Sojasauce (am besten gelbe Bohnenpaste)
1 EL kalte Fleischbrühe
½–1 EL Chili-Öl
Salz

☐ Den Schweinebauch mit Ingwer und Frühlingszwiebeln 30–40 Minuten kochen – mit dem Stiel eines Löffels auf das Fleisch drücken, wenn kein roter Fleischsaft austritt, ist es fertig.
☐ Das Fleisch herausnehmen, abkühlen lassen und anschließend (am besten mit einer Maschine) in hauchdünne Blättchen von 5 x 5 cm Größe schneiden.
☐ Fleischscheiben in ein großes Sieb geben und kurze Zeit in kochendes Wasser tauchen, danach abtropfen lassen und die Scheiben dekorativ auf einer warmen Platte anrichten.
☐ Zutaten für die Sauce vermischen und auf dem Fleisch verteilen, mit Koriander garniert auftischen.

Rot geschmortes Schweinefleisch *Hung-shao-ti-pang*

China

Für ca. 6 Personen:

2,5 kg Schweineschulter mit Knochen und Schwarte
8 getrocknete Shiitake-Pilze
125 ml Sojasauce
1 ganzes Stück Sternanis (oder 8 Segmente)
40 g dunkler Kandiszucker in Stücken
250–300 ml Reiswein oder trockener Sherry
2 junge Frühlingszwiebeln, in 7 cm lange Stücke geschnitten

Mein chinesischer Kollege Sa ist nicht nur Koch, sondern auch Arzt für traditionelle chinesische Medizin. Von Sa stammt dieses Rezept, das laut ihm in China zu den Küchenklassikern zählt.

☐ Die Pilze in lauwarmem Wasser 30 Minuten einweichen, danach abgießen und die Stiele entfernen. Das Fleisch in eine ausreichend große Kasserolle legen, mit kaltem Wasser bedecken, aufkochen lassen, 5 Minuten stark kochen lassen, danach durch ein Sieb abseihen und mit Leitungswasser abspülen.
☐ Fleisch zurück in den Topf legen und Sojasauce, Sternanis, Kandiszucker, Wein, Frühlingszwiebeln sowie 500 ml kaltes Wasser dazugeben. Aufkochen lassen, Deckel auflegen, Hitze auf niedrigste Stufe stellen und das Fleisch gute 3 Stunden garen, während dieser Zeit zwei- bis dreimal wenden.
☐ Die Temperatur sollte so bemessen sein, dass die Flüssigkeit nur langsam kocht. Dann fügt man die eingeweichten Pilze hinzu und kocht weitere 30–40 Minuten. Wenn das Fleisch gar ist, darf nur noch 1 Tasse Flüssigkeit im Topf sein – ist es mehr, muss man ohne Deckel weiterkochen, bis die Flüssigkeit reduziert ist.
☐ Original wird das Fleisch nun im Ganzen in einer tiefen Schüssel angerichtet (nicht zerschnitten oder tranchiert), mit den Pilzen garniert und mit der geseihten Kochflüssigkeit übergossen. Fleisch und Fett müssen nun so weich sein, dass man sie leicht mit den Stäbchen abzupfen kann.

Gedämpftes Schweinefleisch mit getrocknetem Senfgemüse China

250–300 g Schweinebauch
300 g getrocknetes, saures Senfgemüse (im Chinaladen leicht erhältlich)
etwas Basilikum (am besten asiatisches, z. B. Thai-Basilikum), alternativ auch Koriander
1 TL Sojasauce

☐ Den Schweinebauch mit einer Maschine in 0,5 cm dünne Scheiben schneiden (evt. vom Metzger vorbereiten lassen), das Senfgemüse fein hacken.
☐ Eine Schüssel aus Glas oder Porzellan gleichmäßig mit dem Fleisch auslegen (sie sollte etwa in zwei bis drei Lagen belegt sein), mit Sojasauce beträufeln und das Senfgemüse in die Mitte geben.
☐ Schüssel mit Backpapier abdecken, in einen Topf mit Dämpfaufsatz (oder in einen Dämpfer) stellen und bei mittlerer Hitze 50–60 Minuten dämpfen.
☐ Herausnehmen, auf eine Platte stürzen und mit Kräutern bestreut auftischen.

Soochow-Schweinefleisch *Ching Palace Style* China

Für 1–2 Personen:

600–750 g Schweinefleisch aus der Keule (ohne Schwarte und Knochen)
Frühlingszwiebeln
Ingwerscheiben
rote Chilischoten
Zimt
Lakritz (Süßholz)
Nelke
Muskat (am besten Macis)
Fenchelsamen

200 g Soochow-Schweinefleisch
150–200 ml Bratenfond (siehe Anhang, schnell zubereiteter Jus)
½ Tasse Fleischbrühe
½ TL Zucker
1–2 TL Sesamöl
75 ml Maisstärkenpaste

Garnitur:
schöne Salatblätter (ohne Strunk), ½ Tomate

Bei einer kulinarisch orientierten China-Reise entdeckte ich in Peking dieses Gericht und war schwer beeindruckt, denn es handelte sich um eines der geschmacklich vollkommensten Schweinefleischrezepte, die ich im Reich der Mitte verkosten durfte. So war ich wenig verwundert, als mir Mr. Lin (mein kulinarischer Reiseführer und Dolmetscher) mitteilte, dass das Soochow-Fleisch sehr berühmt sei. Angeblich war einst Kaiser Chien-Lung aus der Ching-Dynastie nach Soochow gereist und hatte sich begeistert vom dort dargebotenen Fleischgericht gezeigt. Zurück in Peking bat er seinen Leibkoch, dieses Gericht für ihn zuzubereiten – so wurde es auch in Peking berühmt. Die Zubereitung ist zugegebenermaßen etwas aufwendig, aber das Ergebnis lohnt alle Mühen!

1. Herstellung des Fleisches

Hier ist die Phantasie des Kochs gefragt, denn es existieren keine Mengenvorschriften, nur Zutaten-Vorschriften – deshalb schmeckt das Fleisch überall ein wenig anders, dafür kann man aber die Handschrift und Stilistik des Kochs erkennen:
☐ Abschnitte von Frühlingszwiebeln, Ingwerscheiben und rote Chilischoten in etwas Öl bei starker Hitze kurz pfannenrühren, dann mit Wasser aufgießen und folgende Gewürze dazugeben: Zimt, Lakritz (Süßholz), Nelke, Muskat (am besten Macis) und Fenchelsamen. 600–750 g Schweinefleisch aus der Keule (ohne Schwarte und Knochen) dazugeben, aufkochen lassen, dann bei milder Hitze 90–100 Minuten garen.
☐ Herausnehmen und in Folie gewickelt 20–30 Minuten ruhen lassen.

2. Fertigstellung

☐ Bratenfond, Brühe, Zucker und Sesamöl bei mittlerer Hitze zum Kochen bringen und etwas reduzieren, danach mit der Stärkepaste binden.
☐ Sauce vom Herd nehmen und abkühlen lassen.
☐ Eine Platte mit Salatblättern auslegen.
☐ Das vorbereitete Fleisch in dünne Scheiben von idealerweise 4 x 6 cm Größe schneiden und dekorativ auf dem Salat anrichten.
☐ Mit der Gewürzsauce nappieren und auftischen.

Schweinefleisch Palace Kung-Bao China

300 g Schweinefilet
3 Frühlingszwiebeln
5 cm Ingwerwurzel, geschält
8 braune Pfefferkörner (Szechuan-Pfeffer)
45 g Erdnüsse
8 getrocknete Chilischoten
1 EL Maisstärkenpaste
1 EL Maisstärke
1,5 EL Zucker
1 EL Reis-Essig
1 EL chinesischer Wein
2 EL Fleischbrühe
2 EL Sojasauce
2 Tassen Öl
1/8 TL Salz

Dies ist ein bekanntes Gericht aus Hunan und Szechuan. Die Legende sagt, dass ein hoher Beamter Szechuans einen Würdenträger Hunans bei sich im Palast zu Gast hatte. Der Chefkoch ließ die Chilischoten achtlos anbrennen, dennoch schmeckte das Gericht dem Gast besonders gut und wurde als „Kung-Bao" berühmt.

☐ Das Fleisch zunächst rundherum einschneiden, dann klein würfeln (ca. 1,5 cm). Fleisch mit Salz, 1 TL Sojasauce und 1 EL Maisstärke vermischen; parat halten.

☐ Den weißen Teil der Frühlingszwiebeln in 2 cm lange Abschnitte teilen, den Ingwer in Scheibchen schneiden und die Chilischoten in 2 cm lange Stücke schneiden.

☐ Das Öl in einer Pfanne oder einem Wok erhitzen und das Fleisch darin anbraten; herausnehmen und abtropfen lassen.

☐ Öl bis auf 1–2 EL abgießen, die Chilischoten im verbliebenen Öl braten, bis sie fast schwarz sind.

☐ Dann Frühlingszwiebeln, Ingwer, braune Pfefferkörner, Fleisch, restliche Sojasauce, Zucker, Essig und Wein hinzugeben und pfannenrühren, bis alle Zutaten gut vermischt sind.

☐ Zum Schuss die Erdnüsse dazugeben und die Sauce mit Stärkepaste eindicken – servieren!

Schweinefleisch-Curry aus Goa
Vindaloo-Curry

Indien

800 kg Schweinefleisch aus der Schulter, in Scheiben oder 3 cm große Würfel geschnitten
200 g Schweinebauch, in Scheiben oder 3 cm große Würfel geschnitten
20 rote Chilischoten (vorzugsweise aromatischer Kashmir-Chili)
4 mittlere Zwiebeln, geschält und fein gehackt
10–12 große Knoblauchzehen, geschält
1,5–2 EL Tamarinde (Mark oder Paste)
15 Curryblätter
1 EL Kreuzkümmelsamen
8–10 Nelken
1 Zimtstange (ca. 6–8 cm), grob zerteilt
12 Pfefferkörner
½ Sternanis
1,5 TL Mohnsamen
1 Stück frischer Ingwer, 7 x 7 cm groß
½–1 TL Jaggery (echter Kokos-Palmzucker)
2–3 EL Kokos- oder Apfelessig (original kommt wesentlich mehr Essig dazu)
100 ml Kokos- oder Pflanzenöl
Salz

Dieses goanische Rezept ist heute in fast allen Indischen Lokalen rund um die Welt vertreten, leider nicht immer in guter Qualität, da die Inder selbst wenig bis kaum Schweinefleisch essen. Das Originalrezept stammt von den Stränden Goas und ist, wie das dortige Christentum und die Vorliebe für Schweinefleisch, ein portugiesisches Erbe, was allein der Name aussagt, der vom portugiesischen *vinho e alho* abstammt, was „Wein mit Knoblauch" bedeutet. Allerdings wurde der Wein durch Kokosessig und Tamarinde ersetzt und der Knoblauch mit vielen weiteren Gewürzen angereichert.
Auch die Chilis wurden von den Portugiesen in Goa eingeführt und mit den Gewürzen wurde bereits im 16. Jahrhundert gehandelt. Ein echtes Fusionsgericht also. Das Gericht selbst darf so scharf sein, wie man es eben noch verträgt – wer es nicht so scharf will, der entfernt die Samen aus den Chilischoten. Auch gehört das Vindaloo ordentlich gesäuert, daher nicht mit Tamarindensaft und Essig sparen. Wer mag, röstet separat einige Cashewnüsse in etwas Öl an und streut diese Mischung über das fertige Gericht. Und das Schweinefleisch ist tatsächlich original.
Bei der Zubereitung eines echten Vindaloo ist Sorgfalt geboten, denn das Fleisch darf ausschließlich in seinem eigenen Saft schmoren – nur im absoluten Notfall wird Wasser zugegeben. Am besten nimmt man dafür einen Schmortopf mit gewölbtem Deckel (z. B. ein *Doufeu*), in den man Wasser füllen kann, das man immer wieder erneuert: So bleiben Saft und Dampf mitsamt dem Aroma im Topf. Es ist unbestritten eines der schmackhaftesten Curry-Gerichte der Welt!

☐ Die Chilischoten in wenig Wasser einweichen, danach in einem Mixer mit Kreuzkümmel, Nelken, Zimtstange, Pfefferkörnern, Sternanis, Mohn, Ingwer, Knoblauch, Tamarinde und Essig so lange mixen, bis man eine homogene, glatte Paste erhalten hat. Das Fleisch mit einem Teil der Gewürzmischung einreiben und mindestens 15 Minuten marinieren lassen.
☐ Öl in einer geeigneten Kasserolle erhitzen und die fein gewiegten Zwiebeln darin 20–30 Minuten bei Mittelhitze bräunen lassen.
☐ Die restliche Gewürzmischung einrühren und 5 Minuten mitbraten, bei Bedarf 1–2 EL Wasser hinzufügen.
☐ Das Fleisch in der Gewürzmischung andünsten, salzen, dann maximal 200 ml Wasser dazugeben, einen Deckel auflegen, diesen mit Wasser befüllen und das Fleisch bei milder bis niedriger Hitze 1,5 Stunden schmoren lassen (aufpassen, dass es nicht anbrennt, und immer wieder das Wasser im Deckel erneuern).
☐ Schließlich die Curryblätter und den Palmzucker einrühren, mit Essig abschmecken, noch 3–5 Minuten ziehen lassen und mit Reis servieren.

Tipp: Ich bestreue das Vindaloo-Curry gerne mit Vadouvan, das sind spezielle, fermentierte Kräuter und Gewürze aus Indien mit hocharomatischem Geschmack.

Doppelt gedämpfte Schweinerippchen mit Bittermelone • *Dtum mara sii krong muu* Thailand

Für 2–3 Portionen:

300 g Bauchfleisch ohne Knochen oder
500 g fleischige Rippchen mit Knochen
8 kleine Shiitake-Pilze
1 Bittermelone
3 rote Schalotten, geschält
2 EL asiatischer Sellerie
einige Zweige frischer Koriander
3–4 TL gelbe Bohnenpaste
3–4 TL helle Sojasauce
Fleischbrühe nach Bedarf
gute Prise Zucker
gute Prise frisch geriebener weißer Pfeffer
Salz
Zur Garnitur: einige Korianderblätter und/oder frittierte Knoblauchscheibchen

Auch wenn sich die Thailändische Küche heute anders präsentieren möchte, so ist es doch offensichtlich, dass sie stark von der Chinesischen Küche beeinflusst und geprägt worden ist, aber auch von anderen asiatischen Küchentraditionen, wie jener Indiens, Vietnams oder Indonesiens. Und natürlich haben auch die einstigen Kolonialmächte das Ihre in den Töpfen Thailands hinterlassen. Nichtsdestotrotz hat Thailand diese Einflüsse aus aller Herren Länder zu einer ganz eigenen Stilistik zusammengefügt, ein schönes Beispiel dafür ist dieses gehaltvolle und schmackhafte Gericht:

☐ Das Fleisch in 2–3 cm große Stücke schneiden, dann in kaltem Wasser aufsetzen, zum Kochen bringen und anschließend abgießen. Pilze in heißem Wasser einweichen, dann die Stiele entfernen.

☐ Die Enden der Bittermelone abschneiden, dann die Frucht halbieren und anschließend vierteln. Samen entfernen und die Melone kräftig mit Salz einreiben – 20–30 Minuten ziehen, danach gut abtropfen lassen.

☐ Koriander, Schalotten und etwas Salz im Mörser zu einer Paste zerstoßen.

☐ Schweinefleisch, Pilze, Sellerie und Bittermelone in einen Dämpfaufsatz legen und diesen in einen ausreichend großen Topf setzen, in den man zuvor 500–600 ml Fleischbrühe gefüllt hat, die mit der Schalotten- und der Bohnenpaste, der Sojasauce und dem Zucker verrührt wurde. Deckel auflegen, aufkochen lassen, Hitze zurücknehmen und mindestens 1,5 Stunden dämpfen – bei Bedarf Brühe nachgeben.

☐ Wenn das Fleisch sehr weich ist, ist auch die Melone gar. Beides zusammen mit den Pilzen in Schälchen füllen und mit Brühe übergießen. Weißen Pfeffer darüber mahlen und mit Korianderblättern sowie frittierten Knoblauchscheibchen garnieren.

Hinweis: Das Gericht ist einzigartig in seiner Aromavielfalt, dabei leicht salzig, vollmundig und subtil bitter – kurz: einfach exotisch köstlich!

Gegrillte Schweinsspießchen
Muu bing Thailand

Für ca. 25 Spieße (etwa 4–5 Portionen):

600 g Schweinefilet oder Fleisch vom Nacken
100 g Schweinerückenfett
8 EL Kokosnuss-Creme
25–30 Bambus-Spieße

Für die Marinade:
2–3 EL frische Korianderblätter
2 EL gehackter Knoblauch
3–4 EL Palmzucker
4 EL vietnamesische Fischsauce
8 EL Erdnussöl
ein kräftiger Schuss dunkle Sojasauce
1 EL geschroteter oder gemahlener weißer Pfeffer
Salz

Dieses Rezept ist ein klassischer Imbiss zum Lunch, der fast überall in Thailand als *Streetfood* angeboten wird. Die Spieße sind in der Tat sehr klein, weshalb man pro Person 5–6 Stück berechnet; sie sind aber so gut, dass man leicht auch wesentlich mehr davon essen kann.

☐ Das Fleisch in kleine Würfel von 1,5 cm Kantenlänge schneiden, das Fett in schmale Streifen (etwa 2 cm Länge und 0,5 cm Breite) schneiden. Alle Zutaten für die Marinade in der Moulinette zu einer feinen Paste verarbeiten.
☐ Fleisch und Fett darin mindestens 3 Stunden marinieren, besser über Nacht in den Kühlschrank stellen.
☐ Bambus-Stäbchen in Wasser einweichen. Jeweils 1 Stück Fett und 3 Stücke Fleisch auf einen Spieß stecken.
☐ Holzkohlengrill so vorbereiten, dass man eine gleichmäßige, nicht zu heiße Glut hat.
☐ Die Spieße langsam auf dem Rost grillen und dabei immer wieder zart mit der Kokoscreme einpinseln (die Creme sorgt für einen wunderschönen karamellartigen Geschmack).
☐ Fertige Spieße parat halten und entweder warm oder auch lauwarm (man kann sie übrigens auch kalt essen) servieren.

Schweinefleischcurry mit grünem Pfeffer
Kaeng muu phrik thai orn Thailand

500–600 g mageres Schweinefleisch, in feine Scheiben geschnitten
300 g Thai-Aubergine, geviertelt (ersatzweise Bambussprossen oder Babykartoffeln nehmen)
450 ml dünne Kokosmilch
75 ml dicke Kokosmilch
75–100 g frische, grüne Pfefferkörner am Strunk
2–3 EL rote Thai-Currypaste
3–4 EL Asiatische Fischsauce
2 EL Palmzucker
8 Kaffirlimettenblätter, halbiert
Schuss helle Sojasauce oder Salz
2 rote Chilischoten, entkernt und in dünne Ringe geschnitten

Kann man keine dicke und dünne Kokosmilch erhalten, so nimmt man einfach 400 ml „normale" Kokosmilch und 75–100 ml (ungesüßte) Kokoscreme oder auch Obers.

☐ Die dicke Kokosmilch (oder Kokoscreme oder Obers) in einem Wok oder Topf bei mittlerer Hitze köcheln, bis die Milch gerinnt und sich eine Ölschicht auf der Oberfläche bildet. Wenn der Rand braun wird, umrühren und die Currypaste einarbeiten. Alles weiterkochen, bis die Masse duftet.
☐ Danach Palmzucker und Fischsauce hinzufügen, weitere 2–3 Minuten kochen lassen, bis die Mischung dunkel zu werden beginnt und fast keine Flüssigkeit mehr vorhanden ist. Dann erst das Fleisch hinzufügen und mitsamt der aromatischen Würzmischung 5–10 Minuten bei nicht zu starker Hitze rührbraten.
☐ Schließlich die dünne Kokosmilch angießen, alles aufkochen lassen, Hitze zurücknehmen und 5 Minuten bei Mittelhitze garen. Auberginen und grünen Pfeffer dazugeben, weitere 5 Minuten garen, dann auch die Limettenblätter ins Curry geben. Alles mit Fisch- und Sojasauce (oder Salz) abschmecken.
☐ Curry in vier Servierschüsseln füllen und mit gehackten Chilis bestreut auftischen, dazu reicht man Reis.

Geröstetes Schwein • *Muu grop* Thailand

1 Portion:

200 g Schweinebauch mit Schwarte
2–3 EL weißer Reisessig
1 EL Salz
Erdnussöl zum Frittieren

Dip:
½–1 EL gehackte Thai-Chilischoten (Menge nach gewünschter Schärfe)
5 EL Sojasauce
2–3 EL weißer Reisessig

Die Thailänder lieben Schweinefleisch fast so sehr wie die Chinesen. Und so verwundert es wenig, wenn man hört, dass das Schweinefleisch – übrigens zusammen mit Huhn und Garnelen – quasi zu den Grundnahrungsmitteln der Thailänder gehört. Das folgende Rezept wird entweder für sich allein genossen oder auf Reis serviert, es mundet aber auch klein gehackt auf Nudelgerichten – wie auch immer, es schmeckt ausgezeichnet.

☐ Das Schweinefleisch in kaltem Wasser aufsetzen, zum Kochen bringen und ca. 15–20 Minuten garen.
☐ Danach das Fleisch herausnehmen, abtrocknen und in maximal 3 cm breite Scheiben schneiden, die Schwarte leicht schröpfen. Essig mit Salz vermischen und das Fleisch damit einreiben – insbesondere in die Einschnitte der Schwarte reiben. Das Fleisch an einem warmen, trockenen Ort 3–4 Stunden ziehen lassen.
☐ Reichlich Öl in einem Wok oder einer hohen Kasserolle erhitzen – es sollte mindestens 180 °C haben. Das Fleisch in das heiße Öl geben und unter ständigem Wenden mit einer Kelle so lange frittieren, bis die Schwarte aufplatzt und kracht (ACHTUNG beim Frittieren: Das Fleisch wird spritzen, ja geradezu explodieren – das ist gewünscht, aber gefährlich, denn die heißen Öl-Wasser-Tropfen fliegen buchstäblich in der Küche herum!).
☐ Das fertig knusprig gebratene Fleisch herausnehmen und abtropfen lassen. Auf einem Hackstock zerteilen und vor dem Servieren etwas abkühlen lassen.
☐ Mit Salz bestreuen und mit Dip auftischen.

Schweinefleisch „Kuala Lumpur" Malaysia

Pro Person:

100 g Schweinefilet, in feine Streifen geschnitten

1 Schalotte, geschält und in feine Streifen geschnitten

¼ rote Paprikaschote, entkernt und in feine Streifen geschnitten

1 Msp. klein gehackte grüne Chilischote

1 Msp. klein gehackte rote Chilischote

1 Knoblauchzehe, in feine Blätter geschnitten

½ TL Cinkaluk (malaysische fermentierte Garnelenpaste)

¼ TL Tamarindenpaste, in 1 EL Wasser aufgelöst

Prise brauner Palmzucker

Salz nach Geschmack

1 EL Erdnussöl

Eigentlich wird in Malaysia aus religiösen Gründen wenig Schwein gegessen, aber in Kuala Lumpur, der Metropole und Hauptstadt des Landes, existieren viele unterschiedliche Kulturen, sodass man auch hier Schweinefleischgerichte genießen kann. So wie dieses beispielsweise, das ich bei einem kleinen Straßenhändler bekam, wo mir schon bei der Zubereitung das Wasser im Mund zusammengelaufen ist. Leider habe ich mir den Namen nicht merken können, aber immerhin die Rezeptur:

☐ Öl in einem Wok erhitzen, Schalotten und Knoblauch darin nacheinander knusprig braten; mit einer Kelle herausnehmen und beiseite stellen.

☐ Die Garnelenpaste im Bratfett anrösten, Chilischoten und Paprika zugeben und bei großer Hitze rührbraten.

☐ Dann das Fleisch dazugeben und 1 Minute scharf anbraten. Mit Tamarindensaft ablöschen, nach Geschmack zuckern und salzen.

☐ Noch eine Minute weiterbraten, dann auf eine Platte geben und mit den knusprigen Schalotten sowie Knoblauchstücken bestreut genießen.

Gebratenes Bauchfleisch
Babi panggang Indonesien

Eine Spezialität der nichtmuslimischen Bevölkerung von Sumatra.

☐ Bauchfleisch vom Schwein wird in hauchdünne Scheiben geschnitten, kräftig gesalzen und über extrem heißer Glut kurz beidseitig gegrillt.

☐ Das Fleisch in Streifen schneiden und zusammen mit einer speziellen Sauce auftischen, für die man reichlich gehackte Chilischote, geschnittenes Zitronengras, gehackte Zwiebeln, Limettensaft und Schweineblut zusammen kurz aufkochen lässt.

Nasi goreng

Indonesien

4 schöne Portionen gekochter Reis
2 Eier
feinst geschnittenes (kurz vorgegartes) Schweinefleisch (nach Herzenslust mal mehr, mal weniger)
6 Schalotten, geschält und gehackt
5–6 rote Pfefferoni oder Chilischoten, entkernt und ohne weiße Rippen
3–4 Knoblauchzehen, gehackt
1 reife Tomate, in Stücke geschnitten
1 TL Terasi (Garnelenpaste, im Asia-Laden erhältlich)
1–1,5 EL Kecap Manis (süße Sojasauce)
3–4 EL neutrales Pflanzenöl
1 TL Kubebenpfeffer, im Mörser zerstoßen
Salz

Nasi steht für „gekochten Reis" und *goreng* bedeutet „gebraten" – also ein Gericht aus gebratenem, vorgekochtem Reis. Es ist wohl das berühmteste Gericht aus der indonesischen Küche überhaupt.
Aber wie so vielen anderen traditionellen Gerichten dieser Welt, so wurde auch dem *nasi goreng* tausendfach Unrecht getan, bis es kaum mehr war, als ein billiges Massen-Fertigprodukt für Leute ohne Geschmack. Dabei ist diese indonesische Spezialität eine wahre Köstlichkeit, wenn man sie nur richtig zubereitet:

☐ Schalotten, Knoblauch, Pfefferoni (oder Chili) und Tomate zusammen mit Terasi, etwas Kubebenpfeffer und Salz fein zermahlen (z. B. Mixer).
☐ Die Gewürzmischung in Öl anbraten; in einer zweiten Pfanne mit etwas Öl die aufgeschlagenen und verrührten Eier kurz braten.
☐ Rührei zu den Gewürzen geben, ebenso das fein geschnittene Fleisch und das Kecap manis.
☐ Wenn alles gut vermengt ist, den Reis hinzufügen und unter ständigem Rühren eine Weile rösten, bis alles duftet und eine appetitliche braune Farbe hat.

Hinweis: Soll das Gericht üppiger ausfallen, so serviert man dazu 4 Spiegeleier.

Glasierte Schweinerippchen *Iga Babi Panggang*

Bali

2,5 kg Spareribs

Marinade:
2 EL Sesamöl
2 EL Hoisin-Sauce
2 EL Honig
1 Tasse trockener Sherry
2 EL Kecap Manis (süße Sojasauce)
2 EL Sojasauce
1 EL 5-Gewürze-Pulver (chinesische Gewürzmischung, im Handel fertig erhältlich)
Langpfeffer oder schwarzer Pfeffer, grob geschrotet (oder im Mörser grob zerstoßen)
Salz nach Bedarf

Zwar ist Indonesien ein muslimischer Staat, doch zumindest auf Bali wird auch liebend gerne Schweinefleisch gegessen, insbesondere als knuspriges Spanferkel (siehe Rezept Babi Guling), aber auch als Fingerfood, wie hier:

☐ Das Fleisch in Segmente von 2–3 Knochen schneiden. Alle Zutaten für die Marinade gut vermischen, das Fleisch damit rundherum einreiben und mindestens 12 Stunden marinieren lassen – öfters wenden.
☐ Backofengrill auf 220–240 °C vorheizen. Die Rippchen auf einen Gitterrost legen und unter dem Grill 30 Minuten braten, dabei immer wieder wenden (Abtropfpfanne darunterschieben!).
☐ Rippchen in einzelne Segmente zerteilen, nochmals mit der restlichen Marinade bestreichen und fertig grillen, bis die Marinade eine schöne Glasur gebildet hat. Sofort genießen.

Balinesisches Spanferkel • *Babi Guling* Bali

1 Spanferkel von ca. 25 kg

Füllung:

3 große Ingwerwurzeln
2–3 größere Galgantwurzeln (sollte etwa die gleiche Menge wie Ingwer sein)
10 cm Kencur-Wurzel (auch kleiner Galgant genannt, wenn nicht erhältlich, dann mehr Galgant nehmen)
10–12 Stangen Zitronengras
4 Knollen Knoblauch
50 Schalotten
40 Kemirinüsse (Kerne des Lichtnussbaums)
25 rote Pfefferoni oder große milde Chilischoten (entkernt und ohne weiße Adern)
4 EL Kurkuma
8 EL Koriandersamen, frisch gemahlen
2–3 EL Terasi (Garnelenpaste)
30 Kaffirlimettenblätter
10–12 Salamblätter (indonesisches Lorbeerblatt, ersatzweise etwas Nelke nehmen)
grob geschroteter Langpfeffer oder schwarzer Pfeffer
Salz

Zum Einpinseln:

1 l Zitronen- oder Limettensaft, frisch gepresst
500 ml Wasser
5–6 EL Kurkuma
5–6 EL Salz

Traditionell versteht man auf Bali unter Spanferkel das, was auch die Spanier oder Chinesen darunter verstehen, nämlich ein maximal 6 kg leichtes Minischwein, ein wenige Wochen altes Baby also. Da ich – wie ich in diesem Buch bereits erwähnt habe – keine Säuglinge esse, habe ich das Rezept auf eine bei uns übliche Spanferkelgröße von 25 kg umgeschrieben. Wenn Sie aber auf ein Miniferkel bestehen (um es z. B. im Ofen zubereiten zu können), dann brauchen sie lediglich ¼ der Zutaten für die Füllung:

☐ Zuerst die Füllung vorbereiten: Ingwer, Galgant und Kencur schälen und eher grob hacken. Zitronengras in 3–4 Stücke zerteilen. Knoblauch schälen und halbieren. Schalotten schälen und zusammen mit Kemirinüssen, Peperoni, Kurkuma, Koriander und Terasi zu einer groben Paste verarbeiten (Stabmixer oder Küchenmaschine).

☐ Die Paste mit Salz und Pfeffer würzen, dann mit Ingwer, Galgant, Kencur, Zitronengras, Limettenblättern, Salamblättern und Knoblauch vermischen (große Schüssel).

☐ Das küchenfertige Spanferkel innen gut salzen und anschließend die Innenseite mit der Füllung einstreichen. Das Ferkel zunähen und auf einen Grillspieß stecken.

☐ Zitronensaft mit Wasser, Kurkuma und Salz vermischen. Das Ferkel mit dieser Mischung einpinseln und die Marinade antrocknen lassen. Vorgang wiederholen.

☐ Danach das Schwein vorzugsweise über offener Flamme oder Glut – je nach Größe des Tiers – rund 4–6 Stunden am Spieß garen, dabei immer wieder drehen und mit Marinade bestreichen, bis das Schwein knusprig goldbraun gegrillt ist und appetitlich-exotisch duftet.

☐ Das Schwein auf einer Platte anrichten, in mundgerechte Stücke zerteilen und stilecht mit den Fingern genießen.

Saures Schweinefleisch mit Knoblauch
Filipino Pork Asado Philippinen

Für 6–8 Personen:

2 kg Schweinefleisch aus der Schulter (ohne Knochen und Schwarte)
200 ml weißer Reis- oder Weinessig
5 Lorbeerblätter, zerkrümelt
3–6 Knoblauchzehen, geschält und zerdrückt
3 EL schwarze Pfefferkörner, geschrotet
Salz

Ich habe dieses Rezept auf einer meiner Reisen von einem philippinischen Koch in den USA erhalten. Er meinte, das sei „original", doch den originalen Namen konnte er mir nicht sagen und daher bin ich auch nicht hundertprozentig sicher, ob das tatsächlich ein „original philippinisches" Rezept ist. Aber immerhin stammt das Gericht von einem Philippiner, und weil auf den Philippinen sonst wenig Schwein gegessen wird (immerhin ist das Land mehrheitlich muslimisch), soll es hier statthaltend angeführt sein.

- Das Fleisch klein würfeln (maximal 1–2 cm Kantenlänge) und danach zusammen mit allen anderen Zutaten in einen Schmortopf füllen.
- Aufkochen lassen, Hitze reduzieren, danach das Fleisch zugedeckt im eigenen Saft 1–1,5 Stunden schmoren, bis fast die gesamte Flüssigkeit verdampft und das Fleisch weich ist.
- Mit gekochtem Reis auftischen.

Marinierte Grillrippchen • *Kal bi* Korea

1,5 kg fleischige Rippchen (quergeschnitten) oder ca. 1–2 cm dicke Scheiben vom Bauchfleisch

200 ml Sojasauce

100 ml dunkles Sesamöl

3–4 EL Honig

1–2 EL klein gehackter Knoblauch

3 Stangen Frühlingzwiebeln

1 EL frisch geriebene oder gehackte Ingwerwurzel (geschält)

2 EL geröstete Sesamsamen oder gehacktes Zwiebelgrün zum Garnieren

☐ Alle Zutaten für die Marinade mischen.

☐ Das in Scheiben geschnittene Fleisch mit der Marinade übergießen und zugedeckt 24–36 Stunden im Kühlschrank marinieren – ab und an wenden (Hinweis: Am besten mariniert man die Rippchen in einem großen Vakuumbeutel, dann kann man sogar 3 Tage marinieren).

☐ Die Rippchen über Holzkohlenglut auf jeder Seite 5 Minuten grillen – alternativ auf dem Grillrost im Backofen bei 250 °C Oberhitze backen.

☐ Dazu passen am besten Kim Chee (koreanischer Sauerkrautsalat) und Reis.

Schweinefleischröllchen
Butaniku no gobo-maki Japan

400 g eher mageres Schweinefleisch aus der Keule (z. B. Nuss)

1 Gobo (Kletterwurzel) – ersatzweise 2–3 Karotten nehmen

Salz

weiße Sesamsamen, in einer beschichteten Pfanne leicht geröstet (oder das Sesamsalz Gomasio)

Für die Sauce:

400 ml Dashi (japanische Brühe aus Braunalge und getrocknetem Thunfisch; bei uns leider nur als Fertigprodukt im Handel)

4 EL Zucker

2–3 EL Mirin (süßer, japanischer Reiswein)

6–7 EL Shoyu (japanische Sojasauce)

Auf Okinawa, der größten Insel des Archipels zwischen Kyushu und den Philippinen, wird – so sagt mag – alles vom Schwein gegessen, nur das „Quieken" nicht, und so kam ich hier z. B. in den Genuss von Schweinsohren-Sashimi. Auch das Rezept für diese köstlichen Rollen stammt von dort:

☐ Das Fleisch über Nacht ins Tiefkühlfach legen. Am Tag der Zubereitung zum Antauen 2 Stunden bei Zimmertemperatur lagern, dann mit einer Aufschnittmaschine in dünne (möglichst ovale) Scheiben von etwa 12 x 8 cm Größe schneiden.
☐ Kletterwurzel oder Karotten in 5 cm lange Stückchen schneiden (dicke Gemüse halbieren oder vierteln). Das Gemüse 2 Minuten in kaltem Wasser wässern, danach in Salzwasser garen (Kletterwurzel 5–6 Minuten, Karotten 2–3 Minuten); abgießen.
☐ Fleischscheiben mit je einem Stück Gemüse füllen und fest zusammenrollen; Rouladen mit Holzspießen fixieren.
☐ Alle Zutaten für die Sauce in einem Töpfchen aufkochen lassen, etwas einkochen, dann die Fleischrollen einlegen und zugedeckt bei mittlerer Hitze 12–15 Minuten köcheln lassen (die Sauce sollte ziemlich eingekocht sein). Vom Herd nehmen und etwas abkühlen lassen.
☐ Die Holzspieße entfernen und die Röllchen quer halbieren. Warm oder kalt mit geröstetem Sesam oder Sesamsalz bestreut servieren.

Hinweis: Das Gericht kann man auch mit jungen, kleinen Frühlingszwiebeln zubereiten.

Schweinebauch „Tanaka" Japan/Österreich

Für 4–6 Personen:

1,2–1,5 kg Schweinebauch (ohne Knochen, mit Schwarte)
1 große Zwiebel
4–6 Knoblauchzehen
1 TL schwarze Pfefferkörner
1,5 EL Salz

Für die Teriyaki-Sauce:
125 ml Shoyu
125 ml Sake
125 ml Mirin
125–200 g Zucker oder Honig (je nach gewünschter Süße)
wahlweise etwas frisch geriebener Ingwer oder geröstete kleine Knoblauchwürfel (beides in ausreichender Menge)

Seine Exzellenz Mr. Tanaka war lange Jahre japanischer Botschafter in Österreich und – was für mich noch wichtiger war – ein begeisterter Hobbykoch. Durch ihn (und den Haus- und Hofkoch der japanischen Residenz) erfuhr und lernte ich viel über die Japanische Küche. Die Idee zu nachstehendem Gericht entstand in einem lauschigen Zwiegespräch über unsere beiden Küchenkulturen. Es ist im Grunde eine „lustige" Inspiration aus beiden Kochwelten und schmeckt wirklich gut – überzeugen Sie sich selbst. Ich habe das Gericht nach dem Botschafter benannt, um meinen Kulinarik-Freund Mr. Tanaka zu ehren.

☐ Zuerst die Teriyaki-Sauce vorbereiten: Alle Zutaten hierfür in einem Topf verrühren, zum Kochen bringen und einige Zeit köcheln, bis sie gut vermischt sind – wer mag, würzt die Sauce noch mit frisch geriebenem Ingwer oder geröstetem, klein gehacktem Knoblauch. Vom Herd nehmen, in eine große Flasche abfüllen und über Nacht durchziehen lassen.
☐ Den Schweinebauch in einen ausreichend großen Topf geben, mit Wasser bedecken, aufkochen lassen, Hitze zurücknehmen, Schaum abschöpfen und die Aromen hinzufügen.
☐ Den Schweinebauch etwa 90–120 Minuten sanft kochen, bis er gänzlich gegart ist, dann aus dem Sud heben und abtropfen lassen. Sud durch ein Sieb seihen und 100 ml abmessen. Das Fleisch in 2–3 cm dicke Scheiben schneiden, die Scheiben dann etwa dritteln.
☐ Ein Backblech mit Backpapier auslegen oder mit Sesamöl (oder Erdnussöl) einfetten. Das Fleisch so darauf legen, dass es nicht übereinanderlappt. 500 ml Teriyaki-Sauce mit dem abgemessenen Sud vermengen und über das Fleisch gießen. Das Fleisch etwas marinieren lassen, dabei zwei- bis dreimal wenden.
☐ Dann im vorgeheizten Backofen bei 180–200 °C braten, dabei das Fleisch ständig wenden und regelmäßig mit Sauce überziehen.
☐ Das fertige Fleisch mit seinem Bratenfond anrichten.

Mit Ananassaft marinierte Schweinesteaks
Pineappel marinated pork Südsee

8 Schweinesteaks von je 100–125 g (aus dem Karree oder vom Nacken geschnitten)
½ frische Ananas
4 Knoblauchzehen
10 cm Ingwerwurzel, geschält
4–6 EL helle Sojasauce
1–2 EL Sesamöl
1 EL Rohrzucker
1 TL abgeriebene Limetten- oder Zitronenschale
geschroteter schwarzer Pfeffer

Man mag es kaum glauben, aber auch in der Südsee – vor allem auf den Fidschi-Inseln und auf Tahiti – liebt man Schweinefleisch sehr und kennt auch einige Zubereitungsarten dafür. Meist wird das Schwein im Ganzen gegart (ähnlich wie auf Hawaii) oder klein geschnitten, auf Spieße gesteckt und gegrillt. Am besten geschmeckt hat mir aber dieses Rezept, wobei das Fleisch seine besondere Textur durch die Ananas erhält, denn das in der Ananas enthaltene Enzym namens Bromelain wirkt wie ein Fleischzartmacher.

☐ Ananas schälen, Strunk entfernen und das Fruchtfleisch zusammen mit geschälten Schalotten und Knoblauchzehen im Mixer pürieren.
☐ Ananasmus mit frisch geriebenem Ingwer, Sojasauce, Sesamöl Pfeffer, Zucker, Limettenschale und Salz abschmecken.
☐ Das Fleisch einlegen und 24 Stunden marinieren lassen.
Fleisch aus der Marinade heben und trocken tupfen.
☐ Die Marinade durch ein Sieb in ein Töpfchen streichen und dick einkochen lassen; beiseite stellen.
☐ Schweinesteaks in einer Grillpfanne oder auf dem Holzkohlengrill beidseitig knusprig grillen, dabei salzen (auf dem Holzkohlengrill zusätzlich mit der Marinade bestreichen). Fleisch mit der restlichen Marinade anrichten.

Tipp: Dazu serviert man am besten ein Püree aus Süßkartoffeln, wobei diese geschält und gewürfelt in etwas Wasser weich gekocht, dann unter Zugabe von Kokosmilch zerstampft und mit gemahlenem Macis und Salz abgeschmeckt werden.

Schweinsschulterbraten aus dem Ofen
Oven Kalua Pork Hawaii

2,5 kg Schweinsschulterbraten (mit Schwarte und Knochen)
2 EL grobes Hawaii-Salz
2–3 EL Rauchsalz
Ti-Blätter (ersatzweise Alufolie)

Bei den im Rezept verlangten Ti-Blättern handelt es sich um eine Agaven-Art, die in der hawaiianischen Küche ein wichtiges Utensil für Braten aller Art darstellt. Das Fleisch wird nämlich in die Blätter eigewickelt, die aufgrund ihrer Stärke ein Austrocknen des Fleisches während des Bratens verhindern und es zudem subtil aromatisieren. Hier eine Version für zu Hause, bei der die Ti-Blätter durch Alufolie ersetzt wurden:

☐ Die Schwarte des Schweinebratens in große Karos schröpfen, dann den Braten rundherum (und vor allem in den Einschnitten der Schwarte) kräftig mit den beiden Salzen einreiben (wer zusätzliches Aroma will, beträufelt den Braten mit etwas *liquid smoke*, einem Raucharoma).
☐ Einen ausreichend großen Römertopf mit so viel Alufolie auslegen, dass der Braten in die Folie gewickelt werden kann. Braten in den Römertopf legen und in die Folie einpacken.
☐ Deckel auflegen und den Römertopf in den 160 °C heißen Ofen schieben, wo der Braten 5–6 Stunden backen darf.
☐ Fertigen Braten aus dem Ofen nehmen, 30 Minuten an einem warmen Ort rasten lassen, danach in feine Streifen schneiden und servieren. Dazu passt in Folie gegartes Gemüse aller Art.

Pikantes Schweinefilet mit Bananen-Chutney
Jerk Roasted Tenderloin Karibik

1 kg Schweinefilet
250–300 ml Jerk (s. Kapitel Barbecue/Grill S. 176)

Für das Chutney:
8 große Bananen
100 g große Rosinen
1 große weiße Zwiebel
½ scharfe Chilischote (ich nehme Scotch Bonnet)
1 EL geschälte Ingwerwurzel, frisch gerieben
75–100 g Rohrzucker
75–100 ml Apfel-Essig
1–2 EL brauner Rum
1–2 TL Salz

☐ Zuerst das Chutney zubereiten: Hierfür die Rosinen im Rum einweichen (es ist kein Fehler, das bereits am Vorabend zu machen), dann die Bananen schälen und mit der Hand zerdrücken. Zwiebel schälen und fein hacken, Chilischote entkernen und fein hacken.
☐ Alle Zutaten (Rosinen mit Rum!) in eine hohe Pfanne geben, zum Kochen bringen, Hitze zurücknehmen und 20–30 Minuten zu einem dicken Chutney einkochen (Hinweis: Man wird für dieses Gericht wahrscheinlich nicht das gesamte Chutney brauchen, Reste halten sich etwa 2 Wochen im Kühlschrank).
☐ Das Fleisch in einer Plastik- oder Glasschüssel mit dem Jerk vermischen, zudecken und 24 Stunden marinieren – zweimal wenden.
☐ Fleisch aus der Marinade heben, von anhaftenden Marinade-Resten befreien und in 180 °C heißem Ofen unter zweimaligem Wenden – je nach Größe und gewünschtem Garzustand – etwa 15–20 Minuten garen.
☐ 10 Minuten in Folie gewickelt an einem warmen Ort rasten lassen, dann aufschneiden und mit dem warmen Bananen-Chutney auftischen.

Tipp: Ich finde das Rezept noch besser mit ausgelöstem Karree.

Schweinefleisch mit Piment
Pork in Allspice

Karibik

1 kg Schweinefleisch aus der Schulter, grob gewürfelt
500 g Schweineknochen
2 mittlere Zwiebeln, fein gehackt
4 Knoblauchzehen, fein gehackt
1–1,5 EL Piment, frisch gemahlen (oder 1,5 EL Pimentkörner im Mörser zerstoßen)
2 Zweige Thymian, abgerebelt und gehackt
1–2 Chilischoten, gehackt (entkernt und von weißen Rippen befreit)
1 EL Schnittlauchröllchen
200–250 ml Kokoscreme
2 EL guter karibischer Rum
2 EL Kokos- oder Palmöl (ersatzweise geht auch Erdnussöl)
1 EL Malz– oder Rotweinessig
1–2 EL brauner Rohrzucker
Salz

Die englische Bezeichnung *Allspice* wird dem Piment sehr gerecht, denn er duftet in der Tat nach Nelken, Pfeffer, Zimt, Muskatnuss und Macis. Und da die Karibik auch die Heimat des Piments ist, versteht es sich von selbst, dass hier auch exzessiv damit gewürzt wird.

☐ Die Schweineknochen mit kaltem Wasser aufsetzen, zum Kochen bringen und mindestens 60 Minuten köcheln lassen, dabei von Zeit zu Zeit abschäumen; dann beiseite stellen.

☐ Das Öl in einer schweren Kasserolle erhitzen, den Zucker darin karamellisieren lassen, dann das Fleisch darin rundherum scharf anbraten.

☐ Zwiebeln, Knoblauch, Chili, Thymian und Schnittlauch hinzugeben, alles einige Minuten bräunen lassen, dann auch Salz (etwa 1–1,5 TL) und Piment dazugeben. 5–10 Minuten dünsten, dann mit so viel Knochenbrühe aufgießen, dass alles gerade bedeckt ist. 15 Minuten garen lassen, dann Essig hinzugeben, weitere 15 Minuten garen und schließlich die Kokoscreme einrühren.

☐ Die Hitze auf kleinste Stufe zurücknehmen, Deckel auflegen und zugedeckt mindestens 1 Stunde garen, bis das Fleisch sehr zart ist – wenn notwendig, Brühe nachgeben.

☐ Unmittelbar vor dem Servieren mit Rum und evt. auch noch etwas Salz abschmecken. Dazu reicht man mit Kokosflocken und Nelken verfeinerten Reis.

Schweinefleisch mit Kürbis Brasilien

1 kg Schweinefleisch ohne Schwarte und Knochen (aus der Keule oder Schulter)

600–750 g Kürbis

2 Zwiebeln

2–4 Knoblauchzehen

3 geschälte Tomaten

2 eingelegte Malaguetta-Pfefferschoten (oder 2 Piri-Piri)

2–3 Lorbeerblätter

500 ml Fleischbrühe

4 EL Schweineschmalz

Salz und Pfeffer aus der Mühle

gehackte Petersilie zum Garnieren

In Südamerika schätzt man das Schwein nicht wirklich sehr (außer als Fleisch für diverse Wurstwaren), allenfalls wird ein Spanferkel gegrillt. Dass ich hier nur den deutschen Namen des Gerichts angegeben habe, hat einen Grund: Nach der Unabhängigkeit Brasiliens 1822 siedelten sich vornehmlich Deutsche und Italiener im Süden des Landes an, weil das Klima hier gemäßigter und das Land fruchtbar ist. Die Italiener beeinflussten die Küche des Landes mit Panini und Tramezzini aller Art, die Deutschen mit ihren Eintöpfen, wie z. B. diesem:

□ Das Fleisch in 3 cm große Würfel schneiden, Zwiebeln und Knoblauch schälen und fein hacken. Tomaten halbieren und entkernen, dann grob hacken. Pfefferschoten (oder Chilischoten) fein hacken.

□ Schmalz in einem Schmortopf erhitzen, das Fleisch rundherum anbraten, salzen. Zwiebeln, Knoblauch und Tomaten dazugeben und 5 Minuten schmoren.

□ Danach auch die Lorbeerblätter und die Hälfte der Brühe hinzugeben, aufkochen lassen, Hitze reduzieren und im halb geschlossenen Topf 30 Minuten köcheln.

□ Zwischenzeitlich den Kürbis schälen, entkernen und klein würfeln (maximal 2 cm). Zum Fleisch geben und alles 20 weitere Minuten köcheln lassen – bei Bedarf Brühe nachgeben.

□ Das fertige Gericht mit Salz und Pfeffer abschmecken und mit gehackter Petersilie verfeinern.

Schweinefleisch-Fritada mit Banane
Fritada Ecuador

1,2 kg ausgelöstes Schweinskarree mit Fettauflage
1 große weiße Zwiebel
1 reife Kochbanane
4–6 Knoblauchzehen
2–3 EL Schweineschmalz
Salz

Für die Sauce:
5 EL Erdnussbutter
3 Frühlingszwiebeln, fein gehackt
1 TL Achiote-Paste (lateinamerikanische Würzpaste mit Annatto)
Salz und Pfeffer aus der Mühle

Die Fritada ist so etwas wie das Nationalgericht Ecuadors und wird in großen gusseisernen Kesseln überall in den unterschiedlichsten Varianten, meist am Straßenrand gekocht und angeboten. Und weil die Kartoffel bekanntlich aus Südamerika stammt, gibt es hierzu eine beliebige der zahlreichen Kartoffelbeilagen. Ich war übrigens begeistert von den knusprig-zarten Kartoffelplätzchen Ecuadors.

☐ Das Fleisch mitsamt dem anhaftenden Fett in 5 cm große Würfel schneiden, dann in einem großen gusseisernen Topf im Schmalz rundherum anbraten, dabei gut salzen und, wenn das Fleisch braun ist, mit 1/8 l Wasser ablöschen. Das Fleisch bei Mittelhitze weitergaren, bis das Wasser verdampft ist.
☐ Gehackte Zwiebeln und halbierte Knoblauchzehen hinzufügen.
☐ Die geschälte Banane in 1,5 cm dicke Scheiben schneiden und ebenfalls in den Schmortopf geben. 20–30 Minuten weitergaren, bis das Fleisch kräftig dunkelbraun ist.
☐ Zwischenzeitlich alle Zutaten für die Sauce verrühren.
☐ Erdnuss-Sauce zum Schmortopf geben und alles gut miteinander vermengen, nochmals 1/8 l Wasser dazugeben, 10–12 Minuten kochen lassen, danach mit Salz und Pfeffer abgeschmeckt auftischen.

Hinweis: Wer keine Achiote-Paste erhält, würzt die Sauce nach Geschmack mit Piment, Pfeffer, Knoblauch, Oregano, Kreuzkümmel, Nelke, Zimt und Salz – Annatto bewirkt eigentlich nur eine schöne Farbe.

Geschmortes Schweinefleisch mit Mandelsauce • *Estofada de Almendra* Mexiko

800 g Schweinskaree mit Fettauflage (man kann auch 2 ganze Filets nehmen)
30 g altbackenes Weißbrot (ca. 1 Scheibe)
1 Zwiebel
3–5 Knoblauchzehen
100 g Mandeln
3–4 Gewürznelken
3 Pfefferkörner
1 kleine Zimtstange
1 geschälte Tomate
100 g Oliven
50 g Kapern
50 g Mandelstifte
3 in Essig eingelegte Chilis (z. B. Piri-Piri oder Jalapeno o. a.)
Schweineschmalz
Salz

Dieses Gericht kann man als Fusionsküche zwischen Spanien und Mexiko bezeichnen – und es schmeckt wirklich ungewöhnlich gut!

☐ Das Fleisch grob würfeln (Filets ganz lassen), in nicht zu wenig Schweineschmalz anbraten, dann Hitze zurücknehmen und das Fleisch 20–30 Minuten garen. Fleisch herausnehmen und zur Seite stellen.
☐ Das Brot im Bratenfett rösten, dann auch gehackte Zwiebel darin anbraten. Die Mandeln separat in etwas Schmalz rösten.
☐ Brot, Zwiebel, Knoblauch, Mandeln, Nelken, Pfeffer und Zimt im Mixer pürieren; herausnehmen. Auch die Tomate im Mixer pürieren.
☐ Tomate im Bratenfett andünsten, Bodensatz loskochen. Fleisch, Mandelsauce sowie alle verbliebenen Zutaten hinzufügen und nach Geschmack salzen; köcheln, bis die Sauce eingedickt ist, dann heiß auftischen.

Schwein aus dem Ofen mit Salsa
Lomo al horno con Salsa cruda

Mexiko

1 kg Schweinefilet, sauber pariert
6–8 getrocknete Chilischoten
6 Knoblauchzehen
400 ml Ananassaft (frisch gepresst oder aus der Dose)
250 ml Apfelessig
150 ml Olivenöl
Salz und Pfeffer aus der Mühle

Für die Salsa:
2 große Fleischtomaten, entkernt
1 große rote Zwiebel, geschält
6–8 Chilis (am besten eine Mischung aus verschiedenen Sorten, von mild bis extrem scharf)
8–12 Knoblauchzehen
1 EL Kreuzkümmelsamen
Olivenöl nach Bedarf
Rotweinessig nach Geschmack
Meersalz
frisches Koriandergrün

Dieses Gericht stammt aus dem mexikanischen Bundesstaat Veracruz und ist dort nicht nur so etwas wie ein „Nationalgericht", sondern vor allem auch ein sehr schmackhaftes Beispiel für echte mexikanische Küche der etwas feineren Art. Es gibt viele Versionen von diesem Klassiker, hier mein Favorit, der von einer mexikanischen Freundin stammt:

☐ Chilischoten längs aufschneiden und entkernen, danach in einer schweren Pfanne rundherum kräftig rösten, dann aus der Pfanne nehmen und in eine Schale mit etwas heißem Wasser geben – 20–30 Minuten ziehen lassen.
☐ Chilis abgießen, danach mit Knoblauch, Ananassaft, Essig, Öl, Salz und Pfeffer im Mixer zu einer homogenen Masse verarbeiten.
☐ Das Fleisch kräftig mit der Marinade einreiben und die Marinade dabei auch in das Fleisch einmassieren. Bei Zimmertemperatur 1 Stunde marinieren lassen, währenddessen nach 30 Minuten wenden und nochmals die Marinade einmassieren.
☐ Das Fleisch samt Marinade in eine ofenfeste Form geben und bei 180 °C eine Stunde braten.
☐ Fleisch aus dem Ofen nehmen und in seinem eigenen Bratenfond auskühlen lassen, danach mit einer Aufschnittmaschine in möglichst dünne Scheiben schneiden. Fleischscheiben wieder in den Bratenfond legen und nochmals 20–30 Minuten braten, bis sie ganz knusprig sind.
☐ Dazu die Salsa cruda reichen und evt. auch einen Reis.

Salsa cruda: Wer es nicht so scharf mag, entfernt bei den Chilis die Samen und weißen Teile. Alle Zutaten werden einfach nur gehackt (nicht zu fein!) und anschließend in einer Schüssel vermischt – mit Olivenöl (das Öl sollte etwa gleich hoch mit den Zutaten stehen), Essig und Salz abschmecken. Eventuell mit frischem Koriander verfeinern.

Variante: 2 Schweinefilets mit einer Mischung aus 2 EL Olivenöl, 2 gehackten Knoblauchzehen, dem Saft einer Bitterorange, 1 TL Oregano, 1 TL gemahlenem Kreuzkümmel und Salz einreiben – 1 Stunde marinieren lassen. Danach das Fleisch in eine Bratrein legen und bei 180 °C 60–75 Minuten braten, dabei ab und an mit Marinade bepinseln und wenden.

Schweinefleisch in Chilisauce
Carne de puerco en Chile Mexiko

750 g Schweinsgulasch aus der Schulter
150 g Schweinebauch, gewürfelt
3–4 große rote Chilischoten (vorzugsweise Chiles anchos)
400 g geschälte Tomaten
1 Zwiebel
½ Bund frischer Koriander
Salz

Außerdem:
Maistortilla-Fladen
Bohnengemüse oder Bohnenpüree

Meiner Meinung nach hat Mexiko eine der besten und vielseitigsten Küchen von ganz Nord-, Mittel- und Südamerika. Und in Mexiko liebt man Schweinefleisch, wenngleich man bei uns der Meinung ist, dass dieses entweder faschiert in irgendwelchen Maisfladen landet oder in Bohneneintöpfen zu finden ist. Beides ist richtig, wenngleich Mexiko ungleich mehr Zubereitungsweisen für Schweinefleisch kennt.

☐ Das Fleisch mit 200 ml Wasser in einen großen Schmortopf geben und kochen, bis das Wasser verdampft ist, danach das Fleisch in eigenem Fett rundherum kräftig rösten.
☐ Zwischenzeitlich die Chilis öffnen, Samen und weiße Venen entfernen und einweichen, wenn man getrocknete Chilis nimmt. Anschließend abtropfen lassen und zusammen mit Tomaten, geschälter Zwiebel, Koriander und 1 TL Salz im Mixer pürieren.
☐ Das rundherum kräftig angebratene Fleisch aus dem Topf nehmen und beiseite legen. Das Tomatenpüree zum Bratenfond geben, Bodensatz loskochen und anschließend das Tomatenpüree dünsten, bis es eingedickt ist.
☐ Fleisch hinzugeben, nochmals erhitzen, danach abschmecken und mit frisch gebackenen Maistortillas und Bohnen auftischen. (Am besten schmecken gekochte Bohnen, die in Schmalz unter Zugabe einer gehackten Zwiebel geröstet und anschließend leicht zerdrückt mit etwas Brühe und Salz gewürzt wurden – vor dem Servieren mit geriebenem Käse, z. B. Cheddar oder Gouda, bestreuen.)

Hinweis: Wenn das Fleisch zu mager sein sollte, wird man 1–2 EL Schweineschmalz dazugeben müssen, um das Fleisch gut anbraten zu können.

Tipp: Eine Prise geschroteten Kreuzkümmel, etwas Knoblauch und/oder Oregano hinzugeben, auch eine Prise Zucker macht sich gut darin.

GUTES VON INNEN

Oberösterreichischer Leberschädl

500 g Schweinsleber
300 g fettes Schweinsfaschiertes (vorzugsweise Schweinsbackerln oder Bauch)
1 große Zwiebel
4–5 altbackene Semmeln
250 ml Milch
2–3 Eier
Majoran
abgeriebene Schale einer unbehandelten Zitrone
2 EL Petersilie, fein gehackt
1 Schweinsnetz, gewässert
Salz und Pfeffer aus der Mühle
Schmalz für die Form
Rindsuppe nach Bedarf

☐ Die Leber von Haut und Sehnen befreien, dann mit einem großen Messer schaben. Die Semmeln in Milch einweichen, danach gut ausdrücken und passieren (z. B. durch einen Fleischwolf oder eine Flotte Lotte).

☐ Aus Faschiertem, geschabter Leber und Semmeln eine homogene Masse herstellen, die mit Eiern, gehackten Zwiebeln, Majoran, Zitronenschale, Petersilie, Pfeffer aus der Mühle und Salz angereichert wird. Ist der Fleischteig zu dünn, diesen mit Semmelbröseln binden (der Teig sollte dicklich fest sein).

☐ Das gewässerte Schweinsnetz in eine gefettete Bratform legen (es sollte über den Rand der Form herausragen) und die Fleisch-Lebermasse einfüllen.

☐ Das Netz über dem Teig zusammenschlagen und den Leberschädl bei 180 °C etwa 1 Stunde backen, bis die Oberfläche knusprig braun ist – während des Bratens immer wieder mal mit Rindsuppe übergießen.

☐ Den Leberschädl in Scheiben geschnitten auftischen, dazu passen eingebranntes Sauerkraut und in Schmalz knusprig gebratene Kartoffeln.

Variante: Während des Bratens nicht mit Suppe, sondern mit Wein (Weiß- oder auch Rotwein) begießen.

Innereien-Gericht aus Süditalien • *Morseddu*

1 kg küchenfertig geputzte Schweinsinnereien (Lunge, Herz, Leber zu gleichen Teilen)
125 g ungeräucherter Bauchspeck
4 EL Schweineschmalz
600 g geschälte oder gewürfelte Tomaten
1 Zwiebel
3–6 Knoblauchzehen
2 getrocknete Chilischoten
1 Lorbeerblatt
1 Zweig Rosmarin oder 1 EL getrockneter Oregano
1 Zweig Thymian (oder ½ TL getrockneter Thymian)
200–300 ml trockener Rotwein
2 EL Petersilie, gehackt
Salz
Salzkapern und Olivenöl nach Belieben

☐ Leber in feine Scheibchen schneiden, Lunge und Herz fein hacken. Das Schmalz in einer Kasserolle erhitzen, Zwiebel darin anrösten, dann die Innereien dazugeben und mit der Zwiebel scharf anbraten, bis alles eine gute Farbe hat.

☐ Mit dem Rotwein ablöschen, diesen leicht einkochen lassen, dann die Tomaten hinzugeben und mit gehacktem Knoblauch, Lorbeer, Chili, Rosmarin (oder Oregano) und Thymian würzen.

☐ Einen Deckel auflegen und bei Mittelhitze schmoren lassen – je nach Gusto 20–30 Minuten für ein kernig-bissfestes Fleisch oder auch bis zu 2 Stunden, sodass die Innereien weich sind.

☐ Bei Bedarf etwas Wasser, Fleischbrühe oder Wein dazugeben – die Sauce sollte aber zum Schluss der Garzeit sehr dicklich sein. Mit Salz und Pfeffer abschmecken.

☐ Das fertige Innereien-Ragout kann auch mit gewaschenen Salzkapern und Olivenöl abgeschmeckt werden und schmeckt am besten, wenn man es in ofenfrisches Ciabatta-Brot gefüllt genießt.

Herzhafte Blutwurst-Innereien-Pfanne

Für 6 Personen:

800 g Blutwurst
200 g Schweinsherz
200 g Schweinsleber
2 Schweinsnieren
6 festkochende Kartoffeln
2 große Zwiebeln
4–6 Knoblauchzehen
1 Bund Petersilie
100 g Schmalz oder Butter
Salz und Pfeffer aus der Mühle

☐ Kartoffeln, Zwiebeln und Knoblauch schälen. Zwiebeln und Knoblauch fein hacken, Kartoffeln in dünne Scheiben schneiden. Geputzte Innereien grob würfeln.
☐ Schmalz in einer großen Pfanne erhitzen und die Zwiebeln samt Kartoffeln bei milder Hitze darin etwas Farbe nehmen lassen, dabei immer wieder behutsam wenden. Die gewürfelten Innereien hinzufügen und rundherum anbraten.
☐ Zuletzt auch die in dicke Scheiben geschnittene Blutwurst in die Pfanne geben und behutsam untermischen.
☐ Wenn alles gar ist, das Gröstl herzhaft mit Salz und Pfeffer abschmecken.
☐ Gröstl vom Herd nehmen, mit gehackter Petersilie sowie gehacktem Knoblauch bestreuen und in der Pfanne auftischen.
☐ Dazu schmeckt ein kräftiger Rotwein.

Schweinsherz in Speckrahm

4 Schweinsherzen
Essig
1 Karotte
1 Gelbe Rübe
1 Petersilienwurzel
2 Lorbeerblätter
3–4 Nelken
einige Pimentkörner
Pfefferkörner und Salz

Außerdem für die Sauce:
1–2 EL Schmalz
4–5 EL fein gewürfelter Speck
2–3 EL sehr fein gewiegte Zwiebeln
2–3 EL Estragonsenf
2 EL Mehl zum Stauben
300–400 ml Sauerrahm mit 1 EL Mehl verrührt zum Abbinden der Sauce

☐ Die zugeputzten und halbierten Schweinsherzen werden in einem Sud aus Salzwasser, Essig, Wurzelwerk, Lorbeerblatt, Nelke, Piment und Pfeffer nahezu weich gekocht.
☐ Herzen im Sud erkalten lassen, danach von unschönen Stellen befreien und feinblättrig schneiden. Den Sud durch ein Sieb passieren.
☐ Feingewürfelten Speck in Schmalz auslassen, dann Zwiebeln dazugeben und abrösten. Nun wird mit Mehl gestaubt und eine hellgelbe bis braune Einbrenn erzeugt.
☐ Mit Sud aufgießen und einige Zeit (bei nicht allzu großer Hitze) sehr gut verkochen lassen. Sauce mit Senf, Essig, Salz und Pfeffer (ich gebe noch eine Prise Muskat dazu) würzig abschmecken.
☐ Letztlich den Sauerrahm mit Mehl glatt verrühren und die Sauce damit binden – nochmals abschmecken.
☐ Dazu reicht man Brösel-, Speck-, Servietten- oder Semmelknödel.

Schweinsbeuschel

1 Schweinsbeuschel (Lunge)
75–100 g Schmalz
1 fein gewiegte Zwiebel
1 Karotte
1 Gelbe Rübe
1 Petersilienwurzel
1 Lorbeerblatt
75–80 g Mehl
Essig nach Belieben
Zitronensaft
Paprikapulver
Salz und Pfeffer

Außerdem:

etwas Rahm oder Obers zum Verfeinern der Sauce, gehackte Petersilie als Garnitur

☐ Ein gewaschenes Schweinsbeuschel wird in einem Sud aus Salzwasser, grob geschnittenem Wurzelwerk, Lorbeerblatt und einigen Pfefferkörnern weich gekocht. Beuschl auskühlen lassen, danach in feine Streifen schneiden. Den Sud durch ein Sieb passieren.

☐ Fein gewiegte Zwiebeln in Schmalz andünsten, mit Mehl stauben und eine braune Einbrenn zubereiten.

☐ Die Einbrenn mit dem passierten Sud aufgießen und zu einer molligen Sauce verkochen, die mit Essig, Zitronensaft, Paprika, Salz und Pfeffer gut abgeschmeckt wird.

☐ Das feingeschnittene Beuschel noch einige Zeit in der Sauce mitkochen lassen.

☐ Zum Schluss kann man das Beuschel mit Rahm oder Obers verfeinern.

☐ Dazu wird traditionell ein Grießstrudel gereicht, aber auch Semmelknödel.

Variante: Man kann auch Schweinslunge und -herz zusammen zu Beuschel verarbeiten.

Majoranherz

1 kg Schweinsherz
einige Scheiben Selchspeck (für jedes Herz 2–3 Scheiben)
50–70 g Schmalz
35–40 g Mehl
250 ml Sauerrahm
1 Zitrone
2–3 EL frische Majoranblätter
Wacholderbeeren
Salz und Pfeffer aus der Mühle
Rindsuppe nach Bedarf

☐ Die Schweinsherzen vierteln und von unschönen Stellen befreit unter kaltem Wasser gründlich waschen, dabei alle Blutrückstände entfernen, trocken tupfen.
☐ Jedes Herzstück auf der Oberseite mit einem Längsschnitt versehen, dann mit im Mörser zerstoßenen Wacholderbeeren, zerriebenen Majoranblättern, Salz und Pfeffer einreiben. Die Herzen einige Zeit im Kühlschrank marinieren lassen, dann in jeweils 2–3 Speckscheiben wickeln und diese festbinden. Speck leicht pfeffern.
☐ Schmalz in einer größeren Kasserolle erhitzen, die Herzpäckchen hineingeben und im auf 180 °C vorgeheizten Backrohr braten. Während des Garens immer wieder mit dem eigenen Saft und etwas Rindsuppe übergießen.
☐ Die weich gegarten Herzen aus der Kasserolle nehmen und im Ofen warm stellen. Ins Bratenfett wird nun mit dem Mehl gestaubt, welches man auf dem Herd eine Minute durchrösten lässt. Den Sauerrahm mit etwas Rindsuppe glatt rühren, dann in die Sauce gießen. Die Herzstücke dazugeben und zugedeckt vollends weich kochen – bei Bedarf Suppe nachgeben.
☐ Die Bindfäden von den Herzen entfernen, die Sauce mit Salz, Pfeffer, abgeriebener Zitronenschale und Zitronensaft abschmecken. Herzstücke in eine warme Servierschüssel legen, die Sauce darüber passieren. Noch einige frische Majoranblätter darüberstreuen und etwas frischen Sauerrahm darauf verteilen.
☐ Mit viel Schnittlauch bestreut auftischen. Dazu passen Knödel oder Salzerdäpfel.

Gebackene Kutteln

600 g Schweinskutteln
Mehl zum Wenden
2–3 Eier
Semmelbrösel zum Panieren
Butterschmalz zum Ausbacken
Salz

☐ Sehr sauber zugeputzte Schweinskutteln werden in Salzwasser weich gekocht, das Wasser dabei 2- bis 3-mal wechseln.
☐ Kutteln in Schnitzel schneiden, in frischem Salzwasser gänzlich weich kochen, dann abkühlen lassen und wie ein Schnitzel in Mehl, verquirltem Ei und Bröseln panieren.
☐ In heißem Fett goldbraun ausbacken und mit Zitronenachteln servieren.

Schweinszunge mit Wurzeln

8 Schweinszungen
600 g Wurzelgemüse (Karotte, Gelbe Rübe, Petersilienwurzel etc.)
Piment
Essig
Salz

□ Frische Schweinszungen in einem Sud von Salzwasser und Piment ca. 2 Stunden kochen, dann das geputzte Wurzelwerk hinzugeben und alles fertig weich kochen.

□ Zungen in kaltem Wasser abschrecken und häuten.

□ Erneut in ihrem heißen Sud erwärmen. Zunge 2- bis 3-mal durchschneiden, das Wurzelwerk abseihen und klein schneiden. Wurzelwerk mit Essig säuern und salzen.

□ Die Zunge mit dem Wurzelwerk angerichtet in tiefen Tellern auftischen. Dazu passen Essigkren und Salzerdäpfel.

Pökelzunge

□ Geselchte Zungen vom Schwein werden in ungesalzenem Wasser gekocht, evt. Nelken, Lorbeer, Piment-, Pfeffer- und Senfkörner hinzufügen.

□ Zungen mit kaltem Wasser abschrecken, häuten und im Kochsud erneut erwärmen.

□ Gekochte Pökelzungen werden in dicke Scheiben aufgeschnitten und mit Kren bestreut genossen.

□ Dazu passen Erbsen-, Bohnen- oder Erdäpfel-Püree mit Röstzwiebeln oder auch eingebranntes Sauerkraut.

Hirn mit Nierndl

1 Schweinsniere
1 Schweinshirn
1 große Zwiebel
2 Eier
Milch zum Einlegen der Niere
2 EL Butter
2 EL Öl
1–2 EL gehackte Petersilie
Salz und Pfeffer aus der Mühle

□ Schweinsniere für einige Stunden in Milch einlegen, dann waschen und trocken tupfen. Niere in dünne Scheiben schneiden. Schweinshirn kurz in kochendem Salzwasser blanchieren, kalt abschrecken und häuten.

□ Fein geschnittene Zwiebel in Butter und Öl anrösten, Nieren dazugeben und nicht zu lange braten. Das Hirn und 1–2 EL Petersilie zu den Nieren in die Pfanne geben.

□ Wenn das Hirn gestockt ist, 2 versprudelte Eier unterheben, anziehen lassen, alles abschmecken und sofort servieren.

□ Salat oder Petersilerdäpfel sind gute Beilagen.

Hirn mit Ei

Pro Person:
150 g Schweinshirn
1 kleine Zwiebel
1 EL gehackte Petersilie (oder Schnittlauch)
2 Eier
2 EL Butter
Salz und Pfeffer aus der Mühle

☐ Hirn reinigen und häuten. 2 Esslöffel Butter in einer Pfanne zerlassen, Zwiebel darin hellgelb rösten. Ein Ei trennen und einen Dotter aufheben.
☐ Das Hirn zusammen mit dem ganzen Ei, dem übrigen Eiweiß und der Petersilie in der Zwiebel rösten, bis es weiß und nicht mehr blutig ist.
☐ Unmittelbar vor dem Anrichten salzen, pfeffern. Wenn die Hirn-Ei-Masse leicht gestockt ist, anrichten und mit dem Eidotter garniert auftischen.
☐ Dazu passen Petersilkartoffeln.

Tipp: Auch eine Prise Muskat oder Cayennepfeffer macht sich hier gut.

Gebackenes Hirn

2–3 Schweinshirne
Mehl zum Wenden
2–3 Eier
Semmelbrösel zum Panieren
Butter- oder Schweineschmalz
Salz

☐ Das Hirn wird in kaltes Wasser eingelegt und die darauf befindlichen Häutchen werden restlos entfernt; danach kann man das Hirn im Ganzen weiterverarbeiten oder auch in Röschen zerteilen.

☐ Hirn salzen, dann in Mehl, verquirltem Ei und Semmelbröseln panieren und schließlich in heißem Butterschmalz (heute wird leider viel zu oft auch normales Frittieröl genommen) wie ein Schnitzel goldgelb ausbacken.

☐ Dazu isst man einen Grünen Salat oder auch Erdäpfelsalat.

Schweinsnieren in Rahmsauce

4 Schweinsnieren
Milch zum Einlegen
4 EL fein gewiegte Zwiebeln
Paprika rosenscharf
gemahlener Kümmel
Majoran
1 EL gehackte Petersilie
1 Schöpfer Rindsuppe
125 ml Sauerrahm
2 EL Mehl
2 EL Schweineschmalz
Salz und Pfeffer aus der Mühle

☐ Schweinsnieren halbieren und in Milch einlegen. Nach einer Stunde feinblättrig schneiden, von allen inneren Adern befreien und nochmals in (evt. frischer) Milch einlegen.

☐ Schmalz oder Öl in einer Kasserolle erhitzen, fein gewiegte Zwiebeln darin anschwitzen.

☐ Nieren hinzugeben und mitrösten, dann mit scharfem Paprikapulver, Kümmel und Majoran würzen.

☐ Mit 1 EL Mehl stauben, mit etwas Rindsuppe ablöschen und fertig garen; Sauce mit gehackter Petersilie, Salz und Pfeffer abschmecken.

☐ Schließlich die Sauce mit Sauerrahm, welcher mit dem restlichen Mehl verrührt worden ist, abbinden und nochmals abschmecken.

Gefüllte Schweinsnieren „Baden Baden"

4 Schweinsnieren
1 Zwiebel, fein gehackt
100 g Emmentaler, gewürfelt
2 (vorzugsweise gehäutete) Paradeiser, gewürfelt
gut 50 g Butter oder Schmalz
1–1,5 EL Mehl
Salz und Pfeffer

☐ Die Nieren auf einer Seite längs aufschneiden (nicht durchschneiden!), ausnehmen und 1–2 Stunden wässern. Feingewürfelte Zwiebel, Käse und Paradeiser vermischen, würzen und in die Schweinsnieren füllen. Nieren zusammenklappen und mit Zwirn oder Bindfaden zusammenbinden.

☐ Die gefüllten Nieren in heißer Butter anschwitzen, danach Hitze zurückdrehen und die Nieren zugedeckt 20 Minuten gar dämpfen (ab und an wenden). Sollte etwas von der Füllung übrig geblieben sein, so kann diese mitgegart werden.

☐ Schließlich den Bratensaft mit Mehl stauben, etwas Rindsuppe dazugeben, eindicken lassen und pikant abschmecken.

☐ Nieren auf vorgewärmten Tellern anrichten und mit der Sauce überzogen servieren – dazu schmecken Reis oder Erdäpfelknödel.

Geröstete Schweinsnieren

500 g gewässerte Schweinsnieren
3–4 Zwiebeln
Rindsuppe zum Aufgießen
Mehl zum Stauben
3 EL Schmalz oder Butter
gewaschene Salzkapern
Majoran
Salz und Pfeffer

☐ Zwiebeln in feine Ringe schneiden, in heißem Fett goldgelb rösten. Zwischenzeitlich die Nieren sauber zuputzen und feinblättrig schneiden.

☐ Nieren zu den Zwiebeln geben, mitbraten, bis sie nicht mehr blutig sind. Alles mit Mehl stauben, mit Rindsuppe ablöschen und schön verkochen lassen – währenddessen mit Majoran würzen.

☐ Erst kurz vor dem Servieren nach Geschmack mit grob gehackten Salzkapern und Pfeffer würzen, evt. nachsalzen.

Tipp: Ein Schuss Essig verfeinert das Gericht.

Geröstete Leber

500 g Schweinsleber
2–3 Zwiebeln
Rindsuppe zum Aufgießen
Mehl zum Stauben
100–125 g Schmalz oder Butter
Majoran
Salz und Pfeffer

☐ Zwiebeln in feine Ringe schneiden, in heißem Fett goldgelb rösten. Zwischenzeitlich die Leber sauber zuputzen und feinblättrig schneiden.
☐ Leber zu den Zwiebeln geben, mitbraten, bis sie nicht mehr blutig ist.
☐ Alles mit Mehl stauben, mit Rindsuppe ablöschen und schön verkochen lassen – währenddessen mit Majoran würzen.
☐ Erst kurz vor dem Servieren nach Geschmack salzen und pfeffern.

Hinweis: In früheren Zeiten wurde geröstete Leber sehr häufig mit Rahm verfeinert. Andere wiederum würzten bei Tisch mit einem guten Schuss Essig und erhielten so eine Saure Leber.

Rezeptbild: siehe Kapitelanfang

Nierengulasch nach einem Rezept von „Oma Mehler"

800 g frische Schweinsnieren
250–300 g Zwiebeln, klein gehackt
2 große Handvoll Fisolen (kurz blanchiert und in Stücke geschnitten)
2 EL Paprikapulver edelsüß
Majoran
250 ml trockener Weißwein (am besten Grüner Veltliner)
etwas Zitronensaft
1–2 EL Mehl zum Stauben
2–3 EL Schweineschmalz
Pfeffer aus der Mühle
Salz

Außerdem:
Essigwasser

☐ Die Nieren auflegen und quer halbieren, sodass man zwei dünne „Schnitzel" erhält. Die weißen Teile mit einem scharfen Messer herausschneiden und wegwerfen, dann die Nieren schnetzeln.
☐ Nieren in eine säurefeste Schüssel füllen und mit Essigwasser waschen; in einem Sieb abtropfen lassen.
☐ Feingehackte Zwiebeln im Schmalz rösten, bis sie hellbraun sind, dann den Topf vom Herd nehmen und mit Paprika stauben. Paprika 30 Sekunden in den Zwiebeln rösten, danach mit Mehl stauben und die Nieren dazugeben.
☐ Topf wieder auf den Herd stellen, mit Majoran und Pfeffer würzen, Wein dazugießen und aufkochen lassen. Einige Minuten (ca. 5–10) dünsten lassen, bis die Nieren gar sind.
☐ Zum Schluss das Nierengulasch mit Fisolen verfeinern, mit Salz und Zitronensaft abschmecken und mit Nockerln, Bratkartoffeln, Salzkartoffeln oder G'Stürzten auftischen.

Gebackene Leber

800 g frische Schweinsleber
glattes Mehl zum Wenden
2–3 Eier
Semmelbrösel zum Panieren
reichlich Butterschmalz oder Schweineschmalz zum Ausbacken
Salz, Zitrone

Oft wird unter Köchen darüber diskutiert, ob die Leber vor oder nach dem Garen gesalzen werden solle. Nach meinen Erfahrungen verhält es sich tatsächlich so, dass die geröstete oder gebratene Leber IMMER erst nach der Zubereitung gesalzen werden sollte, weil sie sonst zäh werden kann. Aber gebackene Leber schmeckt einfach aromatischer und besser (ohne dabei zäh zu werden), wenn man sie vor dem Panieren leicht salzt.

☐ Sauber zugeputzte Schweinsleber in Schnitzel schneiden, leicht salzen, dann mit Mehl, versprudeltem Ei und Semmelbröseln panieren und sofort nach dem Panieren in reichlich heißem Schmalz (es sollte ca. 175 °C heiß sein) schwimmend ausbacken, bis sie beidseitig goldgelb ist.
☐ Auf Küchenpapier abtropfen lassen. Kurz vor dem Servieren nachsalzen und Zitrone dazureichen.
☐ Zur Gebackenen Leber passen Grüner Salat oder Mayonnaise-Salat.

Gebratene Schweinsleber mit Apfelpüree, Majoran und Perlzwiebel

Für die Schweinsleber:
4 Tranchen Leber, pariert und etwa 1,5 cm dick
1 Ei
etwas Milch
Mie de pain zum Panieren
Öl und Butter zum Braten
Schweins-Jus
Salz

Für das Apfelpüree:
3 Äpfel, geschält, geviertelt, entkernt (am besten Boskoop)
150 ml Weißwein
1–2 Gewürznelken
1 kleines Stück Zimtstange
etwa 1,5 EL Zucker
3 EL Butter
ein Zweig frischer Majoran

Für die Perlzwiebel:
150 g Perlzwiebel, geschält
200 ml Rotwein
100 ml Portwein rot
1 Scheibe Speck
2 EL Butter
etwas Zucker
1 Zehe Knoblauch
Lorbeer
Salz

Rezept von Thomas Wohlfarter (Restaurant AMARANTIS Wien)

☐ Die Leber auf einer Seite mit Ei (mit etwas Milch verquirlt) und Semmelbröseln doppelt panieren. Öl und Butter zu gleichen Teilen in einer Pfanne erhitzen und die Leber bei reduzierter Hitze braten. Die panierte Unterseite sollte goldbraun, die Oberseite noch rosa sein.

☐ Leber auf einem Küchenkrepp abtropfen, mit frischen Majoranblättern bestreuen, leicht salzen und mit dem eingekochten Jus glacieren.

☐ Für das Apfelpüree die Apfelviertel mit Wein, Nelken, Zimt und Zucker weich kochen und durch ein Sieb passieren. Die Butter in einer Pfanne schmelzen, leicht bräunen, den Majoran hinzufügen, etwas ziehen lassen. Anschließend die Butter unter das Apfelpüree rühren.

☐ Die Speckscheibe in einer Sauteuse leicht bräunen, etwas Zucker hinzugeben, leicht karamellisieren. Zwei Esslöffel Butter dazugeben und mit Rotwein sowie Portwein ablöschen. Knoblauch und Lorbeerblatt hineingeben, leicht salzen, und Flüssigkeit auf die Hälfte reduzieren.

☐ Die Perlzwiebeln kurz im gesalzenen Wasser blanchieren und zur Rotweinreduktion hinzufügen. Abdecken und im Backrohr weich schmoren.

☐ Alles dekorativ auf vorgewärmten Tellern anrichten.

KNÖDEL, KRAUT UND ANDERE WICHTIGE BEILAGEN

Grießknödel

1 l Milch
200–250 g Butter
350 g feiner Grieß
150 g grober Grieß
Muskatnuss
Salz

☐ Milch erhitzen, darin zimmerwarme Butter schmelzen lassen und alles mit Muskatnuss und Salz würzen.
☐ 2/3 der beiden Grießsorten einarbeiten, bis man einen dicken Brei hat, dann den Topf vom Herd nehmen und den restlichen Grieß einrühren.
☐ Masse erkalten lassen, evt. 1 Ei einarbeiten, mit nassen(!) Händen kleine Knödel formen, diese gut zusammendrücken und anschließend in heißem, gesalzenem Wasser 10 Minuten ziehen lassen.

Semmelknödel

☐ 500 g kleinwürfelig geschnittene Semmeln leicht rösten, dann in eine Schüssel füllen. Eine große, fein gehackte Zwiebel und ein bis zwei gehäufte Esslöffel fein gewiegte Petersilie in reichlich Butter oder Schmalz rösten, samt 3-4 Eiern, 400–500 ml Milch und Salz zu den Semmelwürfeln geben; alles gut vermengen und ziehen lassen.
☐ Nur bei Bedarf kommt etwas Mehl zum Teig, welchen man mit Muskatnuss und weißem Pfeffer aromatisieren darf.
☐ Nun den Teig zu Knödeln beliebiger Größe formen und diese schließlich 10 Minuten in reichlich(!) Salzwasser garen.

Hinweis: Man kann den Semmelknödel-Teig vielfältig abwandeln, z. B. mit fein gewürfelter Salami, klein gewürfeltem und geröstetem Speck, verschiedenen Kräutern (z. B. Schnittlauch, Bärlauch etc.) oder auch mit kleinen Eierschwammerln.

Semmelknödel nach Großmutters Art

300 g würfelig geschnittene Semmeln
knapp 150 g Butter
6 Eier
100 ml Milch (evt. etwas mehr)
Mehl
Semmelbrösel
gehackte Petersilie
Salz

☐ Die Butter abtreiben, drei ganze Eier und drei Dotter werden dabei hineingearbeitet.
☐ Die würfelig geschnittenen Semmeln in einem Weitling mit Milch benetzen, dann den Butterabtrieb, 1–2 Handvoll fein gehackte Petersilie, 4–5 EL Mehl und 4–5 EL Semmelbrösel unterheben; salzen nicht vergessen.
☐ Aus der gut durchgearbeiteten Masse werden nun möglichst gleich große Knödel geformt und in kochendes Salzwasser gegeben, wo sie in 10–12 Minuten gar ziehen dürfen.
☐ Abtropfen lassen und z. B. zum Schweinsbraten servieren.

Gewürzte Semmelknödel

6 altbackene Semmeln
500 g gekochte und passierte Erdäpfel
3 Eier
1 Prise gemahlenes Neugewürz (Piment)
1 Prise frisch gemahlener Pfeffer
1 Prise Muskatnuss
1 TL Majoran
Mehl nach Bedarf
1 TL Salz

Diese aromatische Variante der Semmelknödel serviert man bevorzugt zu mit Nelke gewürztem Schweinsbraten, aber auch zu „Einfachem Wildgulasch" und anderen Speisen mit aromatischen Saucen.

☐ Die Semmeln würfelig schneiden, die Eier in einem Viertelliter Wasser versprudeln und danach über die Semmeln gießen. Die passierten Erdäpfel mit den vorgesehenen Gewürzen vermengen, danach mit den mittlerweile durchgeweichten Semmeln vermischen.
☐ Nur gerade so viel Mehl dazugeben, dass die Masse zusammenhält – das erfordert ein wenig Erfahrung und Fingerspitzengefühl.
☐ Teigmasse zu mittelgroßen Knödeln formen und in kochendes Salzwasser geben, wo man sie 15 Minuten gar ziehen lässt.

Speckknödel

330 g würfelig geschnittene Semmeln
330 g Selchspeck (vorzugsweise aus dem Tullnerfeld)
250 ml Milch
250 ml Mehl
3–4 Eier (je nach Größe)
1 kleinere Zwiebel, feinst gehackt
1–2 zerdrückte Knoblauchzehen
Handvoll gehackte Petersilie
etwas gemahlener Kümmel
Salz

Besonders gut zu Selchfleisch.

☐ Speck und Semmeln werden eher klein gewürfelt. Dann den Speck in einer Kasserolle auslassen, bis er glasig ist.
☐ Dazu kommen dann die fein gewiegte Zwiebel und etwas später auch der Knoblauch.
☐ Schließlich werden die Semmelbrösel darin so lange geröstet, bis sie hellgelb geworden sind. Kasserolle vom Herd nehmen und mit der Hälfte der Milch benetzen.
☐ Restliche Milch mit den Eiern absprudeln, mit Kümmel und Salz würzen, dann ebenfalls über die Semmeln gießen. Letztlich das Mehl und die gehackte Petersilie dazugeben und alles vermischen. 15–20 Minuten rasten lassen, mit feuchten Händen zu Knödeln formen und diese in kochendem Salzwasser garen.

Erdäpfelknödel

500 g Erdäpfel (mehlig kochend)
100 g Mehl
40 g Grieß
1 Ei
1 Dotter
2 EL zerlassene Butter
Salz

☐ Erdäpfel in der Schale kochen und über Nacht auskühlen lassen und passieren.
☐ Mit den übrigen Zutaten zu einem homogenen Teig verkneten, eher kleinere Knödel formen und diese in Salzwasser etwa 8 Minuten leicht wallend kochen.

Erdäpfelknödel auf andere Art

500 g Erdäpfel
2 Eier
3 Dotter
160 g Butter
1/16 l Grieß
1/16 l Mehl
gehackte Petersilie
Salz

☐ Die Erdäpfel kochen, heiß passieren und mit der abgetriebenen Butter, zwei ganzen Eiern und drei Dottern, dem Grieß, dem Mehl, der gehackten Petersilie und einer guten Prise Salz abrühren.
☐ Eine halbe Stunde lang zugedeckt rasten lassen, zu nicht zu großen Knödeln formen und diese in siedendem Salzwasser eine halbe Stunde garen.

Germteigknödel • Böhmische Knödel

300 g griffiges Mehl
20–25 ml lauwarme Milch
10 g frischer Germ
1 Ei
1 Semmel
1 TL Zucker
1 TL Salz

Zu Gerichten mit viel Sauce oder Saft.

☐ Am besten bereitet man den Teig mit einer Küchenmaschine zu: Mehl in die Rührschüssel geben, Ei, zerbröselten Germ, Zucker und Salz hinzufügen. Nun die Knetmaschine einschalten und ganz langsam die lauwarme Milch nach und nach dazugießen.
☐ Den Teig nun so lange weiterverarbeiten, bis er sich von den Wänden löst (das dauert ca. 20–30 Minuten). Danach den Teig zugedeckt an einem warmen Ort aufgehen lassen (z. B. im auf 30–40 °C erwärmten Backofen).
☐ In der Zwischenzeit die Semmel würfelig schneiden und – wenn der Teig aufgegangen ist – dazumischen. Nun den Teig auf einer bemehlten Arbeitsfläche zu zwei gleich großen, länglichen Rollen formen. Diese in siedendem Salzwasser 15 Minuten kochen, dabei ein- bis zweimal umdrehen.
☐ Die Knödel aus dem Wasser heben und mit einem Zwirn in Scheiben schneiden (hierfür den Zwirn zuerst unter die Rolle legen, dann oben überkreuzen und schließlich quer durch den Knödel ziehen).

Erdäpfel-Topfen-Knödel

1 kg Erdäpfel
250 g Topfen
2 Eier
4–6 EL Grieß
1 TL Salz

Eine mittlerweile selten gewordene Knödelrezeptur, dennoch schmecken diese Knödel ausgezeichnet zum Schweinsbraten:

☐ Die Hälfte der Erdäpfel kochen, schälen, passieren und warm halten. Die restlichen Erdäpfel roh schälen, reiben und ausdrücken.
☐ Die beiden Erdäpfelhaufen mischen, den passierten Topfen, die Eier und das Salz dazugeben.
☐ Zuletzt den Grieß einarbeiten (ist die Masse weich, muss man etwas mehr, ist sie ziemlich fest, etwas weniger Grieß nehmen).
☐ Die Masse gute 30 Minuten ziehen lassen, danach zu kleinen Knödeln formen und diese sofort in kochendes Salzwasser einlegen.15 Minuten leise köcheln lassen, vorsichtig herausheben und sogleich servieren.

Waldviertler Knödel

☐ 300 g Erdäpfel kochen, heiß schälen, reiben und auf einem Teller zum Trocknen ausbreiten.
☐ 1 kg Erdäpfel roh schälen, waschen und auf einem Reibeisen in eine Schüssel mit kaltem Wasser reiben. Danach werden die gewässerten Erdäpfel durch ein Tuch geseiht (Flüssigkeit auffangen!) und so fest wie nur möglich ausgedrückt.
☐ Den so gewonnenen Erdäpfelklumpen mit den vorgekochten Erdäpfeln vermischen und die Masse salzen. Nun wird das Auspresswasser vorsichtig abgegossen und die Stärke, welche sich am Boden abgesetzt hat, zum Teig gegeben.
☐ Alles zu einem glatten Teig verarbeiten (übrigens: Mehl kommt keines dazu!).
☐ Mit nassen Händen zu Knödeln formen, welche in kochendem Salzwasser etwa 20 Minuten gegart werden.

Knödel halb / halb

500 g gekochte Erdäpfel (das entspricht etwa 750 g rohen Erdäpfeln)
500 g rohe Erdäpfel
3 EL Mehl
Salz

☐ Die rohen Erdäpfel schälen, reißen und leicht ausdrücken, danach mit den gekochten und passierten oder gepressten Erdäpfeln vermischen.
☐ Salzen und die Konsistenz mit Mehl regulieren.
☐ Daraus Knödel formen, welche etwa 20 Minuten in Salzwasser gekocht werden.

Hinweis: Aufgrund ihrer grau-grünen Färbung werden diese Knödel auch „Grüne Knödel" genannt.

Reiberknödel

☐ 200 g rohe Erdäpfel schälen, reiben und in einem Tuch auspressen. 500 g gekochte Erdäpfel schälen, passieren und mit den rohen Erdäpfeln vermengen. Masse salzen und zu Knödeln formen, in Salzwasser 15–20 Minuten kochen.
☐ Als Beilage zu Schweinsbraten oder Geselchtem servieren.

Eingebrannte Saure Rüben

Schmecken hervorragend zu Schopfbraten, Selchbraten u. Ä.

☐ 750 g eingelegte Saure Rüben werden mit wenig Wasser oder Rindsuppe weich gedünstet, das dauert etwa eine Stunde.
☐ Aus 2–3 EL Schmalz und 2 EL Mehl eine Einbrenn zubereiten, diese mit den weich gedünsteten Rüben aufgießen und alles gut verkochen lassen. Mit Zucker, Salz und Kümmel abschmecken.

Eingebranntes Paprikakraut

1 kg Sauerkraut
125 g Schmalz
100 g Mehl
500 ml Rahm
1 große Zwiebel
2 fein gewiegte Knoblauchzehen
Rosenparika
Salz und Pfeffer

☐ Das Sauerkraut zusammen mit etwas Wasser dünsten. Zwischenzeitlich bereitet man aus Schmalz und Mehl eine lichte Einbrenn, die mit 250 ml Rahm und etwas Flüssigkeit vom Kraut aufgegossen wird.
☐ Gut rühren, damit die Sauce glatt bleibt. Dann fügt man das abgeseihte Kraut hinzu, gibt Rosenpaprika nach Geschmack hinein und vollendet mit dem restlichen Rahm, den man mit 1 TL Mehl verrührt hat.
☐ Sollte das Kraut zu dick werden, mit etwas Krautsud aufgießen.

Tipp: Dieses Kraut schmeckt besonders gut, wenn man einige Schwarten von Selchspeck mitkochen lässt.

Hinweis: Wenn man den Rahm weglässt und dafür 250 ml sehr kräftige Rindsuppe sowie 2-3 EL Paradeismark ins Kraut rührt, erhält man das sogenannte Paradeiskraut (welches üblicherweise mit ein wenig Zucker gesüßt wird).

Krautsalat

☐ 500 g Weißkraut von Strunk und dicken Blattrippen befreien, fein hobeln und in eine Schüssel füllen. Salzen, zuckern und mit Essig beträufeln – 30 Minuten ziehen lassen.
☐ Kraut ausdrücken, dann mit Sonnenblumen-, Distel- oder Rapsöl und Bieressig marinieren – nach Belieben mit Zucker, Salz und Kümmel abschmecken.

Variante: Mit heißem Verhackertem übergießen oder mit gehackten Grammeln (ohne Fett geröstet) verfeinern.

Warmer Speck-Krautsalat

500–600 g Weißkraut
1 Zwiebel
125–150 g Speck
Essig
Kümmel
Salz

□ Das vom Strunk und von den dicken Blattrippen befreite Kraut wird fein gehobelt in eine Schüssel gefüllt und gesalzen.

□ Den Speck würfeln und in einer Kasserolle gelblich auslassen, die Grammeln herausnehmen und beiseite legen. Im ausgelassenen Fett wird nun die sehr fein gehackte Zwiebel angedünstet und mit Kümmel gewürzt. Wenn die Zwiebel eine schöne Farbe angenommen hat, wird mit Essig abgelöscht und das Kraut dazugegeben.

□ Das Kraut weich dünsten und abschmecken.

□ Kurz vor dem Servieren die zurückbehaltenen Grammeln über den Salat streuen.

Weißkraut nach Böhmischer Art

1,5 kg Weißkraut
1–2 Zwiebeln
80 ml Essig
2–3 EL Zucker
1 Msp. gemahlener Kümmel
1–2 EL Mehl
75 g Butter
Salz

□ Das Kraut feinnudelig schneiden, gehackte Zwiebeln in der Butter anlaufen lassen und das geschnittene Kraut dazugeben. Kurz durchdünsten lassen, dann Essig, Zucker, Kümmel und Salz hinzufügen.

□ Alles unter häufigerem Wenden 15 Minuten zugedeckt dünsten. Deckel entfernen, mit Mehl stauben und einige Minuten nachdünsten. Vor dem Servieren nochmals abschmecken.

Großmutters Sauerkraut

□ 2 fein gewiegte Zwiebeln und 100 g gewürfelten Selchspeck in 100 g Schmalz hellgelb rösten. 1 kg ausgedrücktes (Saft aufheben) Sauerkraut dazugeben und kurz andünsten lassen.

□ Danach mit 250 ml Grünem Veltliner und 250 ml stark konzentrierter Rindsuppe aufgießen. Jetzt kommen 4 schöne Speckschwarten (von Selchspeck), 2 Lorbeerblätter, 4–5 Wacholderbeeren, 2–3 mit Kümmel zusammengehackte Knoblauchzehen und Salz hinzu. Alles langsam weich dünsten lassen.

□ Wenn das Kraut gar und die Schwarten weich sind, so wird mit 1 Löffel Mehl gestaubt und fertig gedünstet.

□ Nach Belieben die Schwarten herausnehmen oder kleingeschnitten wieder ins Kraut geben.

Alt-Wiener Weinkraut

1 kg Kraut
1–2 Zwiebeln
2 Knoblauchzehen
kräftige Knochenbrühe (ersatzweise Rindsuppe)
250 ml Wein (vorzugsweise Welschriesling oder Grüner Veltliner)
Schuss Weinessig
75–100 g Schmalz
1–2 EL Mehl
Dille
Salz und Pfeffer

□ Das Kraut vom festen Strunk befreien, danach feinnudelig schneiden. Zwiebeln fein hacken, in einer Kasserolle im Schmalz andünsten, das geschnittene Kraut dazugeben und mit wenig Knochenbrühe weich dünsten; währenddessen salzen.

□ Wenn das Kraut weich ist, wird mit Mehl gestaubt und der Wein angegossen.

□ Alles verkochen lassen, vor dem Servieren nochmals abschmecken und mit gehackter Dille verfeinern.

Wiener Sauerkraut

☐ 1 kg ungewaschenes Sauerkraut in wenig sehr kräftiger Knochen- oder Rindsbrühe weich dünsten. 150-200 g Speck sehr klein würfeln, mit 2–3 Esslöffeln Mehl vermischen und zum fast weichen Kraut geben.
☐ Das fertige Sauerkraut mit gemahlenem Kümmel und Salz abschmecken und gut eindicken lassen.

Eingebranntes Wiener Sauerkraut

1 kg Sauerkraut
10 angedrückte Wacholderbeeren
2 Lorbeerblätter
120 g Schweineschmalz
2 große gehackte Zwiebeln
1 größeres Stück Speckschwarte
Knochensuppe der Rindfleischbrühe (auch Selchfleischsuppe kann verwendet werden)
2–3 EL Mehl
1 TL Zucker
Salz

Wichtig ist, dass man es sehr lange dünsten lässt.

☐ Das Sauerkraut einige Male auf einem Brett durchschneiden, dann zusammen mit Wacholderbeeren und Lorbeerblättern in Brühe weich dünsten. In einer zweiten Kasserolle die gehackten Zwiebeln im Schmalz anrösten, mit Mehl stauben und die Einbrenn unter ständigem Rühren in das Sauerkraut mischen.
☐ Alles noch eine Zeit lang düsten lassen, bei Bedarf Flüssigkeit nachgeben, zum Schluss mit etwas Zucker und Salz abschmecken.

Böhmisches Sauerkraut

1 kg Sauerkraut
0,75–1 l kräftige Rindsuppe
250–300 g würfelig geschnittenes Bauerngeselchtes
2 größere Erdäpfel (mehligkochend)
5 Lorbeerblätter
10–12 Wacholderbeeren
Prise gemahlener Kümmel
4–5 EL Zucker
Salz

☐ Das Sauerkraut ein paarmal grob durchhacken, danach zusammen mit den anderen Zutaten in einen ausreichend großen Topf füllen.
☐ So viel Rindsuppe dazugeben, dass das Kraut gut dünsten kann.
☐ Das Sauerkraut nun etwa 40 Minuten köcheln lassen, dann mit zwei geschälten und fein geriebenen Erdäpfeln binden – noch 3–5 Minuten fertig kochen und mit Salz abschmecken.

GRUNDREZEPTE: BRÜHE, FONDS, SAUCEN UND PÖKEL

Essig-Mayonnaise mit dem Stabmixer zubereitet

☐ 1 frischen Eidotter, 2–4 EL Weinessig (Menge nach persönlichem Geschmack), 2 EL Wasser, 1 Prise Zucker, ½ TL Salz (vorzugsweise Meersalz oder feines Ausseer Ursalz) und mindestens 250 ml gutes Pflanzenöl (vorzugsweise Sonnenblumen-, Raps- oder Distelöl) in ein hohes Gefäß geben.
☐ Vom Boden beginnend, langsam nach oben fahrend mit dem Stabmixer zu einer homogenen Mayonnaise verarbeiten.
☐ Mit Essig und Salz abschmecken und nach Belieben mit 2–3 EL Joghurt auflockern.

Zitrus-Mayonnaise mit dem Schneebesen zubereitet

Wichtig: Hierfür sollten alle Zutaten die gleiche Temperatur haben (Zimmertemperatur) – das Ei also ein bis zwei Stunden vorher aus dem Kühlschrank nehmen.

☐ 1 Dotter in einer Schüssel mit dem Saft einer Zitrone und 2–3 EL Wasser glatt rühren, nach Geschmack salzen (mindestens 1 TL).
☐ Einige Tropfen kalt gepresstes Traubenkernöl mit dem Schneebesen einarbeiten, dann ganz langsam unter ständigem Schlagen mit dem Schneebesen 200–250 ml Öl einarbeiten, bis man eine homogene Mayonnaise hat.
☐ Mit Salz, evt. weiterem Zitronensaft und einem gutem Schuss Olivenöl abschmecken.

Schweinefleisch-Brühe

2 kg Schweinsknochen
1 kg Schweinefleischreste
2 Schweinsfüße, halbiert
1 großes Stück Schweineschwarte (fettfrei)
300 g Suppengemüse (Karotte, Lauch, Petersilienwurzel)
2 große Zwiebeln
4–6 Knoblauchzehen
1 großes Bouquet garni (Petersilie, Thymian, Lorbeer, Staudensellerie)

☐ Das gesamte Fleisch und die Knochen abspülen, dann in einen großen Topf füllen (am besten legt man den Topf mit einem Rost aus, damit das Fleisch nicht am Boden aufliegt) und mit Wasser bedecken (ca. 5 Liter).
☐ Langsam aufkochen lassen, dabei den auftretenden Schaum abschöpfen. Kaltes Wasser zugeben, erneut aufkochen und erneut abschöpfen. Wiederholen, bis kein Schaum mehr aufsteigt.
☐ Gemüse und Gewürze in die Brühe geben und bei kleinster Flamme mindestens 4 Stunden (besser 6–7 Stunden) leise simmern lassen.
☐ Dann die großen Fleisch- und Gemüsestücke entfernen, die Brühe durch ein Etamin seihen, auskühlen lassen und das auf der Oberfläche auftretende Fett mit einem Löffel und etwas Löschpapier entfernen. Im Kühlschrank aufbewahren.

Hinweis: Für einen Fond lässt man die fertige Brühe auf kleiner Flamme etwa um die Hälfte einkochen.

Schweinefleisch-Glace

2,5 kg ausgelöstes Schweinefleisch von der vorderen Wade oder die gleiche Menge an Fleischabschnitten

2 kg fleischige Schweinsknochen, grob zerhackt

2 Schweinsfüße, halbiert

1 Stück fettfreie Schweineschwarte (ca. 300–400 g)

Nach Belieben:

1 große Karotte und 1 große Zwiebel (ich verwende kein Gemüse)

☐ Die Knochen (wer Gemüse verwenden will, gibt hier auch eine große geputzte und grob zerteilte Karotte sowie eine geschälte und halbierte Zwiebel dazu) in eine Rein setzen und im Ofen bei 220 °C etwa 30–40 Minuten rösten, bis sie eine leicht hellbraune Farbe angenommen haben.

☐ Knochen in einen Topf füllen, mit 6 Litern Wasser aufgießen, aufkochen lassen, Hitze zurücknehmen und mindestens 12 Stunden auf kleiner Flamme leise simmern lassen, in den ersten 5–6 Stunden durch Nachgießen von kochendem Wasser den Wasserstand immer gleich hoch halten, dann kann man die Knochenbrühe einkochen lassen, muss sie aber vor der weiteren Verwendung wieder auf den ursprünglichen Stand mit Wasser auffüllen.

☐ Nach 12–15 Stunden Garzeit die Knochenbrühe durch ein Sieb abseihen und warm parat halten.

☐ Das Fleisch und die Schweineschwarte in große Würfel schneiden und in wenig Fett (neutrales Pflanzenöl) rundherum zart anbraten (nicht zu dunkel rösten).

☐ Dann mit einem Schöpfer Knochenbrühe ablöschen, diese fast vollkommen einkochen lassen, dann erneut mit einem Schöpfer Brühe ablöschen, wieder einkochen lassen und schließlich ein drittes Mal ablöschen und einkochen – danach erst mit der gesamten Brühe aufgießen.

☐ Nun das Ganze 4–5 Stunden langsam und gleichmäßig einkochen lassen, bis man einen schönen, kräftigen, schon ziemlich eingekochten Fond hat. Alles durch ein feines Tuch passieren und parat halten.

Fertigstellung:

☐ Fond in eine Kasserolle von geeigneter Größe umfüllen und bei guter Hitze weiter einkochen – auftretenden Schaum abschöpfen.

☐ Wenn der Fond etwa um ein Drittel eingekocht ist, die Hitze zurücknehmen und weiter einkochen, danach die Hitze immer weiter schrittweise zurücknehmen, je mehr der Fond eingekocht ist (wenn der Fond gut eingekocht ist, empfiehlt es sich, die Flüssigkeit in eine kleinere Kasserolle umzufüllen).

☐ Schließlich wird der Fond bei ganz schwacher Hitze fertiggestellt, bis man eine sogenannte Glace hat. Dies ist dann der Fall, wenn ein in die Glace getauchter Löffel gleichmäßig mit einer sirupartigen, schön glänzenden Schicht überzogen bleibt.

☐ Je nach Verwendung wird diese wunderbar aromatische Glace erst kurz vor dem Servieren mit reichlich(!) Butter oder Sahne aufgeschlagen und erst dann mit Salz abgeschmeckt.

Hinweis: Bitte seien Sie nicht enttäuscht: Viel Glace werden sie bei korrekter Arbeitsweise nicht erhalten, dafür ist aber im verbliebenen Rest der gesamte pure Fleischgeschmack – und dieser ist so elegant und derart intensiv, dass alle Mühen und Anstrengungen mit einem einzigartigen Elixier belohnt werden.

„Eintauch"

1 kg Rippchen, Knochen oder Fleischabschnitte
4–6 große Zwiebeln
4–6 Knoblauchzehen
4–6 EL Schmalz
Kümmel
Essig
1 knapper EL Mehl
Salz und Pfeffer aus der Mühle

Kann als Ersatz für Schweinsbratensaft verwendet werden, oder zum Strecken, wenn zu wenig Saft vorhanden ist:

☐ Die Knochen bzw. Fleischreste zusammen mit den in Ringe geschnittenen Zwiebeln und 4 gehackten Knoblauchzehen im Schmalz goldbraun werden lassen, dann mit Mehl stauben, dieses 1–2 Minuten mitbraten lassen.
☐ Mit Essig löschen und zwei Schöpfer heißes Wasser dazugeben – 20–30 Minuten gut verkochen lassen, bei Bedarf Wasser nachgeben.
☐ Fleisch aus der Sauce fischen, dann mit Kümmel, Salz und Pfeffer abschmecken und die Konsistenz mit Wasser regulieren – man sollte einen eher dünnflüssigen Saft erhalten.
☐ Mit frisch gehacktem Knoblauch verfeinern.

Hinweis: Man kann die Eintauch auch ohne Fleisch und Knochen zubereiten oder statt Wasser eine Fleischbrühe nehmen.

Schnell zubereiteter Schweinsjus

500 g fleischige Knochen
500 g Fleischabschnitte
1 große Zwiebel
300 ml Fleischbrühe
4–6 cl Cognac
Schweineschmalz
Salz und Pfeffer

☐ Knochen, Fleischabschnitte und in Ringe geschnittene Zwiebel in 1–2 EL Schmalz braten, bis alles rundherum kräftig gebräunt ist.
☐ Mit Cognac ablöschen, dann 50 ml Brühe angießen – unter Rühren die Brühe verkochen lassen. Vorgang wiederholen, bis die Brühe verbraucht ist – beim letzten Aufgießen die Brühe nicht mehr einkochen lassen.
☐ Alles in ein Spitzsieb füllen, gut ausdrücken und mit Salz und Pfeffer abschmecken.

Herstellung Kassler

5 kg Schweinefleisch-Kotelettstück (mit Knochen), Bug oder Bauch
400 g Salz
75 g Zucker
7 g Salpeter
2 l Wasser

☐ Man reibt die Hälfte der angegebenen Salzmenge kräftig in das Fleisch ein, insbesondere in der Nähe des Knochens. Dann wird das Fleisch 24 Stunden kalt gestellt.
☐ Restliches Salz mit dem Salpeter, dem Wasser und dem Zucker aufkochen. Das Fleisch in einen Steintopf legen und mit dem Sud übergießen. Jeden Tag das Fleisch wenden, damit die Lake überall wirken kann.
☐ Nach 8 Tagen können kleinere Fleischstücke verarbeitet werden, größere Stücke müssen ca. 14 Tage in der Lake bleiben.
☐ Nach Belieben nur gepökelt kochen oder zunächst 24 Stunden trocknen lassen und zart räuchern oder auch – zur sofortigen Verwendung – im Buchenholzrauch räuchern, bis es goldgelb schimmert, und dann heiß geräuchert als Hauptspeise auftischen.

Schweinefleisch trocken pökeln

Diese Methode dient einerseits zum Konservieren, andererseits zum Verstärken des Aromas. Gleichzeitig kann man durch Zugabe von Gewürzen dem Fleisch eine individuelle Note verleihen. Die Trockenpökelung eignet sich (im Hausgebrauch) vor allem für eher dünne Fleischteile. Dickere und größere Teile sollten in Lake gepökelt werden (s. u.).

Schweinsrippchen, Ohren, Bauchlappen, Filet etc.
Aromen nach Belieben (man kann alle trockenen Gewürze nehmen, die gewünscht werden, ich gebe gerne Wacholder, Koriander, Senf, Lorbeer und Pfeffer dazu oder auch Kreuzkümmel, Oregano, Pfeffer und Knoblauch oder klassisch: Zucker, Piment, Wacholder, Nelke, Lorbeerblatt, Salbei und Pfeffer)
reichlich grobes Meersalz (ca. 500 g auf 2 kg Fleisch)

☐ Das Salz mit grob gemahlenen Gewürzen vermischen oder natur belassen. Eine flache Schüssel mit reichlich Salz ausstreuen, das Fleisch darauflegen und rundherum mit dem Salz einreiben.
☐ Mit dem restlichen Salz bestreuen, abdecken und im Kühlschrank mindestens 12 Stunden (für zartes Aroma) und 3 bis 7 Tage (für Pökelfleisch) pökeln lassen, dabei ab und zu wenden.
☐ Das fertig gepökelte Fleisch aus der Schüssel nehmen und waschen.

Hinweis: Für *Petit salé* (französisches Pökelfleisch), das alsbald (z. B. für Eintöpfe) verwendet wird, nimmt man eher weniger Salz (etwa 500 g auf 7 kg Fleisch) und lässt es beschwert einige Tage pökeln.

ACHTUNG: Gepökeltes Fleisch muss vor dem Gebrauch gewässert werden, sonst schmeckt es zu intensiv nach Salz, dabei gilt: Fleisch, das 3 Tage gepökelt wurde, etwa 3–4 Stunden wässern, Fleisch, das 5 Tage gepökelt wurde, etwa 6 Stunden wässern, Fleisch, das eine Woche oder länger gepökelt wurde, mindestens über Nacht wässern und vor dem Garen in heißem Wasser kurz blanchieren und anschließend nochmals abspülen.

Schweinefleisch in Salzlake pökeln • Surfleisch

Für ca. 1 Liter Lake:
1 l Wasser
170–250 g Meersalz
3–4 EL weißer oder brauner Zucker oder 1 Tasse Melasse-Sirup
1 EL Wacholderbeeren
1–2 Zweige Rosmarin
1–2 Zweige Thymian
3–6 Lorbeerblätter
3–9 Knoblauchzehen, geschält
einige Pfefferkörner

Fleisch:
Bauch, Nacken, Schulter, Kotelett-Strang, Schinken etc. – im Ganzen!

1 großer Steingut- oder Porzellantopf

Das Entscheidende beim Pöklen ist der Salzgehalt der Lake, denn ist dieser zu nieder, pökelt das Fleisch nicht richtig und wird auch nicht haltbar, ist er zu hoch, schmeckt das Fleisch später ziemlich sicher versalzen. Optimal ist ein ausgewogenes Verhältnis zwischen Salz und Zucker (oder Melasse).

☐ Einen großen Topf mit kaltem Wasser befüllen und die aromatischen Zutaten (auf die Wassermenge umgerechnet) hinzufügen. Alles zum Kochen bringen, abschäumen und nach 2–3 Minuten Kochzeit vom Herd nehmen. Lake vollkommen auskühlen lassen.
☐ Das Fleisch mit einer Fleischnadel mehrmals rundherum einstechen, damit die Lake gut eindringen kann, dann das Fleisch in einen sauberen und vorzugsweise sterilisierten Steingut-Topf legen. Mit der Lake begießen, bis das Fleisch vollkommen bedeckt ist – lieber zu viel, als zu wenig Lake. Einen Porzellanteller auf das Fleisch legen und diesen mit einem Ziegelstein oder einem mit Steinen befüllten Glas beschweren, damit das Fleisch nicht schwimmt.
☐ Den Topf locker zudecken. An einen kühlen, dunklen Ort stellen und dort pökeln lassen – alle 2–3 Tage den Inhalt umrühren. Das fertige Fleisch herausnehmen und wie beim Trockenpökeln beschrieben wässern. Dann nach Belieben weiter verarbeiten.

Rezeptregister

Impressum

ISBN 978-3-85431-605-3

Bücher aus der Verlagsgruppe Styria gibt es in der
Buchhandlung und im Online-Shop

Buchgestaltung: Buchproduktion.Toscani.at
Umschlaggestaltung: Bruno Wegscheider
Reproduktion: pixelstorm, Wien
Druck und Bindung: Druckerei Theiss GmbH, St. Stefan im Lavanttal
Fotos: alle Aufnahmen von Kurt-Michael Westermann außer:
Herbert Lehmann (S. 2, S. 128, S. 136–137, S. 147) und Gerd W. Sievers (S. 151)